좋은 관계는
듣기에서
시작된다

듣기의 기술이 바꾸는 모든 것에 대하여

좋은 관계는 듣기에서 시작된다

케이트 머피 지음 | 김성환·최설민 옮김

YOU'RE NOT LISTENING

21세기북스

추천의 글

듣는 행위에 대한 탄탄한 분석을 자랑하는 이 책은, 우리는 왜 잘 듣지 않는지, 듣지 않는 행위가 인간관계와 직장생활에 어떤 영향을 미치는지를 설명한다. 나아가 듣는 능력을 잃어버린 이 시대의 트렌드를 뒤집을 방법까지 제시한다. 케이트 머피는 듣는 행위를 심리학, 뇌과학, 사회학적으로 접근하는 동시에, CIA 요원, 집단 면접 전문가, 가구 영업사원, 미용사에 이르는 듣기 능력이 탁월한 사람들을 만나 '듣기의 기술'을 풀어간다.

_맬컴 글래드웰, 애덤 그랜트, 대니얼 핑크, 수전 케인, '넥스트 빅 아이디어 클럽' 멤버

사람들은 타인의 이야기를 더 '잘' 듣고 싶고, 더 '자주' 듣고 싶다고 말할 뿐, 진심으로 듣는 일이 없다. 이 책은 진심으로 귀 기울인다는 것이 어떤 것인지 알려준다. 케이트 머피는 훌륭한 듣기 태도와 사고를 지니고 '듣는 행위의 본질'에 접근한다.

_애덤 그랜트, 《오리지널스》 저자

이 책은 듣는 행위가 중요한 이유를 간절하게 설명한다. 의미 있는 인간관계를 위해 어떤 질문을 하고 어떤 답을 떠올려야 하는지에 대한 심오한 통찰을 제공한다.

_〈파이낸셜타임스〉

사람들은 듣기가 저절로 이루어지는 쉬운 행위라고 생각하는 만큼, 대부분의 듣기 능력은 현저히 부족한 상태이다. 듣기에 대한 점검이 필요한 시점에 꼭 읽어야 할 책이다.

_〈가디언〉

다른 사람들을 제대로 이해하지 못하거나
타인에게 제대로 이해받지 못한다고 느끼는 모든 이에게

프롤로그

듣는 능력을 잃어버린 시대

최근 누군가의 말에 귀를 기울여본 적이 있는가? 무슨 말을 이어가야 할지 생각하거나 휴대전화를 흘낏거리거나 자기 의견을 내세우며 끼어들지 않고 '진정으로' 상대에게 귀를 기울인 적이 있는가? 아니면 누군가가 자신의 말에 '진정으로' 귀를 기울인 마지막 순간은 기억나는가? 상대가 자신의 말에 온전히 주의를 기울여 진정으로 이해받았다는 기분이 들 정도로 정확한 반응을 보여준 그런 순간 말이다.

우리는 자신의 마음이나 내면의 목소리, 직감 등에 귀를 기울이라는 말은 많이 듣지만, 다른 사람의 말을 신중히 귀담아들으라는 충고는 거의 받지 못한다. 우리는 칵테일파티나 회의 시간, 가족 간의 저녁 식사 시간에 자기 말만 늘어놓으면서 귀머거리처럼 대화에 임하곤 한다. 대화에 끌려다니지 말고 대화를 주도하도록 훈련받아왔기 때문이다. 온라인에서든 개인 간의 대화에서든, 오늘날에는 자기 자신을 정의하고 이야기를 만들어내고 메시지를 전달하는 것이 중요시된다. 이런 환경에서는 받아들이는 것이 아닌 내보내는 것에만 가치가 부여된다.

그렇지만 듣기는 어쩌면 말하기보다 더 가치 있는 활동인지도 모른다. 상대의 말을 제대로 듣는 데 실패하면 전쟁이 벌어지고 금전적 손실이 발생할 뿐 아니라 우정마저 파괴되고 말기 때문이다. 미국 대통령을 역임한 캘빈 쿨리지Calvin Coolidge는 "남의 말을 들어주다 해고당한 사람은 없다"는 유명한 말을 남겼다.[1] 우리는 오직 듣기를 통해서만 서로 이해하고 교감을 나누면서 인간적으로 성숙해나갈 수 있다. 게다가 공사公私를 막론하고 듣기는 모든 성공적인 관계를 위한 필수 조건이다. 고대 그리스 철학자 에픽테토스Epictetus 역시 이런 말을 남겼다. "자연은 인간에게 한 개의 혀와 두 개의 귀를 선사해주었다. 말하는 것보다 다른 사람의 말을 듣는 데 두 배 이상 신경을 쓰도록 미리 배려를 한 것이다."[2]

그런데 이상하게도 미국의 고등학교와 대학교에서는 수사법이나 설득 기술을 가르치는 강좌는 중시하면서도, 주의 깊게 듣는 법을 가르치는 강의나 모임에는 거의 신경을 쓰지 않고 있다. 당신은 스피치 커뮤니케이션 분야에서 박사학위를 받을 수도 있고, 연설 기법을 갈고닦는 토스트마스터스Toastmasters 같은 클럽에 가입할 수도 있다. 하지만 듣기 훈련을 권장하고 강조하는 모임이나 강의는 사실상 우리 주변에 전무한 실정이다. 요즘에는 그보다 마이크를 들고 무대 위를 누비거나 연단에 올라 연설을 하는 사람을 능력 있고 성공한 사람으로 간주하는 듯하다. 테드TED 프로그램에 출연해 강연을 하거나 대학 졸업식에서 연설을 하는 건 그야말로 꿈을 이루는 것이다.

소셜미디어는 모든 사람에게 개개인의 생각을 널리 알릴 수 있는 가상의 마이크를 제공했을 뿐 아니라, 반대되는 견해를 걸러낼 수 있는 수단까지도 주었다. 요즘 사람들은 전화벨 소리를 성가셔하고 음성보다는 문자메시지나 이모티콘을 주고받으며 소통하려고 한다. 무언가를 듣는다면 그건 주로 영화 주제가처럼 헤드폰이나 이어폰을 끼고 들었을 때 더 만족스러운 소리일 것이다. 실제 삶과 구분된, 자신의 취향에 맞게 꾸며진 세상 속에서만 안정감을 느끼는 것이다.

결과적으로 우리는 고질적인 외로움과 공허함에 시달리게 되었고, 이런 상황은 전자기기에 대한 의존도를 더욱 높인다. 하지만 디지털 자극은 사람들의 마음을 사로잡을 수는 있어도 마음에 양분을 제공하지는 못한다. 그런 자극이, 다른 사람들의 목소리가 우리의 뼈와 살을 울릴 때 일어나는 깊은 감흥을 불러일으키지 못한다는 건 두말할 필요도 없는 사실이다. 진정한 듣기는 상대방의 이야기에 신체적·화학적·감정적·지적으로 영향을 받는 것을 의미한다.

이 책은 듣기를 예찬하는 책이자 서구 문화권에 속한 사람들이 듣기의 매력을 망각해가고 있다는 사실을 일깨우는 책이다. 저널리스트인 나는 지금까지 노벨상 수상자에서부터 버려진 아이들에 이르기까지 수많은 사람을 인터뷰해왔다. 나는 스스로 듣는 데 전문이라고 여기지만, 나 역시 아직 부족한 점이 많다. 그런 점에서 이 책은 듣기 능력이 향상되는 과정을 보여주는 안내서이다.

이 책을 쓰기 위해 1년이 넘는 기간 동안 듣기와 관련된 학술논문들(생체역학적·신경생리학적 과정을 다룬 글들과 심리적·정서적 효과를 다룬 글들)을 깊이 있게 검토했다. 또한 세계 전역의 사람들을 인터뷰한 수백 시간 분량의 자료가 책상 위 외장하드에 저장되어 있다. 인터뷰에 응한 사람들 중에는 듣기의 특정 측면을 연구하는 사람들도 있고, 나처럼 집중적인 듣기가 필수적인 분야에 종사하는 사람들도 있다. 여기에는 첩보 요원, 성직자, 심리치료사, 바텐더, 인질 협상가, 미용사, 항공 관제사, 라디오 프로듀서, 표적 집단 중재자 등이 포함된다.

한편 내가 지난 수년에 걸쳐 인터뷰를 하거나 기사를 작성한 매우 탁월하고 역량 있는 개인들(연예인, 최고경영자, 정치인, 과학자, 경제학자, 패션 디자이너, 운동선수, 요리사, 예술가, 작가, 종교지도자 등)에게 찾아가서, 듣기가 그들에게 갖는 의미와 듣기와 관련된 다양한 개인적 경험들에 관해 질문을 던지기도 했다. 이외에도 비행기와 버스, 기차에서 우연히 동석을 하게 된 사람들과, 식당이나 파티장, 야구장, 식료품점, 산책로 등지에서 마주친 사람들의 말에도 귀를 기울였다. 듣기에 관한 나의 가치 있는 통찰들 중 일부는 그들의 말에 귀를 기울이는 것으로부터 비롯되었다.

이 책을 읽으면서 당신은, 듣기가 사람들의 말소리를 단순히 알아차리는 것 이상의 활동이란 사실을 발견하게 될 것이다. 나 또한 그랬다. 듣기는 말을 하는 방식과 배경, 태도는 물론 상대방의 내면에 불러일으키는 반응에도 주의를 기울이는 것을 의미한다. 듣기는 상대방이 말을 늘어놓는 동안 단순히 침묵을 지키는 것이 아니다. 오히려 그와 정반대에 가깝다. 대다수의 듣기는 반응 방식, 즉 상대로부터 명료한 표현을 이끌어내면서 그 과정에서 자신의 생각을 구체화하는 정도와도 중요한 연관성을 지닌다. 올바른 방식으로 신중하게 수행될 경우, 듣기는 상대방과 주변 세상에 대한 이해를 변화시킴으로써 당신의 경험과 존재를 풍부하게 만들어줄 수 있다. 지혜를 계발하고 의미 있는 관계를 맺는 주된 수단 중 하나가 바로 듣기인 것이다.

우리는 매일같이 듣기를 실천할 수도 있고, 실천하지 않을 수도 있다. 당신은 듣기를 대수롭지 않게 여길지도 모르지만, 어떤 상황에서 누구의 말을 얼마나 잘 듣느냐 하는 것은 삶의 경로를 결정짓는 중요한 요인이다. 그리고 집단의 구성원들 사이에서 나타나는 전반적인 듣기의 질은 정치적·사회적·문화적으로 엄청난 영향을 미친다. 사실 지금껏 살면서 귀를 기울여 들은 내용들의 총체가 곧 우리들 개개인이다. 어머니의 부드러운 말소리와 연인의 속삭임, 스승의 가르침, 지도교수의 조언, 리더의 외침, 라이벌의 조롱, 이 모든 것이 우리를 형성하고 주조해온 것이다. 그러므로 상대의 말을 건성으로 듣거나 선택해서 듣거나 전혀 듣지 않는 것은 세상에 대한 이해를 제한하는 것이다. 자신의 잠재력이 완전히 드러나길 바란다면 반드시 듣기를 실천해야 한다.

차례

프롤로그 듣는 능력을 잃어버린 시대 **8**

1부 왜 들어야 할까

1장 우리가 놓치고 있는 것들 **21**

듣기의 위력 ┃ 일상이 낳은 외로운 개인들 ┃ 말해야만 살아남는 것처럼 ┃ 듣기를
불편해하는 말하기의 시대

2장 교감의 순간 **41**

듣기는 공감을 전제로 한다 ┃ 애착과 공감의 형성 ┃ 마법의 순간들, 공명

3장 호기심은 대화를 흥미롭게 한다 **58**

올바른 듣기 태도 ┃ 기다리는 즐거움

2부 말할 뿐 아무도 듣지 않는다

4장 친밀함과 소통의 편견 **75**

무슨 말을 할지 안다는 착각 ┃ 처음 본 사람에게 걱정을 털어놓는 이유 ┃ 고정관념에
서 벗어나는 가장 좋은 수단

5장 표정은 말보다 정확하다 **92**

진짜 이유 찾아내기 | 매혹적인 대화의 비밀

6장 말과 생각의 차이 **103**

진짜 듣기를 시작하는 순간 | 할 말을 미리 생각하지 말 것

7장 말을 잘하기 위한 듣기 **113**

반대 의견에 대응하기 | 불확실성에 대한 두려움

3부 원하는 것을 얻는 듣기))))

8장 빅데이터 시대의 듣기 **129**

중요한 것들은 양으로 측정되지 않는다 | 전문가의 듣기 노하우

9장 직장에서의 듣기 **146**

성공하는 팀의 조건 | 대화는 생각한 대로 진행되지 않는다 | 통제하지 말고 즐겨라

10장 대화 민감성 **160**

어느 라디오 프로그램의 프로듀서가 세 명인 이유 | 언어에서 오는 차이 | 자기인
식 능력을 점검하라

11장 생각 정리하기 **178**

내면의 목소리는 힘이 세다 ┃ 스스로를 이해하는 법

12장 유대를 이끄는 듣기 **188**

대화 나르시시즘의 징후 ┃ 우리가 두려워하는 것 ┃ 문제는 당사자만이 해결할 수 있다 ┃ 의미 있는 질문 던지기

13장 듣기와 몸 **209**

귀가 두 개인 진짜 이유 ┃ 듣기의 과학 ┃ 바디랭귀지, 표정, 입 모양 읽기

14장 전자기기와 소음 **230**

도저히 집중할 수 없는 시대 ┃ 듣기를 위한 환경 만들기

4부 어떻게 관계 맺을 것인가))))

15장 침묵이 대화를 이끈다 **247**

어떤 영업사원의 성공 비밀 ┃ 침묵을 견디는 능력

16장 뒷담화 주고받기 **259**

타인의 성공과 실패에서 배운다 ┃ 타자를 경험하는 것

17장 최고의 듣기를 위해서 271

그라이스의 법칙 | 잘 듣는 사람이 말도 잘하는 이유 | 언제, 얼마나 귀를 기울여야 할까? | 어떻게 타인을 이해할 것인가

에필로그 우리가 타인에게 기대하는 것 291
참고문헌 300

1부

왜 들어야 할까

YOU'RE NOT LISTENING

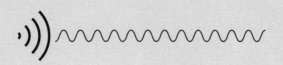

우리가 놓치고 있는 것들

듣기의 위력

저명한 신경학자 올리버 색스Oliver Sacks와 인터뷰를 하는 동안 나는 침실의 옷장 바닥에 앉아 있었다. 아파트 건너편에서 진행 중인 공사의 소음을 피할 수 있는 곳은 옷장 속이 유일했다. 그렇게 양반다리를 하고 앉아, 옷걸이에 걸린 드레스와 바지가 헤드셋 마이크에 닿지 않게 밀쳐내면서, 색스와 이야기를 나누었다. 그는 회고록인《깨어남》의 저자로도 유명했는데, 이 책은 로빈 윌리엄스Robin Williams와 로버트 드 니로Robert De Niro 주연의 영화로도 제작된 바 있다.

　인터뷰의 목적은 〈뉴욕타임스The New York Times〉의 '선데이 리뷰Sunday Review'란에 실을 수 있도록 그가 가장 좋아하는 책과 영화에 대해 이야기를 나누는 것이었다.[1] 하지만 우리는 보들레르의 시집 따위는 제쳐둔 채 환각과 공상, 그리고 섹스가 시적으로 "마음의 기후climate of the mind"라 부른 것에 영향을 미치는 여타 다른 현상들에 대해 열정적으로 대화를 나누기 시작했다. 내 개가 옷장 문을 긁어대는 동안 섹스는 자신의 마음의 기후에 대해 묘사하면서, 가끔씩 자기 자신과 주변 사람들의 얼굴을 인식하지 못하는 상태에 빠지곤 한다고 고백했다.[2] 또한 그는 방향 감각이 부족해서 간단한 산책을 한 후에조차 집으로 돌아오는 데 어려움을 겪는다고 했다.

우리는 둘 다 그날 일정이 빡빡했다. 나는 이 칼럼 이외에 영국 일간지 〈더 타임스The Times〉에 실을 다른 기사도 작성해야 했고, 섹스도 진료와 강연 일정 사이에 짬을 내 인터뷰에 응하고 있었다. 하지만 우리는 대화 속으로 깊숙이 빠져들었고 어느 순간부턴가 마음 상태와 기후를 같은 것으로 취급하게 되었다. 즉, 우리는 화창한 전망, 흐릿한 이해, 번뜩이는 영감, 메마른 창의성, 욕망의 격류 같은 표현을 수시로 사용하고 있었다. 비록 어두운 옷장 속에 앉아 있긴 했지만, 그의 말에 귀를 기울이는 동안 나는 통찰과 인식, 창의성, 유머, 공감이 자극받는 것을 느낄 수 있었다. 섹스는 나와 인터뷰를 한 후 몇 년이 지난 2015년에 세상을 떠났지만 우리가 나눈 대화는 내 기억 속에 생생히 살아 있다.

〈더 타임스〉의 단골 기고자이자 다른 언론매체들에서 기자로도 활동 중인 나는, 올리버 색스 같은 탁월한 사상가들과, 유명세는 덜하지만 통찰력과 지성에는 부족함이 없는 디자이너와 건설 기술자 같은 사람들의 말에 귀를 기울이는 특권을 누리고 있다. 그들은 예외 없이 내 세계관을 확장시키고 이해력을 증진시켰다. 내게 깊은 인상을 심어준 사람은 수없이 많다. 주변 사람들은 나를 그 누구에게라도 이야기를 건넬 수 있는 사람으로 보지만, 사실 나는 모든 사람의 말을 '귀담아들을 수 있는' 사람일 뿐이다. 이런 태도는 저널리스트인 내게 큰 도움이 되었다. 나는 일상적인 대화로부터 글과 관련된 최상의 아이디어를 이끌어내곤 한다. 그 대화는 도로 밑에 광케이블을 설치하는 사람과 나눈 대화일 수도, 치과 진료실의 위생사와 나눈 대화일 수도 있으며, 일식집에서 목장 주인이 된 금융업자와 나눈 대화일 수도 있다.

내가 〈더 타임스〉에 기고한 이야기들 중 상당수는 운 좋게도 독자들에게 큰 호응을 받았는데, 그건 내가 어떤 스캔들을 폭로하거나 거물을 저격했기 때문이 아니었다. 다른 사람들의 행복과 슬픔, 흥미, 짜증, 근심, 혼돈 등에 귀를 기울이면서 그들의 이야기를 부연하고 확장하기 위해 최선을 다했기 때문이었다. 이런 태도는 성공적인 제품을 고안하거나 최상의 고객 서비스를 제공하거나 최고의 직원을 고용하고자 하는 사람들이 취하는 태도와 다르지 않다. 또한 좋은 친구나 연인, 부모가 되기 위해 갖추어야 할 태도이기도 하다. 모든 것이 듣기와 연관되어 있는 것이다.

나는 네다섯 구절 정도의 인용구가 실린 짤막한 이야기 한 편을 쓸 때마다, 내용을 확증하고 배경지식을 얻고 사실관계를 분명히 하기 위해 10명에서 20명 정도 되는 사람들과 대화를 나눈다.

하지만 옷장 속에서 올리버 색스와 나눈 대화가 그랬듯이, 가장 의미 있고 기억에 남는 인터뷰는 놀라운 사실들을 드러내거나 폭로한 인터뷰가 아니라 본래 주제에서 벗어나 인간관계와 내밀한 신념, 공포증, 어린 시절의 사건 등과 같은 개인적인 이야기로 빠져든 인터뷰들이다. 상대가 "누군가에게 이런 말 하는 건 처음이에요"나 "이 말을 하고 나서야 제가 그렇게 느꼈다는 걸 알게 됐어요"라고 고백한 그런 인터뷰들 말이다.

그들의 고백은 때로 너무나 개인적이어서 알고 있는 사람이 지금껏 나밖에 없는 경우도 있다. 상대는 자신이 한 말에 대해 나만큼이나 놀란 듯 보였다. 우리가 어떻게 해서 그 고백의 순간에 도달하게 된 건지 전혀 알지 못했지만, 그 순간은 어쨌든 중요하고 성스럽고 소중하게 느껴졌다. 그 순간은 상호 신뢰의 분위기 속에 탄생한 자각의 순간으로, 서로를 깊이 자극하고 변화시켰다. 듣기가 그와 같은 자각을 촉진시키는 촉매가 된 것이다.

일상이 낳은 외로운 개인들

현대적인 생활양식은 솔직한 고백의 순간을 경험하는 일을 점점 더 힘들게 만들어놓고 있다. 예전 사람들은 현관 앞이나 모닥불 주위에 둘러앉아 서로의 말에 귀를 기울이곤 했지만, 요즘 사람들은 서로의 생각과 느낌을 깊이 있게 탐색하기에는 너무 바쁘고 산만하다. 미시시피 대학교 역사학 명예교수인 찰스 레이건 윌슨Charles Reagan Wilson은 단편소설가 유도라 웰티Eudora Welty에게 미국 남부에서 위대한 작가들이 많이 배출된 이유가 무엇인지 물은 적이 있다. 이에 대해 그녀는 "우리는 현관 앞에 앉아 이야기를 나누는 것 말고는 할 일이 아무것도 없어요. 우리 중 누군가가 그걸 받아 적는 거죠"라고 대답한 바 있다.

요즘 집들의 정면부에는 이웃을 만날 수 있는 현관 대신 바쁜 하루를 마치고 돌아오는 자가용을 집어삼키는 차고가 배치되어 있는 경우가 더 많다. 또한 아파트나 빌라에서 생활하는 사람들은 엘리베이터에서 만나도 서로 인사조차 하지 않는다. 게다가 동네에서는 울타리에 기대 이웃에게 이야기를 건네는 사람을 찾아보기가 힘들다. 사람이 산다는 걸 보여주는 유일한 신호는 위층 창문 밖으로 새어나오는 컴퓨터나 텔레비전 스크린 불빛 정도가 전부다.

예전에는 친구와 가족들을 직접 만나 소식을 전해 듣곤 했지만, 이제는 문자메시지나 트위터, 소셜미디어를 선호한다. 오늘날 우리는 수십, 수백, 수천 명에게 동시에 메시지를 전달할 수 있게 되었지만, 그들 중 어느 한 사람과 깊이 있고 진지하고 개인적인 대화를 나눌 기회는 줄어든 것이다.

인간관계를 맺을 때도 우리가 보고 경험한 것들을 묘사하는 대신 스마트폰에 담긴 사진들을 돌려보는 것으로 만족한다. 또한 대화 속에서 웃음 포인트를 찾는 대신 서로에게 인터넷 유머나 유튜브 비디오를 보여준다. 그리고 어쩌다 의견 충돌이 발생하면 즉시 구글 검색을 이용한다. 누군가가 30초 이상 이야기를 하면 우리는 보통 고개를 숙이는데, 그건 상대의 말을 곰곰이 생각해보기 위해서가 아니라, 신문 기사를 읽거나 경기 스코어를 확인하거나 온라인 동향 등을 살피기 위해서이다. 이처럼 상대의 말을 듣는 능력은 다른 사람들, 특히 의견이 다르거나 신속히 요점을 전달하지 않는 사람들의 말을 차단하는 능력으로 대체되어 왔다.

인터뷰할 때 나는 종종 상대방이 노숙자든 회사 사장이든 유명 인사든 자신의 말을 들어주는 누군가가 있다는 사실을 낯설어한다는 느낌을 받는다. 내가 그들의 이야기에 진심으로 흥미를 보이며 더 말해달라고 요청하면, 그들은 마치 그런 경험은 처음 해본다는 듯이 놀라워하곤 한다. 이후 그들은 완전히 긴장을 푼 상태에서 더 사려 깊고 진지한 태도로 인터뷰에 응하는데, 이는 내가 자신들을 몰아세우거나 방해하거나 무시하지 않을 거라는 확신을 얻었기 때문이다. 그토록 많은 사람이 인터뷰 주제와도 상관없고 내가 요청하지도 않은 은밀한 이야기를 털어놓는 건 아마도 이 같은 사정 때문일 것이다. 자신의 말에 진정으로 귀 기울여줄 누군가를 마침내 찾아낸 것이다.

사람은 자기 말을 들어줄 상대가 없을 때 외로움을 느낀다. 심리학자와 사회학자들은 미국 사회에 외로움이 만연하게 될 것이라며 경고 신호를 보내기 시작했다. 의료 전문가들도 외로움을 일종의 공중보건 문제로 간주하는데, 이는 외로움과 소외감이 비만과 알코올 중독으로 인한 사망률을 합한 것 이상으로 조기 사망의 위험성이 높기 때문이다.[3] 외로움이 건강에 미치는 부정적인 영향력은 하루에 담배 14개비를 피우는 것 이상이다. 실제로 유행병학 연구자들은 외로움이 심장질환과 뇌졸중, 치매, 면역력 저하 등과 연관되어 있다는 사실을 밝혀냈다.

아마도 외로움의 창궐을 최초로 경고한 사람은 인터넷 혁명이 일어나던 2004년 당시 한 온라인 채팅방에 "너무 외로워. 누구든 말을 걸어줘"라는 제목의 글을 올린 익명의 누리꾼일 것이다.[4] 그의 진심 어린 호소는 입소문을 타고 퍼져나가 언론에 집중적으로 보도되었고, 이후 수많은 온라인 사이트에 비슷한 글들이 양산되고 있다.

그런 글들을 읽어보면 사람들이 혼자라서 외로움을 타는 게 아니라는 사실을 알아차릴 수 있다. 한 누리꾼은 "난 항상 수많은 사람에게 둘러싸여 있지만 이상하게도 그들과 단절된 느낌이 들어"라고 썼다. 외로운 사람들에게는 자신의 생각과 느낌을 나눌 사람도, 그들에게 생각과 느낌을 나눠줄 사람도 없다. 그 원본 게시글을 올린 사람이 자신에게 말을 걸어달라고 호소했다는 점에 주목해보라. 그는 누군가에게 말을 걸길 원한 게 아니다. 단지 누군가가 자신에게 하는 말을 듣고 싶었던 것뿐이다. 유대감은 상호작용을 통해 형성되는 것인 만큼, 상대방의 말을 듣고 이해하려 애쓰는 과정이 반드시 동반될 수밖에 없다.

소외감과 외로움을 느끼는 사람들의 수는 2004년 그 글이 게시된 이후 급속도로 증가했다. 2018년 미국인 2만 명을 대상으로 수행된 한 조사에서는 응답자 절반가량이 긴 대화를 나누는 의미 있는 인간관계를 맺지 못하고 있다고 답했다.[5] 그들은 다른 사람들과 함께 있을 때조차 종종 외로움과 소외감을 느낀다고 고백했다. 이 조사 결과를 외로움을 느낀다고 답한 사람이 단 20퍼센트에 불과했던 1980년대의 비슷한 연구와 비교해보라.[6] 오늘날 미국에서는 자살률이 30년 만에 최고치를 기록하고 있는데, 이는 1999년 이후로 30퍼센트나 증가한 수치다.[7] 현재 미국인의 기대 수명은 자살과 약물중독[8], 알코올중독 등 외로움 관련 장애들로 인해 계속 감소하고 있다.[9]

이는 미국만의 문제가 아니다. 외로움은 전 세계적인 현상이다. 예컨대, 세계보건기구WHO는 지난 45년 동안 전 세계적으로 자살률이 60퍼센트나 증가했다고 보고했다.[10] 영국은 2017년 수행된 정부의 조사 결과를 바탕으로, 외로움을 자주 느끼거나 거의 항상 느끼는 시민 900만 명을 돕기 위해 '외로움 담당 장관Minister for Loneliness'[11]까지 임명을 해둔 상태다.[12] 그리고 일본에서는 배우들을 고용해 외로운 사람들의 친구나 가족, 연인 역할을 연기하게 하는 패밀리 로맨스Family Romance 같은 회사들이 급속도로 증가해왔다.[13] 이런 계약은 성적인 것과는 무관하다. 고객들은 단지 관심에 대한 대가로 비용을 지불하는 것뿐이다. 예컨대, 어머니들은 자신의 실제 아들과 거리감을 느낄 때마다 자기를 방문해줄 아들을 대여하며, 독신 남성들은 일을 마치고 집으로 돌아왔을 때 하루를 어떻게 보냈는지 물어봐줄 아내를 대여한다고 한다.

외로움은 차별을 모른다.[14] 최근 수행된 한 연구는 소외감에 관한 한 남성과 여성 또는 인종 사이에 아무런 차이도 발견되지 않는다는 점을 보여준다. 그렇지만 디지털 환경에서 양육된 최초의 세대인 Z세대가 외로움을 느낄 가능성이 가장 높을 뿐 아니라, 노년층을 포함해 다른 세대들보다 건강상의 문제를 호소할 가능성도 더 높다는 점 또한 입증했다. 실제로 자살 충동이나 자살 시도로 병원에 입원한 학령기 아동과 청소년의 수는 2008년 이후 두 배 이상이나 증가했다.[15]

최근 발표된 많은 글은 오늘날의 십대들이 좀처럼 이성을 사귀지도 친구와 놀러 다니지도 않고, 운전면허를 취득하지도 혼자서 집 밖에 나가려 하지도 않는다는 점을 지적한다. 십대들은 혼자서 더 많은 시간을 보내려 하고 있다.[16] 그 결과 전자기기의 조명으로 인해 안색이 창백해 보일 뿐 아니라, 정서마저도 더 우울해지고 있다. 이와 관련된 연구들도 전자기기 화면 앞에서 보내는 시간이 많을수록 행복감도 더 떨어지게 된다는 점을 보여주고 있다. 예컨대 소셜미디어를 애용하는 중학생들은 그렇지 않은 학생들에 비해 우울증에 걸릴 위험이 27퍼센트 정도 더 높을 뿐 아니라, 불행함을 토로할 확률도 56퍼센트나 더 높다고 한다. 이와 마찬가지로, 젊은 이들을 대상으로 수행한 한 문헌 연구는 습관적으로 게임을 하는 젊은이들이 불안감이나 우울감으로 고통받을 가능성이 더 높다는 점을 드러낸다.[17]

사람들은 보통 외로움을 타는 이들에게 "집에만 있지 말고 밖으로 나가!"라고 충고를 해준다. 즉 그들은 모임에 가입하거나, 운동을 시작하거나 자원봉사를 하거나 저녁 식사에 사람들을 초대하거나 교회에 다니기 시작하면 외로움을 이겨내는 데 도움이 될 거라고 조언한다. 말하자면 페이스북을 끊고 사람들을 직접 만나야 한다는 것이다. 하지만 앞서 말했듯이 우리는 종종 다른 사람들과 함께 있을 때조차 외로움을 느낀다. 일단 '밖으로 나가'서 사람들을 '직접' 만났다면, 그 뒤에 상대와 교감을 나누기 위해서는 어떻게 해야 할까? 물론, 상대방의 말에 귀를 기울여야 한다. 하지만 그건 말처럼 쉬운 일이 아니다. 많은 사람이 누군가의 말에 진정으로 귀를 기울이는 기술을 잊어버렸거나, 아니면 애초에 배우지도 못했기 때문이다.

말해야만 살아남는 것처럼

흘려듣는 사람이 반드시 나쁜 사람인 건 아니다. 어쩌면 가까이에 남의 말을 끔찍이도 안 듣는 친구나 가족 구성원, 연인이 있을지 모른다. 어쩌면 자기 자신이 그런 사람일지도 모른다. 그렇지만 당신 잘못이 아니다. 왜냐하면 우리는 남의 말에 귀를 기울이지 않도록 다양한 방식으로 길들여졌기 때문이다. 어린 시절을 한번 되돌아보자. 부모가 어깨를 붙들고 "내 말 좀 들어!"라고 말할 때, 십중팔구 이어지는 말들이 귀에 잘 들어오지 않았을 것이다. 선생님이나 야구 코치, 캠프 지도자 등이 주의를 환기시키며 "잘 들으세요!"라고 소리칠 때도, 이어지는 말들은 대개 내키지 않는 규칙이나 지루한 지시 사항들이었다.

미디어나 대중문화 역시 듣기라는 덕목을 강화하는 데 아무런 도움을 주지 못한다. 뉴스와 토크쇼는 상반된 견해들을 탐색하는 진지한 토론의 장이 되기보다 상대방의 흠집이나 들춰내는 아귀다툼의 장이 되기 일쑤다. 늦은 밤 진행되는 토크쇼도 게스트들의 말에 귀를 기울이며 깊이 있는 대화를 이끌어내는 것보다 장황한 독백이나 농담에만 주로 초점을 맞춘다. 그리고 아침과 낮 시간에 진행되는 쇼는 인터뷰가 홍보 담당자들에 의해 엄격하게 관리되고 연출되기 때문에 진행자와 출연자들은 진정으로 대화를 나누기보다 미리 준비된 대본을 거의 읽어 내려가다시피 한다.

텔레비전과 영화에 등장하는 극적인 대화 장면들 역시 듣기를 통해 의사소통이 심화하는 과정보다 거창한 연설이나 독백의 광경을 담고 있는 경우가 더 많다. 예를 들어, 시나리오 작가 에런 소킨Aaron Sorkin은 대화 구성의 달인이라는 찬사를 받아왔다. 텔레비전 시리즈 〈웨스트 윙The West Wing〉과 영화 〈어 퓨 굿 맨A Few Good Men〉, 〈소셜 네트워크The Social Network〉에 등장하는 캐릭터들의 숨 가쁜 언쟁과 농담들을 떠올려보라. 그가 구성해낸 대화와 논쟁 장면들은 훌륭한 대사들로 가득한 데다("자넨 진실을 감당할 수 없어!") 보기에도 즐거워서 유튜브에 수많은 편집본이 올라와 있다.[18] 하지만 그런 식의 대화들은 생생하고 깊이 있는 대화를 위한 듣기의 기술을 배우는 데는 아무런 도움도 되지 않는다.

물론 이런 유형의 대화는 앨곤퀸 라운드 테이블Algonquin Round Table에서부터 이어져 내려오는 대화 경연 모임의 장구한 전통을 이어받은 것이다. 앨곤퀸 라운드 테이블이란 1920년대 당시 매일같이 뉴욕 맨해튼에 위치한 앨곤퀸 호텔에서 만나 점심을 함께하며 재담과 말장난을 나누던 작가와 비평가, 배우들의 모임을 일컫는 다. 당시 주요 일간지에 실리기도 했던 그들의 경쟁적이고 날카로운 언설은 미국 전역을 사로잡았으며, 논란의 여지는 있지만 현재까지도 대중의 뇌리에 명민한 대화의 전형으로 각인되어 있다.

그렇긴 하지만 라운드 테이블은 거의 매일같이 만나는 활기 넘치는 집단이었음에도 정기 멤버들 중 다수는 지극히도 외롭고 침울한 사람들이었다.[19] 예컨대, 작가 도로시 파커Dorothy Parker는 세 번이나 자살을 기도했고,[20] 연극 비평가 알렉산더 울컷Alexander Woollcott은 지독한 자기혐오 성향이 있어서 심장마비로 죽음을 맞기 직전에 "어차피 할 말도 없었어"라고 말했다.[21] 그도 그럴 것이, 이 모임은 서로의 말을 경청하는 집단이 결코 아니었다. 그들은 모임에 참석한 다른 사람들과 진정한 유대를 맺기 위해 애를 쓰지 않았다. 그들이 한 것은 대화 사이에 틈이 생기기를 기다렸다가 그 속으로 말 폭탄을 던져넣은 것이 전부였다.

말년에 이르러 보다 사색적인 성향을 띠게 된 도로시 파커는 모임에 대해 이렇게 말했다.[22] "라운드 테이블은 많은 사람이 한자리에 모여 농담을 늘어놓고 서로에게 자신의 말솜씨를 뽐내던 집단에 불과했어요. 수일 동안 재담을 쌓아뒀다가 기회가 닿을 때마다 말을 쏟아내며 자기를 과시하던 모임이었지요. …… 그들이 한 말에는 아무런 진실도 담겨 있지 않았어요. 재담이 난무하는 시끌벅적한 모임에서 진실 같은 게 무슨 소용이겠어요."

정치 지도자들 역시 귀 기울여 듣는 일과는 거리가 멀다. 미국 의회의 청문회 광경을 떠올려보라. 의원과 대변인들이 청문회 대상자의 말을 듣는 자리라기보다는, 운 나쁘게도 자신들 앞에 서게 된 상대방을 꾸짖고, 말을 끊고, 약점을 잡고, 비난을 퍼붓기 위한 자리에 더 가깝다. 청문회 기록의 가장 일반적인 특징은 대문자로 강조된 '언쟁CROSS-TALK'이란 단어가 수도 없이 삽입되어 있다는 것이다. 논쟁을 벌이는 당사자들의 말이 겹쳐서 기록관들도 무슨 말인지 못 알아들은 것이다.

마찬가지로 영국 총리가 매주 한 번씩 의원들에게 질문을 받는 '총리 질의응답Prime Minister's Questions' 역시 일본 전통극 가부키歌舞伎의 공연 못지않게 듣기를 훈련하는 데 아무런 도움이 안 된다. 의원들의 과시적 언사는 갈수록 극단으로 치달아, 많은 의원은 이제 더 이상 질의응답에 참석하지 않는다. 존 버커우John Bercow는 하원 의장에 재임하는 동안 BBC에 출연해 이렇게 말했다.[23] "이건 정말 큰 문제입니다. 수줍음을 타거나 민감한 성격과는 거리가 먼 다수의 노련한 의원들이 '너무 엉망이라 참석 안 하는 게 낫겠어요. 당혹감 때문에 도저히 함께 못 하겠습니다'라고 불평을 한다니까요."

의원들의 허세 때문에 사람들은 갈수록 집권자들로부터 단절된 느낌을 받는다. 이런 상황은 미국을 비롯한 세계 각국에서 벌어지는 정치적 격변이나 불화와도 무관하지 않다. 실제로 사회 지도층과 주류 언론, 정치 지도자들은 투표 결과를 통해 명백히 드러난 민심 이반에 정신을 못 차리고 있다. 가장 대표적인 것이 2016년

도널드 트럼프의 승리와 같은 해에 일어난 영국의 브렉시트Brexit 통과다. 유권자들은 사실상 권력자들의 관심을 끌기 위해 투표로 테러를 한 것이나 다름없다. 이런 현상은 누구도 예상치 못했던 것이다.

여론조사는 공동체 구성원들에게 실제로 귀를 기울이면서 그들의 일상생활과 가치관을 이해하려 애쓰는 수고를 피하기 위한 빈약한 대체물에 불과했다. 정치평론가들이 대중의 의견을 좀 더 신중하고 철저하고 폭넓게 청취했더라면 투표 결과에 그토록 당혹스러워하는 일은 일어나지 않았을 것이다. 대표성이 결여된 표본(즉, 알려지지 않은 발신자 번호에 답을 하는 사람들과 조사원의 유도 질문에 솔직하게 답하는 사람들)에서 추출해낸 데이터는 믿을 만한 게 못 되었고, 주로 소셜미디어에 의존해 민심을 파악하는 매스컴의 보도 역시 마찬가지였다.[24]

그런데도 여론조사와 소셜미디어는 '진정한 민심'을 파악하는 수단으로 계속해서 활용되고 있다. 편의성과 접근성에 유혹당한 나머지, 저널리스트와 아나운서들은 이제 밖으로 나가 사람들의 입에서 나오는 말을 직접 수집하는 대신, 트위터나 페이스북에 뜬 글귀들을 단순히 인용하는 것으로 만족하고 있다. 효율적이고 객관적인 것으로 간주되어서인지, 소셜미디어에 나타난 흐름을 파악하거나 온라인으로 설문조사를 하는 작업은 21세기에 들어 언론사와 정치인, 로비스트, 사회운동가, 기업가들이 대중에게 귀를 기울이는 대표적인 방식으로 자리 잡았다.

하지만 소셜미디어는 사회 구성원 전체의 의견을 반영하지 못한다. 지금까지 수행된 수많은 연구는 허위 계정이 소셜미디어 콘텐츠의 상당 부분을 차지하고 있다는 점을 입증한다.[25] 소셜미디어 계정 가운데 15~60퍼센트 정도는 실제 사람의 소유가 아닌 것으로 추정된다.[26] 또한 한 연구는 2016년 미국 대선과 연관된 트윗 중 20퍼센트 정도가 기계로 작성된 것이라는 점을 보여준다.[27] 테일러 스위프트Taylor Swift와 리애나Rihanna, 저스틴 비버Justin Bieber, 케이티 페리Katy Perry 같은 유명 뮤지션들의 트위터 계정에 대한 감사 작업 역시 수천만에 달하는 그들의 팔로워들 중 상당수가 로봇이라는 점을 드러낸다.[28]

소셜미디어상에 훨씬 더 만연해 있는 건 아마도 '눈팅족lurker'● 일 것이다. 이 사람들은 다른 사용자들이 포스팅하는 내용을 보기 위해 계정을 만들긴 하지만 직접 포스팅을 하는 경우는 극히 드물다. 인터넷 문화를 설명하는 1퍼센트의 규칙, 혹은 90-9-1 규칙에 따르면, 소셜미디어, 블로그, 위키피디아, 뉴스 웹사이트 등 온라인 플랫폼 사용자들의 90퍼센트는 사이트를 그저 구경만 하고, 9퍼센트는 댓글 등을 통해 아주 가끔씩만 참여한다고 한다.[29] 나머지 1퍼센트가 인터넷 콘텐츠의 대부분을 생산해내는 것이다. 물론 사이

● '눈팅족'이라는 말은 소셜미디어 입장에서 수익 창출에 도움이 안 되는 이용자들을 의미하는 용어이다. 온라인 플랫폼들은 보통 이용자들의 활동(좋아요, 싫어요, 조회, 댓글 등)을 수집해 광고주들에게 파는 방식으로 돈을 벌어들이기 때문이다.

트에 글을 올리는 사용자들의 수는 플랫폼의 종류에 따라 다소 차이가 날 것이고, 아마도 사회적 이슈에도 어느 정도 영향을 받겠지만, 대다수의 사용자들이 침묵을 지킨다는 사실에는 아무런 변함이 없다.[30]

게다가 소셜미디어와 웹사이트에서 활발히 활동하는 대부분의 사용자들은 성향이 매우 독특한 경우가 많아서, 1) 세상이 자신들의 의견을 마땅히 들어야 한다고 믿을 뿐 아니라, 2) 자기 의견을 일상적으로 표현할 시간도 아주 많다고 한다. 그런데 두말할 필요 없이, 온라인에서 가장 주목을 받는 콘텐츠는 신랄한 비판과 분노, 과장 등이 뒤섞인 글들이다. 중립적이고 솔직하고 신중한 글들은 입소문을 타지도, 미디어에 인용되지도 못하는 경향이 있다. 이는 일반 대중의 의향과 견해를 왜곡하기 때문에 인터넷 민심이 사회 구성원 전체의 의견을 얼마나 정확히 반영하는지 의문이 들게 한다.

듣기를 불편해하는 말하기의 시대

이 책을 저술하기 위해 나는 모든 연령과 인종, 계층의 전문가와 비전문가들을 대상으로 듣기에 대해 인터뷰를 진행했다. 인터뷰 내용에는 "당신의 말에 귀를 기울여주는 사람은 누구인가요?"라는 질문도 포함됐다. 이 질문을 했을 때 사람들은 거의 예외 없이 침묵하거나 머뭇거렸다. 운 좋은 사람들은 배우자나 부모, 친구, 형제자매 중에서 한두 명을 떠올릴 수 있었다. 하지만 솔직한 태도로 임한 상당수의 사람들은 자신의 말에 진정으로 귀를 기울여주는 사람이 아무도 없는 것 같다고 고백했다. 결혼을 한 사람이나 친구가 많다고 주장한 사람들의 경우에도 마찬가지였다. 또 다른 사람들은 심리치료사나 인생 멘토, 미용사 심지어는 점술가 등에게 속내를 털어놓는다고 대답했다. 비용을 들여서까지 자기 말을 들어줄 사람을 찾는다는 뜻이다. 다른 일부의 사람들은 상담을 위해 목사나 랍비를 찾아가지만, 그것도 오직 심각한 위기 상황에서만 그렇게 한다고 답했다.

놀랍게도 인터뷰에 응한 사람들 중 다수는 가족이나 친구들에게 자신의 말을 들어달라고 부탁하는 것을 부담스러워했다. 문제를 털어놓는 것은 물론, 일상적 요구나 농담보다 좀 더 의미 있는 말들을 건네는 것조차 꺼렸다. 예컨대, 댈러스에 사는 한 트레이더는 내게 대화를 가볍게 유지하지 않는 건 "무례한 태도"라고 말했다. 상대에게 너무 많은 것을 요구해서는 안 된다는 것이다. 또한 시카고에서 일하는 한 외과의사는 "다른 사람들의 본보기가 되는 지위가 높은 사람일수록 자신의 문제에 대해 터놓고 이야기할 권리가 제한됩니다"라고 말했다.

내가 사람들에게 자신을 잘 들어주는 사람이라고 생각하느냐고 물었을 때, 상당수가 그렇지 않다는 점을 기꺼이 시인했다. 로스앤젤레스 공연예술협회의 이사는 "살면서 사람들의 말을 귀담아들었더라도, 저는 아마도 그들이 한 말 대부분을 싫어했을 거예요"라고 말했는데, 그런 식으로 느낀 사람은 그뿐만이 아니었다. 너무 바

빠서 다른 사람의 말에 귀를 기울일 시간이 없다고 대답한 사람들도 있었다. 그들의 기준에 따르면, 문자메시지나 이메일이 실제 대화보다 훨씬 효율적이었다. 메시지의 가치만큼만 주의를 기울이면 되기 때문이다. 재미가 없거나 불편한 메시지는 무시하거나 삭제해버리면 그만이었다. 상대와 직접 만나 나누는 대화는 너무 위험한 것이었다. 자신이 알고 싶은 것 이상을 듣게 될 수도 있고, 상대의 말에 어떻게 반응해야 할지 모를 수도 있기 때문이다. 반면 디지털을 통한 의사소통은 어느 정도 통제가 가능했다.

21세기의 익숙한 광경은 그렇게 형성되었다. 카페나 레스토랑, 저녁 식사 테이블에서 서로 대화를 나누기보다 스마트폰만 들여다보는 광경 말이다. 설령 서로 이야기를 나누더라도 스마트폰은 탁자 위에 배경처럼 놓여 있다. 사람들은 스마트폰을 나이프나 포크처럼 아무렇지도 않게 수시로 집어 들면서, 지금 나누는 대화가 별로 재미없다는 사실을 암암리에 드러내 보인다. 그러면서 사람들은 이유도 모른 채 고통스러울 정도로 외로움에 시달리고 있다.

한편 자신을 잘 들어주는 사람으로 여기는 사람들도 있었다. 비록 운전을 하면서 휴대전화로 이야기를 한다는 사실로 인해 설득력이 좀 떨어지긴 했지만 말이다. 휴스턴에서 근무하는 한 변호사는 출근시간 차 안에서 전화기 두 대를 번갈아 받으면서 내게 이렇게 말했다. "저는 대부분의 사람들보다 상대의 말을 잘 듣습니다. 잠깐, 잠시만 기다려주세요, 전화가 하나 더 왔네요." 또한 자신이 잘 들어주는 사람이라고 주장하면서 완전히 무관한 주제로 갑자기 화제를 전환한 사람도 있었다. 그의 말을 듣다 보니 칵테일파티에 참석해 와인 이야기만 늘어놓는 사람을 묘사한 〈뉴요커The New Yorker〉의 만화가 떠올랐다.[31] 자신을 잘 들어주는 사람으로 묘사한 또 다른 사람은 내가 방금 한 말을 마치 자기 생각인 양 그대로 되풀이해서 말했다.

하지만 반복하건대 그렇다고 해서 흘려듣는 사람이 반드시 나쁘고 버릇없는 사람이란 말은 아니다. 그들은 상대를 대신해 문장을 완성할 때, 자신이 상대를 도왔다고 진실로 믿는다. 또한 그들이 중간에 말을 끊는 건 보통 상대가 진정으로 알길 원하는 내용이나 너무나도 재미있는 농담이 떠올랐기 때문이다. 반대로 정말로 상대의 입술이 움직임을 멈출 때까지 정중하게 기다리기만 했다면 상대의 발언권을 존중한 것이라고 생각한다. 물론 상대를 재촉하기 위해 고개를 빠르게 끄덕이기도 하고, 시계나 휴대전화를 흘깃 보거나, 탁자를 살살 두드리거나, 말을 건넬 다른 사람이 있는지 확인하기 위해 상대 어깨 너머를 넘겨다보기도 한다. 하지만 그렇게 행동하는 건 근본적인 불안과 공격적인 자기홍보 욕구가 만연해 있는 문화권에서는 침묵을 지키는 것이 뒤처지는 것으로, 귀를 기울이는 것이 자기현시와 출세의 기회를 놓치는 것으로 간주되기 때문이다.

그렇지만 내가 올리버 색스를 인터뷰할 때 나 자신만의 관심사에 사로잡혀 있었다면 무슨 일이 벌어졌을지 생각해보라. 짧은 칼럼을 쓰는 데 필요한 건 그의 입에서 나온 약간의 답변이 전부였다.

그가 마음의 기후에 대해 시적인 언급을 쏟아내는 것이나 방향감
각 없이 생활하는 어려움에 대해 묘사하는 것에 귀를 기울일 필요
가 없었다. 나는 중간에 끼어들어 바로 본론으로 들어가도록 그를
유도할 수도 있었다. 혹은 나 자신을 표현하고 그에게 강한 인상을
주기 위해 내 삶과 경험에 대한 이야기로 건너뛸 수도 있었다. 하지
만 그랬다면 대화의 자연스러운 흐름이 가로막혀 친밀감이 형성되
는 걸 방해했을 것이고, 그와 교감하는 기쁨도 충분히 느끼지 못했
을 것이다. 나는 오늘날까지 그가 전해준 지혜를 간직하지 못했을
것이다.

우리 중 누구도 항상 상대의 말을 귀 기울여 들어줄 수는 없다.
머릿속에 떠오르는 잡념들로 인해 주의가 산만해지는 건 인간의
본성이다. 듣기는 노력을 필요로 한다. 당신은 글을 읽을 때처럼 대
화의 다른 부분을 다 건너뛰고 일부 내용에만 주의를 기울이고 싶
어 할지도 모른다. 하지만 주의 깊게 듣는 능력은, 주의 깊게 글을
읽는 능력과 마찬가지로, 충분히 자주 반복하지 않을 경우 퇴보할
수밖에 없다. 유명 인사들의 뒷이야기를 다루는 웹사이트에 들어
가 제목만 훑어보듯이 사람들의 말을 듣는다면, 사람들 내면에 잠
재되어 있는 지혜와 우아함을 발견할 수 없다. 또한 당신을 사랑하
거나 사랑하게 될 수도 있는 사람들의 간절한 열망을 충족시켜줄
수도 없을 것이다.

2장

교감의 순간

듣기는 공감을 전제로 한다

2017년 페이스북 최고경영자 마크 저커버그는 스스로에게 "개인적 과제"를 부과한 바 있다.[1] "더 많은 사람에게 다가가 그들이 어떻게 살고 어떻게 일하며 미래에 대해 어떻게 생각하는지 이야기를 나누겠다"고 결심한 것이다. 하지만 그는 그냥 아무나 만나서 대화를 나눌 생각은 없었다. 그는 적당한 장소에서 자신과 대화를 나눌 적당한 사람들을 찾아내기 위해 나라 전역에 업무 팀을 파견해둔 상태였다. 저커버그가 대화 장소에 도착했을 때, 그는 자신이 '듣는' 장면을 포착할 사진가를 포함해 최대 여덟 명에 달하는 수행원들을 거느리고 있었다.[2] 그 사진들은 예상대로, 페이스북에 포스팅되었다.

저커버그는 듣기가 하나의 도전거리라는 점을 제대로 파악했다. 하지만 작위적인 듣기와 진정한 듣기를 혼동해 온라인과 대중매체로부터 엄청난 조롱을 받았다. 아마도 당신은 듣는 척하는 사람들을 경험해보았을 것이다. 이맛살을 찌푸리거나 고개를 끄덕이는 등 동작을 취하는데, 눈에는 이상하게도 초점이 없고 끄덕임은 당신이 한 말과 제대로 조화를 이루지 못한다. 그들은 "아하"나 "무슨 말씀인지 알겠어요" 같은 일반적인 반응을 보이지만 당신이 한 말의 요점을 제대로 짚어내지는 못한다. 마치 당신을 아랫사람 대하듯 한다. 어쩌면 당신은 그들의 얼굴을 한 대 치고 싶은 충동마저 느꼈을지 모른다.

누구나 상대가 말을 들어주지 않거나 귀를 기울이는 척하면서 은근히 무시를 할 때 화가 난다. 그렇다면 누군가의 말에 진정으로 귀를 기울인다는 건 대체 어떤 것일까? 흥미롭게도, 사람들은 이야기를 잘 들어주는 사람보다는 흘려듣는 사람의 특징을 더 쉽게 묘사한다.[3] 안타까운 일이지만 사람들은 보통 진정으로 이해받은 느낌보다 무시당하거나 오해받은 느낌을 더 많이 경험하는 것 같다. 가장 자주 언급되는 흘려듣는 태도에는 다음과 같은 것들이 있다.

- 말 끊기
- 방금 들은 말에 모호하거나 비논리적으로 반응하는 것
- 휴대전화나 시계, 주변 환경 등 말하는 사람과 관련 없는 대상을 바라보는 것

- 안절부절못함(탁자 두드리기, 빈번한 자세 교정, 펜 딸깍거리기 등)

만일 당신도 이런 태도를 취한다면, 당장 그만두기를 바란다. 하지만 단순히 이런 태도를 고치는 것만으로는 잘 들어주기 어렵다. 그건 그저 흘려듣는다는 사실이 잘 드러나지 않도록 만들어줄 뿐이다. 듣기는 이런저런 행동이나 태도보다는 마음가짐과 더 깊이 연관되어 있다. 그것은 온갖 유형의 사람들과 미리 짜인 각본 없이 제삼자의 도움을 받지 않고 상호작용하는 과정을 거치며 점진적으로 습득되는 매우 특별한 기술이다. 분명 무슨 말을 듣게 될지 모르는 상황 속에 스스로를 방치하는 위험을 감수해야 한다. 하지만 그보다 더 큰 위험은 다른 사람들과 주변 세상으로부터 고립된 상태에 머무는 것이다.

첨단기술 시대에 왜 듣기의 기술을 향상시키려 애를 써야 하는 건지 궁금해하는 건 어찌 보면 당연한 일이다. 기술은 훨씬 더 큰 규모의 사람들을 대상으로 해서 원하는 시간대에 원하는 방식으로 의사소통할 수 있게 해주는 매우 효율적인 수단이다. 게다가 말하는 사람들 중 다수는 신속하게 요점을 드러내지 않는다. 자기 과시적 이야기는 지루하고, 대장내시경 검사를 받은 이야기는 지나치게 상세하다. 그리고 때로는 말로 인해 불쾌함이나 상처를 받기도 한다.

하지만 듣기는 어떤 활동보다도 우리를 삶에 깊이 연결시켜 준다. 듣기는 당신에게 말을 건네는 사람은 물론 당신 자신까지도 더 잘 이해할 수 있게 도와준다. 우리가 아기 때부터 사람들의 목소리에 더 주의를 기울이면서 어감과 조화, 불협화음에 민감하게 반응해온 것도 다 그런 이유 때문이다.⁴ 사실 우리는 태어나기 전부터 듣기를 시작했다. 태아는 임신 16주만 되면 소리에 반응하며,⁵ 임신 후기에 이르면 언어와 다른 소리들을 분명히 구분할 수 있다.⁶ 태어나지 않은 아이는 친밀한 목소리에는 위안을 받고, 화난 목소리에는 겁을 집어먹는다.⁷ 또한 청각은 죽기 전에 가장 마지막으로 잃어버리는 감각 중 하나이기도 하다. 죽기 전에는 먼저 허기와 갈증이 사라지고, 이어서 언어 능력이 사라지며, 그 다음으로 시력이 상실된다. 죽어가는 환자들은 촉각과 청각을 숨이 멎는 바로 그 순간까지 간직한다.⁸

청각이 손상된 아이들을 대상으로 한 어떤 연구는 그들이 감정을 인지하고 공감 능력을 발달시키는 데 어려움을 겪을 수 있다는 점을 드러낸다. 또한 후천적으로 청각을 잃어버린 사람들에게서 발견되는 감정 및 인지행동 장애에 대해서도 광범위한 연구가 이루어진 바 있다.⁹ 헬렌 켈러Helen Keller는 이렇게 말했다. "나는 눈도 안 보이고 귀도 안 들리지만…… 소리를 들을 수 없다는 사실이 훨씬 더 고통스럽다. 그건 가장 생기 넘치는 자극을 잃어버린 거나 다름없기 때문이다. 언어를 실어 나르고, 생각을 자극하고, 타인과 지적인 교감을 나눌 수 있도록 해주는 사람의 목소리 말이다."¹⁰

하지만 청각은 듣기와 같은 것이 아니라 듣기의 물리적 조건일 뿐이라는 점을 반드시 강조해둘 필요가 있다. 청각은 수동적인 반면 듣기는 능동적이다. 정말 귀 기울여 잘 들어주는 사람들은 다른 감각들까지 동원해가며 듣기에 관심을 집중한다. 그들의 두뇌는 유입되는 모든 정보를 처리하여 의미를 찾아내기 위해 활발하게 활동을 벌이는데, 이는 창의성과 공감, 통찰, 지식으로 향하는 문을 활짝 열어준다. '이해'는 듣기의 목표로서, 노력을 필요로 한다.

역사에 길이 남는 공동 업적 중 상당수는 서로의 말을 완전히 이해하고 소화해낸 사람들 사이에서 이루어졌다. 비행 기술의 아버지인 오빌 라이트와 윌버 라이트, 제2차 세계대전을 승리로 이끈 윈스턴 처칠과 프랭클린 루스벨트, DNA 구조를 공동으로 발견해낸 제임스 왓슨과 프랜시스 크릭, 비틀스의 멤버인 존 레넌과 폴 매카트니, 이들은 역사에 흔적을 남기기 전까지 대화에 엄청난 시간을 투자한 것으로 잘 알려져 있다.

물론 그들은 모두 혼자서도 뛰어난 능력을 발휘했지만, 그들이 그 정도의 업적을 달성해낼 수 있었던 건 일종의 정신적인 융합 덕분이었다. 이런 융합은, 그들이 친구이든 연인이든 동료이든, 심지어는 코미디언과 관객이든, '마음이 통하는' 두 사람 사이에서 다양한 수준으로 발생할 수 있다. 상대의 말을 들으면서 그의 말을 정말로 '받아들일' 때, 당신과 상대방의 뇌파는 말 그대로 공명한다.

신경과학자 우리 해슨Uri Hasson은 기능성 자기공명영상fMRI 스캔을 통해 화자와 청자의 두뇌 활동이 더 많이 일치할수록 의사소통의 질도 더 좋아진다는 점을 발견했다.[11] 프린스턴 대학교에 있는 그의 연구실에서 수행된 연구에서 피험자들은 또 다른 피험자 한 명이 BBC 텔레비전 시리즈 〈셜록Sherlock〉의 한 장면을 묘사하는 것을 듣고 있어야 했다. 그 장면을 기억해서 이야기하는 동안, 화자의 뇌파는 그 드라마를 직접 볼 때와 거의 같은 패턴을 보였다. 이뿐만 아니라 그 이야기를 듣는 청자들의 뇌도 곧 화자의 것과 동일한 신경학적 패턴을 그리기 시작했다. 뇌파들 간의 이 같은 연결 혹은 융합은 생각과 느낌, 기억이 전달될 수 있다는 점을 입증해주는 측정 가능한 증거이다.

캘리포니아 대학교 로스앤젤레스 캠퍼스UCLA와 다트머스 대학교의 연구자들이 수행한 후속 연구는 친한 친구들의 뇌가 짧은 비디오 영상을 볼 때 비슷한 반응을 나타냈다는 점을 보여주었다.[12] 비디오 영상(아기 나무늘보 영상, 한 커플의 결혼식 장면, 대학 미식축구에 대한 찬반논쟁 장면)에 대한 피험자들의 두뇌 활동이 더 많이 일치할수록 양자 사이의 우정도 더 두터운 것으로 나타났다. 비슷한 감성을 지닌 사람들끼리 서로 이끌린다는 게 어느 정도 일리 있는 말이라는 것이다. 하지만 해슨의 발견과 함께 고려해보면, 이는 결국 상대방의 말에 귀를 기울이면 그 사람이 우리의 사고방식과 반응방식을 형성하는 데 영향을 끼친다는 소리가 된다. 두뇌는 누군가가 이야기를 건네는 순간에만 조율되는 것이 아니다. 거기서 비롯된 이해와 기억은 차후의 다른 정보들을 처리하는 방식에도 영향을 끼친다. 가까운 친구나 가족 구성원 등 사람들의 말을 더 많이 들을수록, 그리고 그 상대가 당신의 말에 더 많이 귀 기울일수록, 양자의 마음 상태가 일치할 가능성도 그만큼 더 높아진다.

심리학자 대니얼 카너먼Daniel Kahneman과 에이머스 트버스키 Amos Tversky 사이에 형성된 공감대를 생각해보라.[13] 판단과 의사결정에 관한 그들의 논문은 행동경제학 분야에서 가장 영향력 있는 연구 중 하나로, 카너먼의 베스트셀러 저서인 《생각에 관한 생각》의 토대가 되기도 했다. 두 사람은 성격이 매우 달랐다. 카너먼이 과묵하고 사려 깊었다면, 트버스키는 충동적이고 낯이 두꺼웠다. 하지만 그들은 논쟁하고, 웃고, 때로는 소리까지 지르면서 오랜 시간에 걸쳐 대화를 거듭한 끝에 혼자서라면 결코 불가능했을 무수한 통찰들을 이끌어냈다.

카너먼과 트버스키는 아내들이 질투할 정도로 긴 시간을 함께 보냈다. 트버스키의 아내는 이렇게 말했다. "둘의 관계는 결혼보다도 더 강렬했어요. 두 사람은 그 어느 때보다도 지적으로 흥분한 상태였지요. 둘 모두 그 순간을 기다렸던 것 같아요."[14] 연구 논문을 작성할 때마다 두 사람은 타자기 한 대 앞에 나란히 앉곤 했다. 카너먼이 "당시 우리는 함께 마음을 나누었습니다"라고 말할 정도였다.[15] 그는 트버스키가 세상을 떠난 지 6년 뒤인 2002년에 노벨 경제학상을 수상했다.

애착과 공감의 형성

두뇌를 일치시키고자 하는 욕망, 즉 타인과 교감을 나누고자 하는 욕망은 매우 기본적인 것으로, 태어난 직후부터 활성화된다. 우리 모두는 "그 순간을 기다리고 있다." 이것이 바로 우리가 친구들을 찾고, 동료와 관계를 맺고, 아이디어를 발전시키고, 사랑에 빠지는 방식이다. 하지만 그 열망이 충족되지 못한다면, 특히 매우 어린 나이에 그런 일을 겪는다면, 그 경험은 우리의 행복과 건강에 심대한 영향을 미칠 수 있다. 애착 이론보다 이 점을 더 강조하는 심리학 이론은 없다.[16] 애착 이론에 따르면, 타인에게 귀를 기울이고 유대를 형성하는 능력은 부모와의 상호작용 경험에 의해 결정된다.

생후 1년이 될 무렵, 부모나 보모가 우리의 욕구를 충족시켜준 방식을 토대로 해서 우리의 뇌 속에 인간관계가 작용하는 방식에 대한 청사진이 각인된다. 다시 말해 애착을 형성하는 능력, 즉 애착 유형은 아이를 돌봐준 사람의 뇌파와 아이의 뇌파가 공명한 정도에 의해 결정된다. 세심하고 사려 깊은 보호자는 아이를 안정형 애착 유형secure attachment style으로 이끌어주는데, 이 유형에 속하는 사람들은 공감 어린 듣기 능력을 바탕으로 의미 있고 호혜적인 인간관계를 맺는 경향이 있다.

반면 충분히 사려 깊지 못한 부모를 둔 아이들은 보통 불안형 애착 유형insecure anxious attachment style에 해당되는 성인으로 성장한다. 관계에 대해 걱정하거나 집착하는 성향을 지니게 되는 것이다. 그들은 상대방의 말에 제대로 귀를 기울이지 못하는데, 이는 사람들의 관심과 애정을 잃을까 봐 지나치게 걱정을 하기 때문이다. 이런 집착 성향은 그들을 연극적이고 과시적인 성격을 지닌 사람이나, 상대에게 매달리는 성격을 지닌 사람으로 만들어놓을 수 있다. 또한 이 유형의 사람들은 잠재적인 친구나 동료, 고객, 연인 등에게 개인적인 공간을 허용하기보다 그들 가까이 들러붙으려는 성향을 보이기도 한다.

한편 회피형 애착 유형insecure avoidant attachment style은 아이에게 대체로 무관심하거나, 반대로 아이가 숨 막힐 정도로 과도하게 관심을 쏟는 보호자 곁에서 성장한 사람들에게서 발견된다. 이런 식으로 양육된 사람들은 보통 흘려듣는 경우가 많은데, 그건 그들이 상대와 너무 가까워질 때마다 관계를 차단하거나 끊어버리곤 하기 때문이다. 그들이 듣기에 저항을 하는 것은 상대에게 실망하거나 압도당하는 걸 원치 않기 때문이다.

마지막으로 혼란형 애착 유형insecure disorganized attachment style에 속하는 사람들은 터무니없고 이상한 방식으로 불안과 회피 행동 모두를 나타내 보인다. 이 유형은 위협적이거나 학대적인 보호자와 함께 성장한 데서 비롯되는 경우가 많다. 혼란형 애착 유형의 사람들은 상대의 말을 듣는 걸 매우 힘들어하는데, 이는 그들이 친밀감을 무섭거나 두려운 것으로 느끼기 때문이다. 물론, 모든 사람을 이 네 가지 유형으로 분류하는 건 불가능하다. 대부분의 사람들은 안정형과 나머지 세 유형 사이의 어딘가에 위치해 있다. 특히나 불안함이 심한 편이라면, 아마도 회피형과 혼란형 사이의 어딘가에 자리 잡고 있을 것이다.

하지만 애착 유형에 관한 한, 과거를 운명으로 받아들일 필요는 없다. 우리는 상대에게 귀를 기울이며 공감 어린 반응을 표출하는 법을 배움으로써 다른 사람들과 관계 맺는 방식을 바꿀 수 있다. 그리고 다른 한편으로 사람들이 우리의 말을 귀담아듣고 그에 대해 공감 어린 반응을 표출할 수 있도록 해야 한다. 다시 말해, 사람들과 안정적인 애착 관계를 형성해야 한다. 그렇지만 사람들은 종종 어린 시절 겪은 경험을 재현해내는 환경을 찾아다니거나 불러들이면서 삶을 허비하곤 한다. 어린 시절에 들은 목소리를 연상시키는 사람들의 말만 골라 들음으로써 낡은 신경 연결망을 강화하고 만다. 그들은 마치 지저분한 도로의 오래된 바큇자국을 따라가는 것처럼 익숙하게 느껴지는 방식으로 반응하는 쪽을 선호한다.

몇 년 전 뉴올리언스에 파견 나갔을 때 만난 사교적인 해운업자는 이 점을 잘 보여준다. 여러 번 결혼을 한 그는, 자신의 질문에 스스로 답을 하고 자신의 말에 끼어드는 사람들을 가로막으면서 쉴 새 없이 재미있는 이야기들을 쏟아냈다. 그는 마치 연극배우라도 되는 양 큰 소리로 말을 함으로써 주변 사람들의 참여 의욕을 꺾어놓았다. 하지만 어느 순간엔가 사색적인 분위기가 형성되자, 그는 어린 시절 자신이 아버지에게 속내를 털어놓으려 할 때마다 아버지가 퉁명스럽게 "그만하면 됐다"라고 말하며 그의 말을 가로막곤 했다고 고백했다. 그는 내 질문 중 하나를 무시하면서 "자기 느낌에 대해 이야기하면 청중을 잃게 됩니다"라고 말했다. 자기 말을 들어줄 사람 없이 성장한 그로서는 청중을 잃는 것이 그 무엇보다 두려웠을 것이다. 그는 지금껏 익숙해진 것과 다른 대화 환경에 노출되는 것을 견딜 수 없어 했다.

부모와 자식 사이의 교감 결핍이라는 문제는 대를 거쳐 이어지는 단절감의 원인이 되는 심각한 문제인 만큼, 사람들은 지난 수십 년 동안 이 문제에 대처하기 위한 다양한 프로그램을 개발해왔다. 안전 서클Circle of Security이나 집단 애착기반 개입훈련 Group Attachment-Based Intervention, 애착과 생물행동 따라잡기 훈련 Attachment and Biobehavioral Catch-Up 같은 개입 전략들은 아기들의 작은 두뇌에 해로운 신경 연결망이 형성되기 전에, 즉 아이들이 불안형이나 회피형 애착 유형으로 굳어지기 전에 어린아이를 둔 부모들에게 아이의 말에 귀를 기울이며 반응하는 방법을 가르친다. 이런 프로그램들은 아이의 말에 귀를 기울이도록 부모들을 돕는 데 초점을 맞추고 있지만, 참가자들은 이 접근법이 배우자나 동료, 친구들과의 관계를 개선하는 데도 도움이 되었다고 보고한다.

서구 문화권에서 성장한 사람들은 대부분 다른 사람의 말에 제대로 귀를 기울이지 못한다. 하지만 이런 프로그램에 참가하는 사람들 중 다수는 성장기 동안 학대를 받거나 무시를 당한 경험이 있는 만큼, 상대의 말에 귀 기울이는 것을 훨씬 더 힘들어한다. 이들은 습관적으로 비판이나 모욕을 예상하기 때문에 자기도 모르는 사이에 귀를 닫아버리거나 다른 사람에게 말을 거는 식으로 듣기에 저항하는 태도를 발달시켜 왔다. 뉴올리언스에서 만난 해운업자처럼 말이다. 그럼에도 이 프로그램들은 엄청난 성공을 거두었다. 프로그램들의 효과는, 아이들의 행동장애 감소와 부모들의 듣기 능력 향상 정도를 평가한 여러 연구를 통해 입증되었다.[17] 하지만 효과를 입증하는 진정한 증거는 전 세계적으로 이 프로그램들의 수요가 급증하고 있다는 사실이다. 예컨대, 안전 서클 프로그램은 지난 10여 년 동안 22개국에서 3,000명 이상의 교사들을 훈련시켰다.

마법의 순간들, 공명

애착기반 프로그램들 중 상당수는 비디오를 활용한다. 요즘 사람들은 보통 일상생활의 수많은 요구에 쫓기거나 자신의 머릿속에만 갇혀 지내기 때문에 자기가 언제 부주의해지는지 제대로 파악하지 못한다. 하지만 비디오를 활용하면 의사소통 상황을 세부적으로 들여다볼 수 있게 된다. 주로 심리학자와 사회복지사로 구성된 프로그램 지도자들은 훈련 기간 동안 더 능률적으로 듣는 법을 배우기 위해 부모나 아이들을 상대하는 그들 자신의 모습이 담긴 비디오를 시청하곤 한다. 이와 마찬가지로 부모들은 아이들과 상호작용하는 그들 자신의 모습이 담긴 비디오를 시청하면서, 아이의 말에 제대로 귀를 기울이지 못한 순간과 그런 순간들이 가족관계에 미치는 영향 등을 파악하게 된다.

나는 뉴욕에 위치한 뉴스쿨New School의 어둡고 비좁은 세미나실에 심리학과 대학원생 여러 명과 함께 앉아 있었다. 학생들은 집단 애착기반 개입훈련 프로그램을 배우기 위해 임상 지도사들의 모습이 담긴 비디오를 시청하고 있었다. 그 비디오는 특별한 목적으로 설립된 뉴욕 시의 부모자녀 센터parent-child center 여섯 곳에서 촬영된 것이었다. 학생들은 점수표를 손에 든 채 비디오에 나오는

지도사들의 들어주는 능력뿐 아니라, 그들이 아이의 말에 귀를 기울이도록 부모들을 얼마나 잘 이끄는지에 대해서도 점수를 매겼다. 이 평가 시스템은 정서 인식력과 몸의 자세 등을 포함하는 듣기의 여러 측면에 대해 점수를 매기도록 고안된 것이었다.

비디오는 어린아이들로 가득 찬 방 안에 임상 지도사 한 명이 낮은 탁자 앞에 한 모녀와 함께 앉아 있는 장면으로 시작되었다. 지도사의 팔 한쪽은 탁자 위에 차분히 놓여 있었고 다른 한쪽은 의자 등받이 위에 놓여 있었다. 마치 부모와 아이 모두를 에워싸는 듯한 모습이었다. 아이는 장난감 점토Play-Doh를 가지고 놀고 있었고, 어머니는 다른 곳을 쳐다보면서 한숨을 쉬었다. 한번은 역할 놀이를 하는 자신의 아이를 바라보며 "괴짜weird"라고 말하기도 했다. "보세요." 지도사가 아이 쪽으로 더 가깝게 몸을 기대 어머니의 동참을 유도하며 낮은 목소리로 말했다. "아이는 지금 상상을 하고 있어요." 곧 어머니도 흥미로운 눈으로 자기 아이를 바라보기 시작했다. 이 작은 소녀는 지금 무슨 생각을 하고 있는 걸까?

불이 켜졌을 때, 학생들은 마치 올림픽 체조 선수가 어려운 동작을 완결 짓고 땅 위에 똑바로 착지한 광경이라도 본 듯이 서로를 향해 만족스레 고개를 끄덕였다. 모두 미리 약속이라도 한 듯 비디오에 등장한 지도사에게 거의 만점에 가까운 점수를 주었다. 나는 다른 임상 지도사들의 비디오를 보고 난 후에야 비로소 그녀가 왜 그토록 높은 점수를 받았는지 이해할 수 있었다. 그녀와 달리 다른 지도사들은 뻣뻣하고 자의식적이며, 다소 산만한 느낌을 주었다. 그들도 부모들과 정감 어린 대화를 나누면서 아이와 놀아주도록 어머니들을 이끌었지만, 시몬 바일스Simone Biles●처럼 높은 점수를 기록한 그 지도사의 태도에는 미치지 못했다. 그녀가 다른 지도사들의 본보기가 된 건 차분한 몸가짐과 포용적인 자세, 어머니와 아이 모두를 향한 강한 관심 때문이기도 했지만, 상대의 마음을 깊이 있게 헤아리고자 한 그녀의 태도 때문이기도 했다. "아이는 지금 상상을 하고 있어요"라는 그녀의 말은 결국 '당신 딸의 머릿속에서 지금 무슨 일이 벌어지고 있는 건지 어디 한번 추측해보기로 합시다'라고 제안을 하는 또 다른 방식이었던 것이다.

그녀의 이 같은 태도는 아주 미묘하면서도 심오하다. 듣기에서 가장 중요한 건 사실 바로 이런 태도이다. 상대방이 당신의 아이이든 연인이든 동료이든 고객이든, 모든 사람의 머릿속에서는 무슨 일인가가 벌어지고 있다. 잘 듣는다는 것은 다른 사람의 속마음을 이해하려 애쓰는 과정을 통해 상대를 향한 배려와 관심을 표출하는 것이다. 그건 우리 모두가 갈망하는 것이기도 하다. 고유한 생각과 감정, 의도를 지닌 사람 한 명으로 이해받고 존중받는 것 말이다.

듣기에서 중요한 건 "봐, 이렇게 하는 거야" "수줍어할 거 없어" "그거 정말 멋지다!" "아빠한테 미소 좀 지어보렴"과 같이 가르치거나 비평하거나 칭찬하는 것도, 본보기를 보이는 것도 아니다. 듣기

● 고난도 기교를 선보이는 것으로 유명한 미국의 국가대표 체조 선수 — 옮긴이.

에서 중요한 건 상대의 경험에 함께 참여하는 것이다. 그것은 당신 스스로 다른 사람과 다른 사람의 행동에 흥미를 보일 때 발생한다. 이런 식으로 누군가에게 인정받거나 수용받은 경험을 해보지 못한 사람은 무력감과 공허함에 시달리게 된다. 우리가 겪는 가장 극심한 외로움은 과거에 경험한 하나의 충격적인 사건보다 의미 있는 교감의 기회를 놓친 수많은 경험의 축적에서 비롯되는 경우가 더 많다.[18] 그와 같은 기회의 상실은 당신 스스로 다른 사람의 말에 귀를 기울이지 않거나 누군가가 당신의 말에 귀를 기울여주지 않을 때 발생한다.

"우리는 부모와 자식 사이에 의견의 일치나 이해, 흥미 등이 촉발되는 마법의 순간들을 찾고 있습니다. 교감의 순간들은 비록 짧게 스쳐지나가는 경우가 많긴 하지만, 부모와 아이 모두의 마음속에 남아 훗날 다른 상황에서도 서로에게 귀를 기울이도록 만들어주지요." 뉴욕 뉴스쿨에 있는 애착연구센터Center for Attachment Research의 공동 관리자이자 심리학 교수인 미리엄 스틸Miriam Steele 의 말이다. 그녀는 집단 애착기반 개입훈련 프로그램의 효율성에 관한 다수의 연구 결과를 발표하기도 했다.

삶을 의미 있게 만들어주는 '마법의 순간들'은 공명하는 두뇌를 연구한 우리 해슨의 자기공명영상 스캔 화면에 분명히 나타나 있다. 그런 순간들은 상대에게 귀를 기울이는 식으로 다른 누군가와 교감을 나눌 때 직접 측정이 가능하다. 스틸은 집단 애착기반 개입훈련 프로그램에 참석해서 "아기의 울음소리를 견디기 힘들다"고 말한 어머니의 사례를 들려주었다. 미숙하게 선의를 품은 사람이라면, 인간은 아기의 울음소리에 부정적으로 반응하도록 설계되어 있다고, 그래서 부모가 아기를 돌볼 동기를 자극받을 수 있는 것이라고 설명했을 것이다. 또는 "네 그렇죠, 아기 울음소리는 정말 참기 힘들죠"라고 말하면서 어머니를 위로하려 했을 것이다. 하지만 만일 당신이 이런 식으로 반응했다면 뉴스쿨 대학원생들의 평가 척도에서 낮은 점수를 기록했을 것이다. 사실 가장 높은 점수는 어머니에게 아무 말도 하지 않은 지도사에게 돌아갔다. 그녀는 잠시 멈추었다가 "아기 울음소리의 어떤 측면이 어머님 마음을 심란하게 하나요?"라고 물었다.

왜 이 반응이 더 높은 점수를 받은 걸까? 그건 어머니가 잠시 생각에 잠겼다가, 아기의 울음소리 때문에 아무리 울어도 그 누구도 반응해주지 않던 어린 시절 자신의 상황이 떠오른다고 답했기 때문이다. 그녀 아이의 울음소리가 일종의 외상후 스트레스 장애 PTSD의 기억을 자극한 것이다. 울음소리는 그녀에게 불안감과 분노, 우울감을 안겨다주었다. 지도사와 젊은 어머니는 그 순간 자기 공명영상 장치에 연결되어 있지 않았지만, 만약 그랬다면 그들의 뇌파가 공명하는 광경을 목격할 수 있었을 것이다. 상호 이해와 중대한 관계의 진전을 나타내주는 신경자극의 중첩현상 말이다. 선불리 설명하거나 위로하려고 달려드는 대신 일단 귀를 기울임으로써, 그 지도사는 어머니의 공감을 이끌어내 더 깊은 차원에서 그녀와 교감을 나눌 수 있었다. 그리고 누군가에게 진정으로 이해받은 경험을 한 그 어머니는, 앞으로 자신의 아이에게도 비슷한 선물을 안 겨주게 될 것이다. 남의 말에 귀를 기울이는 태도는 바로 이런 식으로 확산되어 나간다.

우리는 살아가는 동안 애착의 영향을 받으며, 우리가 겪는 모든 인간관계는 우리의 존재 방식과 생활 방식을 규정짓는다. 그리고 이 같은 애착은 우리를 따뜻하게 달래주는 부모에서 시작해 동료와 배우자, 친구들까지, 다른 사람들의 말에 귀를 기울이는 것으로부터 형성된다. 상대에게 귀를 기울이지 않은 채 대화를 나누는 것은 포옹받지 못한 채 포옹을 하는 것과도 같다.[19] 청각은 촉각보다 더 광범위하게 열려 있어 상대의 생각과 느낌이 담긴 소리에 우리는 전체적으로 진동한다. 인간의 목소리는 우리 내부로 침투하여 감정뿐 아니라 우리의 몸까지 뒤흔들어 놓는다. 상대를 이해하고 또한 사랑하게 해주는 건 바로 이와 같은 공명이다. 진화 과정은 눈을 감을 수 있도록 우리에게 눈꺼풀을 선사했지만 귀를 막는 기관은 제공해주지 않았다. 이는 듣기가 우리 생존에 필수적이라는 사실을 암시한다.

3장

호기심은 대화를 흥미롭게 한다

올바른 듣기 태도

워싱턴 D.C. 포시즌스 호텔 바의 구석 테이블에 앉아 있던 배리 맥매너스Barry McManus는 주변을 둘러보며 사람들을 유심히 살펴보았다. 미국 중앙정보국CIA에서 26년간 근무하는 동안 얻은 습관이었다. 늘씬한 체격에 아몬드 모양의 눈을 한 아프리카계 미국인이었던 맥매너스는 자신의 국적을 얼마든지 속일 수 있었고, 사실 지금까지 그래왔다.

우리는 링컨 기념관에서 스파이처럼 은밀히 만나, 야자수 화분에 가려진 테이블의 가죽의자 위에 쪼그리고 앉았다. 길을 걷고 있을 때 그의 메르세데스 지프차가 헤드라이트로 안개를 뚫고 불을 밝혔다. 맥매너스는 내가 탑승할 수 있도록 차의 속도를 줄였고, 우리는 서둘러 조지타운으로 향했다. 그곳에 이르자 그는 여러 차선을 가로지르며 빠르고 길게 유턴을 한 뒤, 우리를 기다리기라도 한 듯 비어 있던 호텔의 주차 공간 속으로 우아하게 미끄러져 들어갔다. 이건 꾸며낸 이야기가 아니다.

CIA의 수석 심문관 겸 조사관이었던 맥매너스는 140여 개국을 전전하면서 테러리스트와 폭탄기술자, 마약상인, 반역자 등을 인터뷰해왔다. 그의 듣기 능력에 수많은 사람의 목숨이 걸려 있었다. 그는 2003년에 은퇴한 뒤, 현재는 버지니아주 페어팩스에 있는 조지메이슨 대학교에서 행동 평가를 가르침과 동시에 세계 전역의 고객들을 상대로 보안 컨설팅을 진행하면서 시간을 보내고 있다. 고객은 주로 외국 정부지만 큰 자산을 거느린 개인 고객도 적지 않다. 그들은 맥매너스를 고용해 앞으로 자신의 직원이 될지도 모르는 사람들, 특히 가정부나 개인 주치의, 간호사, 개인용 비행기 운전사, 요트 운전사처럼 고객의 가족과 가깝게 접촉하게 될 사람과 함께 맥매너스가 '노변담화fireside chats'라 부르는 대화를 나눈다. "뒷조사는 이 사람이 과거에 저지른 범죄만 밝혀줄 뿐입니다." 맥매너스가 말했다. "제 일은 그 사람이 앞으로 저지르게 될지도 모를 범죄를 밝혀내는 것이죠."

비록 CIA 요원들이 은밀하고 교묘한 행동을 하면서까지 정보를 손에 넣도록 훈련받기는 하지만, 맥매너스의 탁월한 능력은 그런 비밀스러운 기술에서 비롯되지 않는다. 그는 단지 엄청난 흥미를 갖고 다른 사람들의 말에 귀를 기울일 뿐이다. 그들이 아주 나쁜 짓을 저질렀더라도(또는 아마도 그 때문에 더더욱), 그는 상대의 말을 듣는 걸 즐기다시피 한다. "그들로부터 아무 정보도 얻어내지 못하는 경우에도 저는 그들의 마음가짐과 자세, 신념을 배울 수 있습니다. 상대가 어떤 세계관을 갖고 있는지, 지금 무슨 생각을 하고 있는지, 서양을 어떤 시각으로 바라보는지, 나 같은 사람에 대해 어떻게 생각하는지, 이런 것들을 깨닫는 것이죠. 너무나도 놀라운 경험입니다. 그 경험은 저를 더 나은 사람으로 만들어주죠." 맥매너스가 말했다. "사람은 살면서 한 경험들의 총체입니다. 자살폭탄 테러범에게 당장 접근할 수 없다면, 망설이고 있는 그 뒤의 인간에게 먼저 다가가보는 게 도움이 됩니다. 잘못된 길로 들어선 그 친구와 만나고 나면 테러범하고도 관계를 맺을 수 있죠."

맥매너스에 따르면, CIA는 요원들에게 듣기 훈련을 시키기보다 귀 기울여 듣는 사람들을 요원으로 채용한다고 한다. 듣기 능력이 훌륭한 사람들이 심문관이나 스파이 역할을 맡고, 다른 사람들은 정보 분석가나 사이버 부대원으로 일한다는 것이다. CIA가 주의 깊게 듣는 사람을 양성하기보다 선발하는 쪽을 선호하는 건 어찌 보면 당연한 일이다. 듣기는 과학이라기보다는 예술에 가깝기 때문이다. 게다가 현존하는 듣기의 과학은 너무나도 빈약하고 엉성하다.

듣기는 의사소통 연구 분야에서 버려진 자식이나 다름없다. 웅변술과 수사학, 논쟁술, 설득법, 선전술 등에 대한 연구에 밀려나 완전히 무시당하고 있기 때문이다. 총 3권으로 구성된 2,048페이지 분량의《대인 간 의사소통에 관한 국제 백과사전The International Encyclopedia of Interpersonal Communication》을 한번 훑어보라.[1] 그러면 듣기와 관련된 항목이 단 한 개뿐이라는 사실을 발견하게 될 것이다. 게다가《대인 간 의사소통에 관한 세이지 핸드북The SAGE Handbook of Interpersonal Communication》의 색인란에서는 '듣기listening' 항목을 찾아볼 수조차 없다.[2]

듣기에 관해 우리가 아는 내용의 상당 부분은 학생들의 수업 이해 방식에 관한 연구들에서 비롯된다. 하지만 교실에 가만히 앉아 수업을 듣는 건 일상생활을 하면서 다른 사람들의 말을 듣는 것과 많이 다르다. 게다가 학자들은 듣기의 정의에 대해서도 서로 의견을 달리하는 듯하다.[3] 그들은 몇 년마다 한 번씩 전문용어를 넣어 새로운 정의를 내놓는다. 1988년 발표된 정의는 "청각자극을 수용하고 처리하여 의미를 부과하는 과정"이었다. 그리고 수년에 걸친 수정 끝에 2011년에는 "인간관계 상황에서 주어진 정보를 획득하고 처리하고 기억하는 과정"으로 정의되었다. 이 모두는 듣기가 상대가 말하는 바를 완전히 이해하려는 과정이란 뜻이다.

시중에는 잘 들어주는 법에 관한 조언들이 수없이 나돌고 있다. 대부분은 경영 컨설턴트나 비즈니스 코치들이 똑같은 생각을 다른 용어와 표어들('공유된 소리의 세계shared sonic worlds', '상호 맥락화co-contextualizing' 등과 같은)로 표현한 것에 지나지 않는다. 이런 조언들의 핵심은 대개 눈을 마주치고, 고개를 끄덕이고, "음, 흠" 같은 소리를 냄으로써 상대방에게 주의를 기울이고 있다는 사실을 보여주라는 것이다. 그들은 상대가 말하는 도중에 끼어들지 말라고, 그리고 상대가 말을 다 마친 후에는 그 사람이 한 말을 반복한 뒤 상대방의 승인을 받으라고 조언한다. 하고 싶은 말은 이 과정을 다 거친 후에만 해야 한다는 것이다.

이런 조언들의 전제는 '당신이 원하는 것(데이트 승낙을 얻거나, 물건을 팔거나, 최상의 조건으로 계약을 하거나, 회사에서 승진을 하는 것 등)을 얻어내려면 규정된 방식대로 들어야 한다'는 것이다. 실제로 듣기는 원하는 목표를 달성하도록 도와줄 수도 있다. 하지만 그것이 상대에게 귀를 기울이는 유일한 동기라면, 사실상 연기를 하는 것이나 마찬가지다. 사람들은 진정성이 결여되어 있다는 점을 곧 알아챌 것이다. 하지만 진실로 상대방에게 주의를 기울인다면 주의를 기울이고 있는 척 연기할 필요는 없을 것이다.

듣기는 무엇보다도 호기심을 필요로 한다. 맥매너스는 거의 강박적으로 보일 정도로 호기심이 넘치는 인물이었다. 우리들도 한때는 그랬다. 어린아이였을 때는 세상 모든 것이 새로웠고, 주변의 모든 사물과 사람에게 호기심을 보였다. 내 아이들 역시 당황스러울 정도로 개인적인 질문들을 포함해 수백 가지 질문을 던지면서 상대방을 이해하려고 애를 쓴다. 아이들은 당신의 말에 주의 깊게 귀를 기울이며, 종종 당신이 따라하지 않길 바라는 말들(경솔한 언급이나 욕설 같은)까지 되풀이하곤 한다.

"우리 모두는 태어날 때부터 과학자입니다." 물리학자 에릭 베치그Eric Betzig가 말했다. "하지만 안타깝게도 많은 사람이 성장하면서 그런 자신의 기질을 망각하고 말지요." 그가 내게 이 말을 한 2014년 당시 그는 세포 간 DNA 전이 같은 극미한 생물학적 현상을 포착하는 초고해상도 현미경을 개발해낸 공로로 그 해의 노벨 화학상을 수상한 후였다. "저는 운 좋게도 어린아이 같은 호기심과 실험에 대한 열정을 유지할 수 있었습니다." 그가 말했다.

지금까지의 연구는 안정적인 애착을 형성한 아이나 성인들이 그렇지 못한 사람들보다 새로운 정보에 더 개방적이고, 호기심도 더 많이 느낀다는 점을 보여준다.[4] 또한 애착 이론에 따르면, 어린 시절에 누군가와 교감을 나누며 의견을 존중받은 경험이 있는 사람들은 세상을 향해 걸어 나가 다른 사람들과 상호작용하는 것을 두려워하지 않는다. 그런 사람들은 기분 나쁜 말을 듣거나 불쾌한 사실을 알게 되더라도 별 문제가 되지 않는다는 점을 잘 아는데, 이는 속내를 털어놓거나 위로를 받을 수 있는 누군가가 뒤에서 받쳐주고 있기 때문이다. 흔히 "심리적 안전지대secure base"라 불리는 이런 의지처는 외로움을 막는 든든한 방어벽이 되어준다.

퓰리처상 수상 작가이자 역사가인 스터즈 터클Studs Terkel은 호기심을 성공의 원동력으로 삼은 인물이다. 그의 획기적 저작인 《일》은 청소부와 묘지기부터 외과의사와 산업디자이너까지 사회 전역의 사람들을 대상으로 그들의 직업에 대해 인터뷰한 내용을 엮은 책이다.[5] 터클은 그들의 표현을 직접 인용하면서 모든 사람에게는 배울 점이 있다는 사실을 입증해냈다. 그는 이렇게 말했다. "제가 이 일을 하면서 사용한 도구는 녹음기였습니다. 하지만 제

진짜 도구는 호기심이었던 것 같아요.[6]

터클은 어린 시절 동안 유난히 호기심이 발달했다. 부모는 시카고에서 하숙집을 운영했는데, 그는 유년 시절 우연히 귀에 들어온 논쟁과 이야기, 밀담에 완전히 매혹되었다. 비록 잠시 머물다 떠났지만, 하숙인들은 그의 상상 속에 영원히 거주하면서 훗날 그의 작업에 생기를 불어넣어 주었다. 점조각 도구와 주사위 제작자 해리 마이클슨Harry Michaelson, 녹색 중절모를 쓴 경찰서장인 프린스 아서 퀸Prince Arthur Quinn, 무일푼인데 터클의 말대로 '이름에 모음까지 빠져 있는' 머드 린진Myrd Llyndgyn이 그런 사람들이었다.[7]

나는 저널리스트로 일하면서 이 세상에 흥미롭지 않은 사람은 단 한 사람도 없다는 값진 교훈을 배웠다. 제대로 된 질문을 받기만 한다면 그 누구라도 매력 있는 사람이 된다. 누군가의 이야기가 지루하고 재미없다면 그건 결국 당신 탓이다. 유타 대학교의 연구자들은 부주의한 청자에게 이야기를 건넬 경우 화자가 더 적은 정보를 기억해냈을 뿐 아니라 그가 전달한 정보의 명료성도 떨어졌다는 점을 발견해냈다.[8] 반대로 주의 깊은 청자가 화자로부터 더 많은 이야기와 세부 정보를 이끌어내곤 한다는 점도 발견해냈다. 이는 청자들이 아무런 질문도 던지지 않는 경우에도 마찬가지였다. 그러므로 상대가 지루해 보인다는 이유만으로 그 사람의 말에 귀를 기울이지 않는다면, 당신은 실제로 그 사람을 지루한 사람으로 만들고 있는 것이다.

당신에게 완전히 흥미를 잃은 듯 보이는 누군가에게 이야기를 건네려 시도했던 때를 떠올려보라. 그들은 아마도 한숨을 쉬거나 방 이곳저곳을 둘러보고 있었을 것이다. 그때 무슨 일이 일어났는가? 말의 리듬은 불안정해졌고, 세부 내용을 빠뜨렸으며, 어쩌면 상대의 관심을 끌기 위해 상관없는 말들을 마구 쏟아냈을지도 모른다. 그리고 상대가 밋밋한 미소를 짓거나 영혼 없이 고개를 끄덕이는 동안 목소리가 점점 잦아드는 걸 느꼈을 것이다. 어쩌면 그 사람에 대한 강한 반감을 품은 채 그 자리에서 걸어 나왔을지도 모른다.

자기계발서의 고전 《인간관계론》의 저자 데일 카네기 Dale Carnegie는 이런 말을 남겼다. "다른 사람들에게 관심을 기울이면서 두 달을 보내면, 다른 사람들의 관심을 끌기 위해 애쓰면서 2년을 보냈을 때보다 더 많은 친구를 사귀게 될 것이다."[9] 듣는다는 것은 관심을 기울인다는 것이고, 관심을 기울이면 상대와 더 흥미로운 대화를 나눌 수 있다. 목표는 대화를 통해 무언가 새로운 것을 배우는 것이다. 사람들은 자신에 대해서는 이미 잘 알지만 대화를 나누는 상대방이나, 그 사람의 경험에서 얻어낼 수 있는 교훈에 대해서는 아직 잘 알지 못하기 때문이다.

세계적인 가구 회사 이케아 IKEA의 설립자 잉바르 캄프라드 Ingvar Kamprad는 이 점을 잘 알고 있었다. 그는 대체로 은둔 생활을 했다고 알려져 있지만, 때로는 신분을 감춘 채 전 세계의 이케아 행사장에 나타나기도 했다.[10] 그는 고객 행세를 하면서 직원들에게 직접 질문을 던졌고, 또 어떤 때는 이케아 직원처럼 행동하면서 고객들에게 접근하기도 했다. "저는 다른 사람들을 돕는 것이 제 일이라고 생각합니다."[11] 2018년 죽음을 맞이하기 몇 년 전 이루어진 인터뷰에서 그가 말했다. "문제는 '어떻게 해야 사람들이 필요로 하는 바를 알아낼 수 있을까?' 하는 것이었지요. 제가 찾아낸 해답은 평범한 사람들 곁에 가까이 머무는 것이었습니다. 저도 결국 평범한 사람 중 한 명이니까요."

캄프라드의 접근법은 그가 탁월한 사업 감각은 물론, 다른 사람들의 감정과 생각에 진정한 호기심을 지닌 인물이었다는 점을 보여준다. 그것은 다른 누군가의 세계관을 이해하고자 하는 열망인 동시에, 상대로부터 놀랄 만한 무언가를 배울 수 있을 것이라는 기대이기도 했다. 바꿔 말하자면, 그는 상대가 무슨 말을 할지 이미 알고 있다는 식의 자만으로부터 완전히 자유로운 인물이었다.

기다리는 즐거움

대화가 어떻게 진행될지 이미 알고 있다는 식의 생각은, 대화에 대한 불안감과 마찬가지로, 호기심을 죽이고 듣기를 망쳐놓는다.[12] 매일 지하철이나 버스, 엘리베이터, 대기실 같이 낯선 사람들이 모인 공공장소에서 서로를 완전히 무시하는 것도 주로 이 같은 가정 때문이다. 하지만 만일 낯선 사람들과 사귀어야만 한다면 어떻게 될까? 시카고 대학교의 행동과학 연구자들은 버스와 지하철로 출퇴근하는 사람들 수백 명을 대상으로 일련의 실험들을 진행하면서, 연구 참가자들을 1) 혼자 앉는 집단과 2) 낯선 사람과 소통하는 집

단 3) 평소와 같은 방식으로 행동하는 집단의 세 부류로 나눴다.[13]

연구 참가자들 대부분은 낯선 사람과 관계를 맺어야 하는 상황이 가장 불만족스럽고 가장 비생산적일 것이라고 생각했지만, 연구 결과는 정반대였다. 낯선 사람들과 이야기를 나눈 사람들은 출퇴근 후 세 집단 중 가장 높은 행복감을 나타냈고, 낯선 사람과 함께한 상황이 평소 하던 일을 하는 데 지장을 준다는 느낌도 받지 않았다. 연구 참가자들은 다른 사람들이 자신과 이야기 나누는 걸 원치 않을 것이고 설령 대화를 하게 된다 해도 불편할 것이라고 확신했지만, 실험이 끝난 뒤 퇴짜를 맞거나 모욕당한 기분을 느꼈다고 보고한 사람은 단 한 사람도 없었다.

인간은 일반적으로 불확실성을 극도로 꺼리며, 사회적인 상황에서는 특히나 더 그렇다. 두뇌 속에 각인된 본능적인 생존 기제는 이렇게 속삭인다. "지금까지 해오던 대로 계속해. 그렇게 해도 죽진 않잖아." 파티 장소에서 낯선 사람에게 자신을 소개하는 것보다 싫어하는 지인에게 다가가는 쪽을 선호하는 것도 바로 이 때문이다. 맥도날드와 스타벅스 역시 인간이 얼마나 익숙한 것을 갈망하는지 잘 보여준다. 그들의 성공 비결은 우리가 세계 어느 곳을 가든 똑같은 빅맥이나 프라푸치노를 먹을 수 있게 해놓았다는 데 있다.

우리는 익숙한 일상과 앞으로의 일을 정확히 예견하게 하는 일정표나 계획표를 사랑한다. 가끔씩 일상 속으로 약간의 새로움을 끌어들이지만, 보통은 같은 길을 걷거나 산책하고, 교실이나 회의실에서 매일 같은 자리에 앉으며, 식료품점에 갈 때도 항상 똑같은 경로로 쇼핑을 한다. 또한 요가 강좌를 들을 때도 같은 위치에 자리를 잡고, 휴가를 갈 때도 같은 장소로 가며, 저녁을 먹을 때도 같은 사람과 함께 나가 매번 거의 똑같은 대화를 나눈다.

하지만 역설적이게도 우리에게 가장 큰 활력과 생기를 불어넣어 주는 건 다름 아닌 불확실성이다. 판에 박힌 일상에서 빠져나올 수 있도록 해주는 다양한 행사를 생각해보라. 가족 결혼식에 참석하는 것이든 중요한 프레젠테이션을 진행하는 것이든 한 번도 가본 적 없는 곳을 방문하는 것이든, 그런 상황과 마주하면 시간의 흐름이 약간 느려지면서 완전히 그 순간에 몰두하는 경험을 하게 된다. 암벽등반이나 패러세일링● 등 위험한 경험을 할 때도 마찬가지이다. 그런 상황에서는 감각이 한층 날카로워져 더욱 많은 것을 알아차릴 수 있다. 기분을 좋게 해주는 '도파민dopamine'이란 호르몬 덕에, 우리는 계획된 미팅보다 우연한 만남에서 더 큰 즐거움을 느낀다.[14] 좋은 소식이나 재정적 보상, 선물 같은 것들 역시 갑작스럽게 받았을 때 훨씬 더 기쁘다. 예상치 못한 이야기 전개나 놀라운 반전이 포함된 텔레비전 쇼나 영화가 엄청난 인기를 누리는 건 주로 이 같은 기제 때문이다.

그런데 사람들의 입에서 나오는 말보다 더 놀라운 건 세상에 아무것도 없다. 아마 자신의 입에서 나온 말에 스스로 놀란 적이 있을

● 특수 낙하산을 메고 보트에 매달려 가다가 낙하산을 펼치면서 하늘로 날아오르는 스포츠를 말함 — 옮긴이.

것이다. 사람이란 존재가 매혹적인 건 바로 그와 같은 예측 불가능성 때문이다. 다른 사람의 말에 귀를 기울이지 않는다면 얻는 건 오직 지루함뿐이고, 그런 식으로는 새로운 것을 아무것도 배울 수 없다.

포시즌스 호텔 바에서 만남을 갖는 동안 맥매너스가 말했다. "저는 지금까지 웬만해서는 놀라지 않을 정도로 별의별 얘기를 다 들었다고 느끼지만, 여전히 방 밖으로 걸어 나오면서 '저 사람이 저런 말을 했다는 게 믿기지 않아'라고 생각할 때가 있어요." 한 부자 고객을 위해 지원자를 면담하는 동안 그에게 마약을 한다고 고백한 의사나 습관적으로 자해를 한다는 사실을 털어놓은 요트 운전사가 그런 경우였다. 맥매너스는 다시 주변을 훑어보았고, 나도 그를 따라 주위를 둘러보았다. "하지만 그게 핵심이에요." 그가 다시 내게로 천천히 시선을 되돌리면서 말했다. "저는 그런 경험을 통해 제가 최고의 기량을 발휘했다는 걸 알게 됩니다."

맥매너스는 CIA 수석 심문관이었지만, 심문을 매우 꺼린다고 했다. 정보를 얻는 데 효과가 가장 떨어지는 전략이라는 것이다. "전 심문을 좋아한 적이 단 한 번도 없어요. 정말이에요. 만약 제가 당신을 거칠게 몰아세운다면, 당신은 제게 무언가를 털어놓겠지요. 하지만 그 말은 과연 믿을 수 있는 말일까요?" 그는 고개를 흔들며 말을 이었다. "심문관은 충분한 인내심을 갖고 기다릴 줄 알아야 해요. 주의 깊게 듣는 능력을 갖춰야만 유용한 정보를 얻어낼 수 있어요." 그의 접근법은 자백하도록 용의자들을 겁박하는 것이 아니라 그들 자신만의 이야기를 들려달라고 용의자들에게 요청하는 것이었다.

한 예로, 맥매너스는 파키스탄의 핵 기술자 술탄 바시르우딘 마무드Sultan Bashir-ud-Din Mahmud를 설득해 그가 오사마 빈라덴Osama bin Laden을 만났다는 사실을 시인하도록 한 이야기를 들려주었다.[15] 9·11 테러 직후 공격의 배후를 밝혀내기 위해 정보기관들이 경쟁을 벌이던 당시 일어난 일이었다. 맥매너스는 바시르에게 적대적인 태도를 취하는 대신, 그와 함께 아프리카계 미국인으로서의 삶을 주제로 한 길고 의미 있는 대화를 나눔으로써 독특한 공감대를 형성해냈다. "저는 그가 흑인 민권운동civil rights movement과 미국에서 흑인들이 겪는 고난에 대해 이야기하는 걸 그저 듣고만 있었습니다. 그는 저보다도 미국의 역사를 더 잘 알고 있더군요." 맥매너스가 말했다. "이야기를 마친 후 저는 그에게 '그런 사람들'보다는 나 같은 사람에게 이야기를 털어놓는 게 어떻겠냐고 물어보았습니다. 저도 '그런 사람들'이 누구를 가리키는 건지 정확히 알지는 못했지요. 저는 그저 그가 마음속에 '그런 사람들'에 대한 이미지를 떠올려주길 바란 것뿐입니다." 그 과학자는 결국 맥매너스에게 자신의 이야기를 털어놓기로 결심했다.

공통된 관심사에 대해 이야기를 나누며 공감대를 형성해나가는 건 상대와 교감을 나누는 가장 좋은 방법이다. 심문이 테러리스트들에게조차 효과가 없는데, 사교 모임에서 만난 평범한 사람들에게 어떻게 효과를 낼 수 있겠는가? 상대방에게 "하시는 일이 뭐죠?", "어디 사세요?", "어느 대학을 나오셨나요?", "결혼은 하셨나요?" 같은 민감한 질문을 퍼붓는 건 그를 심문하는 거나 다름없다. 상대를 진정으로 알기 위해서가 아니라 평가하기 위해 던지는 질문들이기 때문이다. 그런 질문은 사람을 방어적으로 만들어서, 대화를 피상적인 자기소개나 자기홍보의 수단으로 전락시키기 쉽다.

앞서 언급한 시카고 대학교의 연구에서, 낯선 사람과 함께 앉게 된 참가자들은 상대와 소통을 시도해보라는 요청을 받았다. 상대방에게서 흥미로운 점을 찾아보고 그들 자신의 이야기도 공유해보라는 것이었다. 그건 서로 주고받으면서 교감을 나누는 과정이었다. 만약 참가자들이 상대방의 직업이나 교육 수준, 가족관계 등에 대해 질문을 퍼붓는 것으로 대화를 시작했더라면, 그토록 생산적인 대화가 이루어질 수 없었을 것이다. 대신 그들은 출퇴근 경험이나 상대가 쓴 시카고 컵스 팀 야구모자에 대한 질문에서부터 이야기를 풀어나갔다. 상대에게 관심을 기울임으로써 대화가 자연스럽게 무르익도록 한 것이다. 연구 참가자들은 진정으로 호기심을 갖고 공손하게 상대에게 주의를 기울임으로써 함께 출퇴근을 하는 사람들도 흥미로운 대화 상대가 될 수 있다는 사실을 깨달았다.

진정으로 호기심 많은 사람은 책을 들고 공항 대기석에 앉더라도 그 책을 열어보지 않으며, 밖으로 나가서 돌아다닐 때는 자신이 폰을 가지고 있다는 사실을 완전히 잊어버린다. 그들은 예측불가능한 상황이나 사람들을 두려워하기보다 그런 상황에 매혹을 느낀다. 그들이 상대의 말에 귀를 기울이는 건 상대를 이해하고 상대와 교감하면서 더 성장하길 바라기 때문이다. CIA 요원, 성직자, 바텐더, 수사관, 심리치료사, 응급실 간호사 등 별의별 얘기를 다 들어봤을 것 같은 사람들조차도 상대방이 하는 말에 끊임없이 놀라게 된다고 고백을 하곤 한다. 듣기는 그들의 삶을 흥미롭게 하는 동시에, 그들 자신을 흥미로운 사람으로 만들어주기도 한다.

 **2부**

말할 뿐 아무도
듣지 않는다

YOU'RE NOT LISTENING

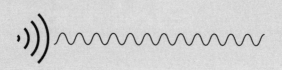

4장

친밀함과 소통의 편견

무슨 말을 할지 안다는 착각

"내 말 좀 들어!

"말 좀 하자!"

"내 말은 그게 아냐!"

가까운 관계에서는 서로 "사랑해"라고 하면서도 종종 이런 불평을 서슴없이 한다. 아마도 낯선 사람의 말보다는 사랑하는 사람의 말을 더 귀담아듣는다고 생각하겠지만, 진실은 정반대인 경우가 많다. 주디스 코체Judith Coché는 이런 현상에 정통한 심리학자이다. 그녀는 부부 치료 분야의 권위자로 널리 인정받고 있으며, 가망 없어 보이는 관계를 복구해내는 그녀의 능력은 로리 에이브러햄Laurie Abraham이 쓴《남편과 아내들의 공동체The Husbands and Wives Club》라는 책에 상세히 기록되어 있다.[1]

어느 날 저녁, 필라델피아 시내에 위치한 그녀의 사무실을 찾아갔을 때, 소파와 의자에는 온기가 남아 있었고 쿠션들은 찌그러진 채 여기저기 널려 있었다. 그녀를 찾아간 건 배우자에게 무시를 당하거나 오해를 받는다고 느끼는 사람들이 왜 그렇게 많은지 알아내기 위해서였다. 코체의 답변은 의외로 아주 간단했다. 오래도록 관계를 맺어온 사람들이 서로에 대해 흥미를 잃어버리기 때문이란 것이다. 그녀에 따르면, 부부는 실제보다 서로를 잘 안다고 자연스럽게 확신하게 된다고 한다. 그들이 서로의 말에 귀를 기울이지 않는 건 단순히 상대가 무슨 말을 할지 이미 안다고 확신을 하기 때문이다.

코체는 서로에 대해 잘 안다고 생각해서 배우자 대신 답변을 하거나 결정을 내리는 부부들을 예로 들어주었다. 그런 부부들은 잘못된 추측으로 배우자가 좋아하지 않는 것을 선물해서 서로에게 실망하거나 상처를 받기도 한다고 한다. 부모들 역시 자기 아이의 성향과 행동 등을 이미 잘 안다고 가정할 경우, 같은 실수를 저지를 수 있다. 사실 우리는 모두 사랑하는 사람과 관련해 추정을 일삼는 경향이 있다. 이런 성향을 흔히 '친밀함과 소통의 편견closeness-communication bias'이라 부른다. 물론 친밀감이나 친근감은 아주 좋은 것이지만, 방심의 분위기를 조장해 가까운 사람의 마음을 읽는 자신의 능력을 과대평가하도록 만들 수 있다.

이 점은 윌리엄스 칼리지와 시카고 대학교의 연구자들에 의해 입증되었다.[2] 연구자들은 퀴즈쇼 무대와 유사한 실험 세트를 마련한 뒤, 서로에 대해 잘 모르는 부부 두 쌍을 원형으로 배치된 의자에 앉혔다. 각 참가자들은 차례대로 돌아가면서 일상에서 사용하는 복합적 의미를 지닌 구절들을 말하도록 지시받았다. 각 참가자들은 자기 배우자가 하는 말이 무슨 의미인지 알아맞혀야 했고, 상대편 부부 역시 그 말의 의미를 추측해서 말해야 했다. 예를 들어 "당신 오늘 좀 달라 보이네"라는 말은 '꼴이 말이 아니군'이란 뜻일 수도, '봐, 나도 당신의 꾸밈새에 신경을 쓴다고'라는 의미일 수도, '그렇게 하니까 보기 좋네!'라는 뜻일 수도, '흠, 어딘가 달라지긴 했는데 콕 집어 말하진 못하겠네'라는 뜻일 수도 있었다. 참가자들은 자기 배우자가 상대 부부보다 자신의 말을 더 잘 이해할 것이라고 확신했지만, 별로 나을 게 없었고, 때로는 말귀를 더 못 알아듣기도 했다.

이와 비슷한 다른 연구에서는 친한 친구들 사이에서 역시 상대의 의도를 파악하는 자신의 능력을 과대평가한다는 점을 보여주었다. 연구자들은 피험자들에게 친한 친구와 낯선 사람을 번갈아 짝지어주면서, 격자 형태로 칸이 나누어져 있는 커다란 상자에서 특정 물품을 집어 들도록 상대와 의사소통을 해보라고 요청했다. 상자 안에는 컴퓨터 마우스와 생쥐(마우스) 인형처럼 같은 이름을 지닌 다양한 물건이 들어 있었는데, 상자 내부의 공간 중 일부는 두 사람 중 오직 한 사람의 시야에만 포착되었다. 그런데 친한 친구들은 서로 마음이 통한다는 착각에 빠진 나머지, 자신의 친구도 자기 눈에 보이는 것을 볼 수 있을 것이라고 가정하는 경향을 보였다. 반면 낯선 사람과 짝을 지은 피험자는 그런 실수를 저지르는 빈도가 훨씬 더 낮았다. 즉, 낯선 사람과 의사소통을 한 피험자는 상대와 자신 모두의 눈에 들어오는 '마우스' 쪽으로 손을 뻗는 경향이 있었다.

"'내가 아는 것과 당신이 아는 건 다르다'는 이해는 효과적인 의사소통을 위한 필수 요소입니다." 윌리엄스 칼리지의 심리학 교수이자 이 연구의 제1저자 케네스 사비츠키Kenneth Savitsky가 말했다. "그런 이해는 누군가에게 지시를 내리거나 학생들을 가르치거나 일상적인 대화를 나눌 때 꼭 필요합니다. 그렇지만 상대방이 가까운 친구이거나 배우자인 경우에는 이런 통찰이 제대로 발휘되지 못하지요."

사람들은 일단 누군가와 공감대를 형성하고 나면 그 공감대가 항상 유지될 것이라고 가정하는 듯하다. 하지만 일상적 교류와 활동은 끊임없이 영향력을 행사하면서 세상에 대한 이해를 미묘하게 변화시킨다. 그 누구도 어제의 자신과 같을 수 없으며, 앞으로도 영원히 마찬가지일 것이다. 견해와 태도, 신념 등은 항상 변하기 마련이다. 따라서 상대를 알고 지낸 기간이나 상대와 나눈 교감의 깊이는 별로 중요하지 않다. 따라서 듣기를 중단한다면 당신은 결국 상대방의 인격과 태도를 그릇된 방식으로 이해하게 될 것이다.

지금 눈앞에 마주하고 있는 누군가를 이해하는 데 과거의 기억에 의존한다면 반드시 실패를 할 수밖에 없을 것이다. 프랑스의 작가 앙드레 모루아André Maurois는 "행복한 결혼은 결코 질리지 않는 기나긴 대화를 나누는 것과도 같다"라고 말한 바 있다.[3] 당신이라면 당신을 항상 똑같은 사람처럼 취급하는 사람과 오랜 세월을 함께 보낼 수 있겠는가? 이는 이성관계뿐 아니라 모든 관계에 다 적용되는 진리이다. 심지어는 걸음마 단계의 아기들조차 몇 달 전과 같은 취급을 받는 걸 거부한다. 두 살배기 아이가 이미 배워서 잘 알고 있는 무언가를 하려 할 때 도움의 손길을 내민다면 아이는 아마도 짜증을 부리면서 "내가 할래!"라고 소리를 지를 것이다. 듣기는 인생의 책장이 넘겨지는 동안 계속해서 상대와 교감을 유지할 수 있도록 해주는 수단이다.

처음 본 사람에게 걱정을 털어놓는 이유

영국의 인류학자이자 진화심리학자 로빈 던바Robin Dunbar는 인간관계라는 주제를 다룬 연구자들 중 매우 널리 인용되는 사람 중 한 명이다. 그는 "일상적 대화는 인간이 친밀감을 유지하기 위해 활용해온 가장 대표적인 방법"이라고 말한다. 이는 상대에게 "잘 지냈어?"라고 질문을 던진 뒤 그 답변에 실제로 귀를 기울이는 것을 의미한다. 던바는 '던바의 수Dunbar's Number'라는 개념으로 잘 알려져 있는데, 이는 현실적으로 감당할 수 있는 인맥의 최대치를 나타내는 숫자다.[4] 그는 그 수를 150명 정도로 한정 지었다. 이 수는 술집에서 우연히 마주쳤을 때 아무 거리낌 없이 동석할 수 있을 정도로 친분관계를 유지할 수 있는 사람들의 수를 나타낸다. 우리에게는 이 이상의 사람들과 의미 있는 관계를 유지할 수 있는 정신적·정서적인 역량이 갖추어져 있지 않다.

하지만 던바는 150명으로 구성된 집단 내에서도 함께 보내는 시간에 의해 결정되는 '우정의 층위layers of friendship'가 존재한다고 강조했다.[5] 그건 마치 웨딩 케이크과도 같아서 가장 상층부에는 매일같이 교감을 나누는 가장 친밀한 사람 한두 명(배우자나 가까운 친구 같은) 정도만이 자리를 잡고 있다. 다음 층위에는 깊은 친밀감과 애정을 느끼는 사람 네 명 정도가 들어갈 수 있다. 이 정도 수준의 우정을 유지하려면 최소 주마다 한 번씩은 연락을 주고받아야 한다. 그 아래 층위에는 만나는 빈도도 훨씬 덜하고 유대감도 더 약한 친구들이 자리 잡고 있다. 계속해서 연락을 취하지 않는다면 그들은 그 아래 단계인 지인들의 영역으로 밀려나게 될 것이다. 당신은 지인의 영역에 속한 사람들에게도 친밀감을 느끼긴 하지만 그들을 그 이상의 친구로 간주하지는 않는다. 끊임없이 변화를 거듭하는 내적 인격과의 접촉을 잃어버렸기 때문이다. 그들과 맥주 한잔 정도 마시는 건 어려운 일이 아니지만, 당신은 그들을 특별히 그리워하지도 않고, 그들이 이사를 갈 때 그 사실을 제때 알아차리지도 못한다. 그들 역시 당신을 별로 그리워하지 않는다.

물론 오래도록 보지 못하긴 했지만 당장이라도 만나서 못 다한 이야기를 나누고 싶은 친구들도 있을 것이다. 던바에 따르면 이런 예외적인 친구관계는 대부분 삶의 특정 시점에 나눈 깊고 긴 대화를 통해 형성된다고 한다. 감정적으로 예민한 시기에 사귄 친구들과 유년기나 대학 생활 동안에 사귄 친구들, 질병이나 이혼 같은 위기를 겪은 기간에 사귄 친구들이 여기에 해당된다. 그건 마치 먼 훗날 만났을 때 상대방에게 엄청난 양의 관심을 쏟아부을 수 있도록 교감을 저장해두는 것과도 같다. 말하자면 과거에 자주 만나 깊이 있는 유대감을 형성해두었기 때문에, 예컨대 말싸움 같은 일 때문에 오래도록 떨어져 있었다 해도, 다시 예전과 같은 수준의 교감을 회복할 수 있는 것이다.

주디스 코체의 사무실에 널려 있는 쿠션들 사이에 앉아 이야기를 들으면서, 나는 틀어진 부부관계를 회복하는 것이 결코 쉬운 일이 아니라는 사실을 깨달았다. 그녀는 상담을 신청하는 부부들에게 4시간에 걸쳐 이어지는 집단 치료를 매달 한 번씩 약 1년 동안 받으면서 주말 내내 진행되는 수련회에 1회 이상 참석하라고 요구를 하곤 했다. 또한 코체는 상담 요청을 수락하기 전에 부부들을 세심하게 살펴보았다. 그들이 "이런 작업에 착수할 마음의 준비가 되어 있는지" 확인을 할 필요가 있다는 것이다. 이 말은 상담에 참여하려면 자신의 배우자뿐 아니라 집단 내의 다른 사람들의 말에도 귀를 기울일 준비가 되어 있어야 한다는 것을 뜻했다.

코체에게 도움을 요청해온 부부들은 대개 극한으로까지 치달은 '친밀함과 소통의 편견'으로 인해 고통받고 있었다. 한때 완전히 조화를 이루었던 그들이 이제는 가망 없어 보일 정도의 단절감에 시달리게 된 것이다. 양측 모두는 상대가 자신의 말을 들어주지 않는다고 느꼈고, 정서적 차원의 교감은 물론 신체적인 차원의 교감까지 시들해졌다고 고백한다. 그들은 사실상 서로의 필요와 욕구에 대해 귀머거리가 된 상태로 상담실을 찾았다. 하지만 코체에 따르면 부부가 자신들의 고충을 토로하는 동안 흥미로운 일이 벌어진다고 한다. 비록 발표자의 배우자가 그 내용에 귀를 닫는다 해도 어쨌든 다른 부부들은 발표자의 말을 귀담아들어 주는데, 이 같은 분위기가 문제를 한층 더 분명히 표현하도록 발표자를 자극한다고 한다. 앞서 언급한 대로, 주의 깊게 들어주는 사람 덕에 대화의 질이 완전히 변화하는 것이다.

배우자나 자식, 부모, 친구 등 가까운 누군가가 당신이 모르던 사실을 다른 사람들 앞에서 털어놓는 순간, 당신도 이와 비슷한 경험을 해보았을 것이다. 어쩌면 당신은 "난 그런 줄 몰랐지!"라고 말했을지 모른다. 이런 일이 일어날 수 있었던 건 다른 사람들이 당신과는 다른 태도로 상대의 말에 귀를 기울여주었기 때문이다. 아마도 그 사람들은 더 큰 흥미를 보이면서 적절한 질문들을 던졌을 것이고, 상대의 말을 가로막거나 판단하려 들지도 않았을 것이다.

당신이라면 듣는 태도가 서로 다른 사람들에게 어떤 식으로 이야기를 들려주었을지 생각해보라. 그들과 맺은 관계의 유형이나 친밀감의 정도는 그리 중요한 것이 아니다. 당신도 한번쯤은 잘 모르는 사람에게 그 누구에게도 들려주지 않았던 이야기를 털어놓은 적이 있을 것이다. 말하는 내용과 털어놓는 이야기의 양은 당신이 그 순간 들어주는 상대를 어떤 식으로 지각하느냐에 달려 있다. 누군가가 당신의 이야기를 피상적으로 들으면서 결점을 찾는 데만 집중하거나 성급하게 결론부터 내리려 한다면, 당신이 그에게 의미 있는 이야기를 털어놓을 가능성은 현저히 낮아진다.

대학원생 38명을 대상으로 수행된 뒤, 일반인 2,000여 명이 참여한 온라인 조사를 통해 검증받은 한 심층 연구에서,[6] 하버드 대학교의 사회학자 마리오 루이스 스몰Mario Luis Small은 사람들이 자신의 가장 내밀하고 절박한 근심거리를 배우자나 가족, 친구처럼 가까운 사람보다는 우연히 만난 사람들처럼 유대관계가 약한 사람들에게 주로 털어놓는다는 사실을 발견했다. 일부 피험자들은 가까운 사람들에게 속사정을 이야기하는 걸 극도로 꺼리기까지 했다. 상대방의 판단이나 퉁명스러운 태도, 반발 등이 두려웠기 때문이다. 이는 우리가 어떤 기준으로 들어줄 사람을 선택하는지 의문을 품도록 만든다.

"어떤 사람들은 다른 사람들보다 듣기에 훨씬 더 능합니다. 하지만 듣기 능력은 끊임없이 정제되고 증대되면서 예술적 경지에 가까운 수준에 이를 수 있지요." 최상급 듣기 훈련이나 다름없는 치료 모임을 운영하는 코체가 말했다. 항상 눈을 크게 뜬 채 침묵을 유지하는 코체는 마치 집단 구성원들이 오케스트라의 연주자라도 되는 양 그들을 교대로 자극하여 호응을 이끌어내면서 치료 모임을 지휘하듯 이끌어나가고 있었다. 모임 초반에는 대화의 음정이 어긋나거나 흐름이 불안정해지기도 하지만, 부부들 간에 신뢰가 쌓여 서로를 더 잘 이해하게 되면 점차 조화로운 화음에 가까워진다. 치료상의 중대한 진전은 바로 이런 분위기에서 비롯된다. "참가자들은 서로의 느낌에 진심으로 귀를 기울이는 만큼 서로에게 큰 의미가 되어줍니다." 코체가 말했다. "배우자가 듣지 않는다 하더라도 다른 사람들이 들어주니 문제될 것이 없는 것이지요. 그들은 함께 성장해나갑니다."

참가자들은 배우자의 말을 듣지 않는 동료 참가자를 서로 지적해주기까지 했다. "이런 과정을 거치는 동안 참가자들은 진정으로 좋은 부부관계란 어떤 것인지 깨닫지요." 코체가 상담실에서 열띤 토론을 벌이는 부부들을 가리키며 말했다. "사람들은 결국 어린 시절 양육 환경에서 비롯된 안 좋은 습관을 떨쳐버리게 됩니다. 상대방의 말에 더 주의 깊게 귀를 기울일 수도 있다는 사실을 깨닫는 거지요."

코체는 전형적인 맨스플레이너mansplainer● 를 예로 들었다. 그는 항상 강의하듯 말하면서 상대의 결점을 교정해주는 방식으로 대화를 이끌어나갔고, 그 결과 누구하고도 가까워질 수 없었다. "그가 마침내 아내의 말에 귀를 기울이면서 아내가 한 말을 다른 식으로 표현할 수 있게 된 순간, 그의 표정은 마치 '아……. 이제야 알겠어'라고 혼잣말을 하는 것 같았지요." 코체가 말했다. "그 경험은 그 남자에게 일종의 전환점이 되었습니다. 아내는 눈물을 흘리기까지

● 잘난 체하며 가르치려 드는 남성을 나타내는 합성어 — 옮긴이.

했지요. 그는 단순히 듣는 법을 몰랐던 겁니다. 어린 시절 그의 가족은 그에게 듣는 법을 가르쳐주지도 않았고 듣기를 가치 있게 여기지도 않았어요. 그 남자가 일부러 그런 게 아니란 뜻입니다."

하지만 우리가 아무리 귀를 기울이려 애쓴다 해도, 또는 아무리 상대를 가깝게 느낀다 해도, 다른 사람의 마음을 읽는 것은 불가능하다는 사실을 반드시 기억할 필요가 있다. 게다가 남의 속내를 엿보는 건 신뢰를 잃는 가장 위험한 길이다. 도스토옙스키는 《지하생활자의 수기》에서 이렇게 말한 바 있다. "모든 사람은 오직 가까운 친구에게만 말하고 싶은 기억을 지니고 있다. 또 혼자서만 비밀리에 간직하면서 친구에게조차 드러내 보이고 싶지 않은 기억도 지니고 있다. 마지막으로 자신에게 말하는 것조차 두려운 기억도 지니고 있는데, 모든 평범한 인간은 그런 기억을 무수히 보유하고 있다."[7]

텍사스주 브라운스빌의 가톨릭 사제인 대니얼 플로레스Daniel Flores가 들려준 이야기가 생각난다. 코체와 마찬가지로 그 역시 갈등을 겪는 수많은 부부를 상담했다. 플로레스는 그들만 보면 항상 65년간 결혼생활을 해온 자기 조부모가 생각난다고 말했다. 그는 어린 시절 저녁 식사 테이블에 앉아 할머니가 "난 네 할아버지를 정말로 이해 못하겠다"라고 말하는 걸 들은 기억이 있었다. 지금까지도 그 순간이 머릿속에 남아 있었다. 그는 이렇게 말했다. "저희 할머니는 할아버지를 사랑하셨습니다. 두 분은 기쁜 일과 슬픈 일을 오래도록 함께해왔지요. 그럼에도 그분들 사이에는 어떤 거리감 같은 게 항상 존재했습니다."

신부인 플로레스는 상대방에게 완전히 이해받을 수 있을 거란 기대가 문제의 뿌리인 경우가 많다고 믿고 있었다. "우리 모두는 다른 사람들에게 우리 자신을 표현하길 원합니다. 하지만 모든 표현을 다 받아줄 완벽한 사람이 있을 거라는 기대를 품으면, 결국 실망하게 되지요." 그가 말했다. "물론 그렇다고 해서 상대에게 속내를 털어놓거나 귀를 기울이려는 노력을 소홀히 해도 된다는 뜻은 아닙니다. 서로를 항상 이해하는 일이 불가능하다 하더라도, 어쨌든 그게 사랑이니까요."

고정관념에서 벗어나는 가장 좋은 수단

잘 모르는 사람들의 말을 들을 때는 완전히 다른 부류의 편견들이 개입한다. 하지만 그런 편견들 역시 그릇된 가정에 뿌리를 둔 것들이다. 질서와 일관성에 대한 추구에서 비롯되는 확증편향 confirmation bias이[8] 그 대표적인 예이다.[9] 우리는 크고 복잡한 세상을 이해하기 위해 머릿속에 파일 폴더들을 만든 뒤, 보통 상대가 말을 시작하기도 전에 그 속에 사람들을 집어넣는 경향이 있다. 그 폴더는 우리가 속한 문화나 개인적 경험들의 영향을 받아 형성된 고정관념들로, 때에 따라서는 우리에게 도움을 주기도 한다.[10] 하지만 조심하지 않으면 성급하게 분류하고 판단하는 우리 성향으로 인해 이해의 폭을 좁히고 현실을 왜곡하기도 한다. 상대방의 진정한 모습을 알기도 전에 "그래, 그래, 이해했어"라고 습관적으로 말하면서 그 사람에 대한 결론으로 건너뛰는 것이다.

그 결과 성별이나 인종, 성적 취향, 종교, 직업, 외모 등 자신의 판단기준에 부합하는 듯 보이는 사람을 만나면, 즉시 그 사람을 안다고, 혹은 적어도 그 사람의 특징을 파악했다고 생각한다. 내가 당신에게 "저는 텍사스 토박이입니다"라고 말했다고 하면, 당신은 아마 나를 조금 다른 눈으로 바라보기 시작할 것이다. 텍사스 토박이에 대한 당신의 고정관념에 따라 이 말은 내 이미지를 끌어올리기도, 끌어내리기도 할 것이다. 당신이 내 몸에 문신이 있다는 사실을 알게 되었을 때도 마찬가지이다. 말하자면, 일종의 정신적인 반작용이 일어나 상대를 이해했다는 환상을 불러일으킴과 동시에, 귀를 기울이고자 하는 동기와 호기심마저 약하게 만들어놓는 것이다. 미처 알아채지도 못하는 새에 당신은 자신의 선입견에 부합하는 말만 골라서 듣기 시작할 것이고, 어쩌면 당신의 예상을 만족시키는 행동을 하도록 나를 자극할 수도 있다. 문신을 했다고 놀리는 식으로 말이다.

우리는 사람들이 고정관념의 영향을 자주 받으면서도 그걸 잘 깨닫지 못한다는 점을 알고 있다.[11] 여러 연구들 역시 우리 모두가 분류하려는 무의식적 충동과 직접 경험해보지 못한 현실을 상상하는 일의 어려움으로 인해 편견들을 품게 된다는 점을 보여준다. 누구도 우리 자신과 다른 환경에 처한 사람들의 현실에 대해 충분히 '깨어 있지' 못한 것이다. 따라서 그 누구도 자신과 같을 것이라고 생각하는 사람들과 마음가짐이나 가치관을 공유한다고 함부로 주장할 수 없다. "백인 입장에서 보건대"나 "유색인종 여성 입장에서 보자면"이라는 식의 표현을 함부로 써서는 안 되는 것이다. 우리가 대변할 수 있는 사람은 오직 우리 자신뿐이다.

백인 남성이나 유색인종 여성, 기독교인, 무신론자, 노숙자, 백만장자, 이성애자, 동성애자, 베이비붐 세대, 밀레니얼 세대, 이들 모두는 같은 범주에 속한 다른 사람들과 구분되는 개인의 고유한 경험들을 지니고 있다. 나이나 성별, 피부색, 경제적 지위, 종교적 배경, 정치적 성향, 성적 취향 등을 근거로 한 추정은, 상대에 대한 이해의 폭을 축소시켜 놓을 뿐이다. 타인의 말에 귀를 기울이는 동안, 당신은 상대방의 가치관이나 경험이 자신과 비슷하다는 사실에 위안을 얻기도 할 것이고, 차이가 나는 측면들을 발견하고는 이질감을 느끼기도 할 것이다. 하지만 그런 차이를 인정하고 받아들일 때라야 비로소 배움을 얻으며 성장할 수 있다. 우리의 듣기는 광범위하게 통용되는 정체성에 관한 견해에 의해 손상을 입는데, 이런 견해들은 다른 사람들이 지닌 고유한 특성을 발견하지 못하도록 우리의 시야를 흐릴 수 있다.

이는 1970년대로까지 거슬러 올라가는 사회적 신호 이론social signaling theory 및 사회 정체성 이론social identity theory과 관련된 이야기이다.[12] 서로 긴밀히 연관되어 있는 이 이론들은 인류가 자신의 지위와 가치관을 간접적으로 표시해온 방식에 초점을 맞춘다. 오랜 옛날에는 동굴 밖에 수많은 동물 가죽을 걸어놓거나 주먹으로 가슴을 두드리는 행위가 사회적 신호 역할을 했을 것이다.[13] 그리고 사회적 정체성은 소속된 특정 부족에서 형성되었을 것이다. 오늘날 우리는 타고 다니는 자동차나, 입는 옷, 출신 학교 등을 토대로 사회적 지위를 평가하며, 극우나 진보, 보수, 민주사회주의, 기독교, 환경주의, 페미니즘 등 이념적 성향을 근거로 사람들을 판단하는 경우도 점점 더 많아지고 있다.[14]

그런데 사회적 신호와 듣기는 서로 반비례관계이다. 예컨대, 당신이 '채식을 하면 부부관계가 좋아져요VEGANS MAKE BETTER LOVERS'라고 쓰인 티셔츠를 입은 사람이나 미국총기협회NRA 범퍼 스티커가 붙은 트럭을 운전하는 사람을 보았다고 생각해보자. 당신은 상대방에 대해 알 건 다 알았다는 느낌을 받게 될 것이다. 물론 그들이 그런 정체성에 완전히 매몰되어 있을 가능성도 배제할 수는 없다. 하지만 그 신호를 통해 당신이 알게 된 건 사람person이 아닌 가면을 쓴 인격persona이란 점을 결코 잊어서는 안 된다. 둘 사이에는 엄청난 간극이 존재하기 때문이다. 가면 아래에 당신이 상상하지 못한 무언가가 잠재되어 있을지도 모르는 것이다.

예전에는 주로 불안한 십대들이 자신의 정체성과 집단에 대한 소속감을 분명히 하기 위해 자신을 노골적으로 표현했다(고스족이나 펑크족, 운동부, 오렌지족, 날라리, 덕후, 깡패 등을 떠올려보라). 하지만 요즘에는 이런 현상이 전 연령대로 확산되고 있다. 계속해서 파편화되고 있는 사회에서 사람들은 타인과 신속하게 공감대를 형성하기 위한 하나의 수단으로 자신의 소속, 특히 정치적이거나 이념적인 성향을 훨씬 더 뚜렷하고 분명하게 드러내고 있다. 이와 같은 소속 집단은 구성원들과의 일체감을 선사해주며, 과거에 조직화된 종교가 했던 역할을 대신해 행동의 규범들도 제시해준다.[15] 이뿐만 아니라 요즘 사람들은 불안하거나 고독한 상황에 처했을 때 주변의 관심을 끌기 위해 사회적 신호를 극적으로 과장하기도 한다.

특히나 소셜미디어는 사회적 신호를 보내는 데 최적화된 매체이다.[16] 그것은 당신이 특정한 개인이나 집단을 팔로우한다는 사실은 물론 특정 메시지나 사진을 좋아한다는 사실까지 전부 드러내준다.[17] 구글 검색만 해보면 상대를 다 알 수 있는데 누가 다른 사람들의 말을 들으려 하겠는가? 페이스북이나 인스타그램 피드, 링크드인 프로필 같은 페이지가 필요로 하는 모든 정보를 다 제공해주는데 말이다. 사람들이 새로운 누군가를 만났을 때 이름을 알려주길 꺼리는 이유도 바로 여기에 있다.[18] 상대방이 자신을 진정으로 알아가는 대신 온라인으로 자신의 은밀한 정보를 들춰볼까 봐 겁이 나는 것이다. 그래서인지 가벼운 데이트 상황에서는 자신의 실명을 알려주는 것이 관계의 중요한 진전을 의미하는 것으로 간주된다. 실명을 알려주기까지의 기간은 포스트나 트위터 같은 그 사람의 진정한 자화상과는 거리가 먼 매체를 통해서가 아니라 개인적 차원의 교감을 통해 깊이 이해받고 싶은 열망을 반영한다.

T. S. 엘리엇Thomas Stearns Eliot이 1915년도에 발표한 시 〈J. 앨프리드 프루프록의 연가The Love Song of J. Alfred Prufrock〉에서 그는 "네가 만날 얼굴들을 만나기 위해 얼굴을 꾸밀" 필요가 있는 상황을 한탄한다. 듣기는 그 '얼굴'(또는 페이스북 프로필) 뒤에 있는 사람을

발견해내는 방법이다. 듣기는 피상적인 신호 뒤에 가려져 있는 그 사람의 진정한 면모(그들의 소박한 기쁨과 고민거리 같은)를 알 수 있게 해준다. 상대에게 질문을 하고 귀를 기울이는 것은 사랑하는 사람들을 향한 변함없는 관심을 증명할 뿐 아니라, 새로 만난 상대방에게 흥미를 느낀다는 사실까지도 함께 표현하게 해준다.

누군가와 '긴밀한 관계를 유지한다'는 말은 그 사람의 마음속에 무엇이 들어 있는지 귀를 기울인다는 뜻이다. 그리고 그때 동원되는 주의력의 강도는 관계의 깊이와 수명을 결정 짓는다. 가까운 사람들을 아주 잘 안다는 안일함에 빠지는 것은, 고정관념을 바탕으로 낯선 사람을 평가하는 것만큼이나 쉬운 일이다. 특히나 낯선 사람의 뚜렷한 사회적 신호에 의해 강화된 고정관념은 극복하기가 매우 힘들다. 하지만 듣기는 그런 덫에 걸려들지 않도록 당신을 보호해준다. 듣기가 당신의 예상을 뒤엎어놓을 것이기 때문이다.

5장

표정은 말보다 정확하다

진짜 이유 찾아내기

친구가 당신에게 방금 해고를 당했다고 말한다고 해보자. 그는 상사를 좋아한 적이 결코 없고 사무실까지 1시간 반을 운전해야 하는 통근길도 지옥 같았던 만큼, 해고를 아무렇지도 않게 받아들인다고 말한다. 그는 항상 집에 늦게 들어와서 부엌에 선 채로 저녁을 먹어야 했는데, 그건 아내가 그를 기다리지 않고 아이들과 먼저 식사를 했기 때문이다. 가족에게 해고당했다는 말을 어떻게 전해야할지 모르겠다고 말하면서 잠시 목이 잠긴다. 그 뒤 헛기침을 하면서 멕시코로 낚시 여행을 떠나기로 되어 있었는데 아무래도 취소를 해야 할 것 같다고 말한다.

물론 그 친구와, 그가 처한 상황을 얼마나 잘 아는지에 달려 있는 문제이긴 하지만, 일반적으로 "해고를 당했다니 정말 안됐다"나 "곧 다른 직업을 찾게 될 거야" 같은 반응들은 진부하게 들리거나 무시하는 말로 들리기 쉽다. "그런 형편없는 직업은 없는 편이 더 나아" 같은 반응 역시 문제가 되는 건 마찬가지다. 그리고 "그 정도는 아무것도 아냐, 내가 해고당했을 때는 말이야⋯⋯"라는 반응은 대화의 초점을 당신 자신에게로 옮겨놓는다. 하지만 들어주는 능력이 훌륭한 사람이라면 친구의 목이 잠긴 순간에 주목하여 그의 가장 큰 고민거리가 무엇인지 알아낸 뒤 이런 식으로 말을 건넬 것이다. "가족들에게 해고당했다는 사실을 알려야 한다고? 그것 참 힘들겠네. 가족들 반응이 걱정되겠다."

미시시피 대학교의 교수 그레이엄 보디Graham Bodie가 수행한 연구에 따르면, 사람들은 상대방이 고개를 끄덕이거나 자신의 말을 다른 식으로 되풀이할 때보다 설명이나 평가가 담긴 말을 건넬 때 더 이해받았다는 느낌을 받는다고 한다.[1] 효과적인 듣기를 일종의 수동적인 활동으로 간주하는 통념과는 달리, 보디의 연구는 듣기가 해석과 상호작용을 필요로 한다는 점을 드러낸다. 당신의 개는 당신의 말을 '들을' 수 있고 시리Siri 나 알렉사Alexa 역시 당신의 말을 '들을' 수 있다. 그렇지만 결국 당신의 개나 시리, 알렉사와 대화를 나누는 건 그리 만족스러운 경험이 될 수 없을 것이다. 그들은 생각과 느낌이 담긴 말을 건네면서 적절히 반응해줄 능력이 없기 때문이다.

보디는 이렇게 말한다. "사람들은 자신이 상대에게 그런 이야기를 건네는 이유와 그 이야기가 자신에게 무슨 의미가 있는지 상대가 이해해준다는 느낌을 받고 싶어 합니다." 하지만 보디와 그의 동료들은 그런 능력을 갖춘 사람이 극소수에 불과하다는 사실과 끊임없이 맞닥뜨려야 했다. 연구 데이터에 따르면 청자의 반응과 화자의 말이 정서적으로 조화를 이루는 순간은 전체 대화 시간의 5퍼센트도 채 되지 않았다. 이쯤 되면 당신의 개가 사람보다 더 나아 보이기 시작할 것이다.

이처럼, 중요한 건 친구가 해고를 당했다는 사실 자체가 아니라 그 경험이 그의 정서에 어떤 식으로 영향을 미치는지 파악하는 것이다. 그 점을 포착해내는 것이 바로 듣기의 기술이다. 상대방이 우리에게 통근 경험, 낚시 여행, 아내에 관한 이야기 등 부차적인 정보를 쏟아내는 상황에서는 그런 기술이 특히나 더 중요하다. 당신은 '이 사람이 왜 내게 이런 말을 하는 것일까?'라는 의문을 항상 품고 다니면서 상대 역시 그 질문에 대한 답을 모를 수 있다는 점을 이해하는 탐정이 되어야 한다. 훌륭한 청자는 화자에게 질문을 던지고 세부적인 설명을 요청함으로써 상대가 그 답을 찾아낼 수 있도록 도와야 한다. 당신은 상대의 말에 반응을 보인 뒤 상대가 "그래 그거야!"나 "내 말이 그 말이야!" 같은 말을 할 때 자신이 들어주는 사람으로서 역할을 훌륭히 수행해냈다는 사실을 알게 된다.

20세기의 가장 영향력 있는 심리학자 중 한 명인 칼 로저스Carl Rogers는 이런 태도를 '적극적 경청active listening'이라고 불렀다. 적극적 경청이라는 표현이 역동적인 느낌을 주어서인지, 이 용어는 그 의미에 대한 제대로 된 이해 없이 비즈니스의 세계에서 광범위하게 수용되어왔다. 실제로 경제지 〈포천Fortune〉 선정 500대 기업의 직원용 핸드북(업무평가 기간에 적극적 경청을 훈련하라는 권고를 받은 한 대기업 직원에게 건네받았다)에 나타난 적극적 경청의 정의는 상대방의 느낌을 이해하려 애쓰는 것보다 거만해 보이지 않도록 조심하는 것과 상대가 말하는 동안 입을 굳게 다무는 것 등에 주로 초점을 맞추고 있다. 적극적 경청을 실천하는 사람이 실제로 취하는 태도 대신 그 사람의 겉모습만 강조하고 있는 것이다.

로저스는 적극적 경청을 실천하는 자신의 태도를 다음과 같이 묘사한 바 있다. "저는 단어와 생각, 감정이 실린 어조, 개인적 의미 등에 귀를 기울일 뿐 아니라, 화자의 의식적 동기 아래 숨어 있는 의미까지도 읽어내려 노력합니다."[2] 그가 말하는 적극적 경청은 겉으로 격식을 차리는 것보다 수용적인 상태로 머무는 것에 더 가까웠다. 여기서 핵심은 '겉으로 드러난 사실' 이상의 것을 포착하는 것이다. 표면적 사실은 전체 의미의 한 단편에 불과하기 때문이다. 대화를 할 때 사람들은 보통 자신에게 의미가 없는 내용은 말하지 않는다. 오직 의미로 충전된 내용들만이 마음속에 떠올라 입 밖으로 표출될 수 있다. 그런 말을 털어놓는 사람들과 제대로 관계를 맺으려면 그들의 말속에 내포된 의미와 동기를 이해해야 한다.

회사 동료가 당신에게 다른 층으로 사무실을 옮기게 되었다고 말한다고 해보자. 겉으로 드러난 사실은 그녀가 복도 끝이 아닌 다른 층에서 일하게 되었다는 것이다. 하지만 만약 그녀의 어조에서 미묘한 흥분이나 체념의 분위기가 감지된다면? 그녀가 자신의 관자놀이를 문지르거나 눈알을 굴리거나 눈썹을 치켜세우면서 말을 했다면? 그녀의 태도에서 실망과 짜증이 느껴진다면? 다른 층으로 업무실을 옮기는 건 그녀에게 무엇을 의미하는 것일까? 그녀는 당신에게 왜 그 사실을 털어놓는 것일까?

그녀가 말을 한 방식에 따라, 그녀는 일이 잔뜩 밀려 있는 상태에서 짐을 싸야 하는 것에 대한 불만을 토로한 것일 수도, 자신의 능력을 인정받았기 때문에 새로운 업무실로 이동하게 된 것이라는 생각에 흥분한 것일 수도 있다. 또는 고소공포증이 있는데 높은 층에 위치한 새 업무실로 이동을 하게 돼서 걱정을 한 것일 수도, 친한 동료인 당신과 멀리 떨어진 업무실로 가게 되어 슬픈 것일 수도 있다. 이때 만일 당신이 로저스가 묘사한 방식대로 상대의 말에 귀를 기울이지 않는다면, 당신은 그 말 아래 깔려 있는 의미를 놓칠 것이고, 앞으로 상대방과 더 깊은 관계를 맺을 수도 없을 것이다.

대화 상대가 당신에게 말을 거는 건 마치 당신에게 공을 던져주는 것과도 같다. 이때 상대의 말을 듣지 않거나 건성으로 듣는 건 우두커니 서서 딴 곳을 쳐다보며 그 공이 당신을 지나쳐가도록 방치하는 것이나 다름없다. 위에 제시된 가능성들 중 어느 것이 사실이든, 동료에게 "아 그렇구나, 알았어"나 "나한테 박스가 좀 있으니 필요하면 말해"라고 말한다면 당신은 상대가 던진 공을 놓치게 될 것이다. 듣기 능력이 훌륭한 사람은 어조나 비언어적 단서들을 포착하고 그와 관련된 질문을 던짐으로써, 상대의 말에 좀 더 섬세하고 구체적인 방식으로 반응할 수 있다. 현재 스트레스가 심한 것 같으니 계획된 만남을 뒤로 미루는 게 좋겠다고 제안을 하거나, 상대를 전처럼 자주 볼 수 없게 되어 마음이 아프다고 말하는 식으로 말이다.

사람들이 냉철한 이성보다는 질투나 자부심, 수치심, 욕망, 불안, 허영심 등 감정의 지배를 받기 쉽다는 점을 기억한다면, 세상을 한결 수월하게 헤쳐나갈 수 있다. 우리가 행동을 하고 반응을 하는 건 무언가를 느끼기 때문이다. 이 점을 무시한 채 상대의 말을 피상적으로 듣는 건 자발적으로 커다란 불이익을 감수하는 거나 다름없다. 만약 당신의 눈에 사람들이 단순하고 무감정해 보인다면, 그건 당신이 그들을 충분히 잘 이해하지 못했기 때문이다. 존 피어폰트 모건John Pierpont Morgan은 "인간이 행동을 하는 데는 항상 두 가지 이유가 있습니다. 좋은 이유와 진짜 이유가 그것이지요"라고 말한 바 있다.[3] 듣기는 사람들의 마음가짐과 동기를 이해하도록 우리를 도와주는데, 이 과정은 호혜적이고 생산적인 관계를 맺을 때뿐 아니라 피하는 게 좋은 관계를 파악하는 데 있어서도 필수적이다.

매혹적인 대화의 비밀

게리 노에스너Gary Noesner는 미국 연방수사국FBI에서 30년간 근속한 뒤 2003년에 은퇴했다. 재직 당시 그는 수사국의 수석 인질협상요원이었는데, 이는 그가 사실상 그 기관의 '수석 청자lead listener'

였다는 것을 의미한다. 현재 해외 납치 사건을 다루는 국제 위험컨설턴트로 일하고 있는 노에스너는, 사람들의 이야기를 도넛과 같은 두 개의 동심원에 배치해 넣는 것을 좋아한다. 실제로 일어난 사실을 안쪽에 있는 원에, 실제 사실보다 더 중요한 느낌과 감정들을 그 원을 에워싼 주변부에 각각 할당하는 것이다. 그는 이렇게 말한 바 있다. "중요한 건 실제로 일어난 사건이 아니라, 그 사건에 대한 우리의 느낌입니다. 텔레비전을 많이 본 사람들은 인질협상요원이 총을 내려놓도록 인질범에게 마술적인 영향력을 행사하거나, 설득력 있는 훌륭한 언변을 통해 인질범의 항복을 유도하는 거라 생각하곤 하죠. 하지만 실제로 인질협상요원이 하는 일은 인질범의 관점을 이해하고자 애를 쓰면서 그의 말에 귀를 기울이는 것뿐입니다."

노에스너는 한 남성이 전 여자 친구에게 총부리를 겨누고 있는 상황을 예로 들어 설명했다. "그런 상황에서 저는 '무슨 일 때문에 그러는 건지 말해봐요'라고 한 다음 귀를 기울입니다. 그런 뒤 그의 말에 대해 '그녀가 당신에게 정말 큰 상처를 준 것 같군요'라는 식으로 반응을 보이죠." 노에스너가 말했다. "저는 충분한 시간을 갖고 공감 어린 태도로 그가 하는 말을 귀담아듣습니다. 아마도 그 인질범의 친구나 가족들은 그를 이런 식으로 대하지 않았을 거예요. 만일 그랬다면 그가 그런 짓을 저지를 일도 없었겠지요. 이건 이처럼 간단한 문제이지만, 우리는 일상생활을 하면서 다른 사람들의 말에 충분히 주의를 기울이지 않습니다."

총기 난사나 테러 사건이 발생했을 때 범인을 아는 사람들이 "그는 평소 외톨이였다"고 말을 하는 건 드문 일이 아니다. 범인의 가족들도 그가 평소 무슨 생각을 하는 건지 도무지 알 길이 없었다는 식으로 말하곤 한다. 〈볼링 포 콜럼바인Bowling for Columbine〉이라는 다큐멘터리를 보면 헤비메탈 뮤지션인 매릴린 맨슨Marilyn Manson이 총격 사건 희생자의 가족과 동료들에게 무슨 말을 하고 싶은지 질문을 받는 장면이 나온다. 일부 사람들이 그의 음악에 영향을 받은 범행이라고 주장했기 때문이다. 이에 대해 맨슨은 이렇게 말했다. "저는 그들에게 한마디 말도 하지 않을 겁니다. 그보다는 그들이 하는 말에 귀를 기울이겠죠. 가해자들에게 결핍되어 있었던 건 바로 그런 관심입니다."[4]

범죄학자들은 총기 난사범들이 정신이상자가 아니라 주로 복수욕에 의해 동기를 자극받는 우울하고 외로운 사람들이란 사실을 발견했다.[5] 총기 폭력 사건을 다루는 비영리 언론 매체 〈더 트레이스The Trace〉 역시 대량 살상범들이 사회로부터 심각한 소외를 받았다는 공통점을 지닌다는 사실을 밝힌 바 있다.[6] 가해자가 불만을 품은 직원이든, 별거 중인 배우자이든, 문제가 많은 십대 청소년이든, 실패한 사업가이든, 이슬람 근본주의자이든, 트라우마에 시달리는 참전 군인이든 사정은 마찬가지였다. 그들 모두는 자신의 말을 들어주거나 자신을 이해해주는 사람이 단 한 명도 없다는 느낌을 가지고 있었다. 그 결과 그들은 그 누구의 말도 들으려 하지 않았고, 오직 내면의 뒤틀린 독백에 의해서만 동기를 자극받았다.

노에스너에게 있어 듣기는 단순한 협상 전략에 불과한 것이 아니었다. 그의 삶의 방식 자체였다. 노에스너와 대화를 나누다 보면 그가 오직 대화 상대에게만 관심을 쏟는다는 사실을 깨닫게 되는데, 이런 태도는 그를 엄청나게 호감 가는 사람으로 만들었다. 그에게 굴복한 범죄자들 중 다수는 그가 무슨 말을 했는지는 기억이 안 나지만 그가 말을 건넨 방식만큼은 너무나도 마음에 들었다고 고백했다. 사실 그는 말을 별로 하지 않았다. 하지만 상대에게 반응을 보일 때 그는 상대의 느낌을 정확하게 파악하고 있었다.

노에스너는 출장을 다닐 때마다 호텔 바에서 저녁 식사를 하는 습관이 있다. 그는 이렇게 말했다. "저는 바 안에 있는 다른 사람들을 둘러보면서 '저 사람에게 접근해서 그만의 이야기를 들어봐야겠다'라고 혼잣말을 하곤 합니다. 누군가에게 완전히 집중을 하면 놀라울 정도로 많은 것을 배울 수 있지요." 예컨대, 그가 만난 한 외판원은 외줄타기가 취미였다. "그건 정말 너무나도 매혹적인 대화였습니다." 노에스너가 그와 나눈 대화를 회상하면서 말했다. 그 외판원은 뒷마당에 있는 나무 두 그루 사이에 줄을 연결해놓고 줄타기를 연습했는데, 처음에는 떨어지는 것이 두려워서 온갖 종류의 보호 장비를 착용해야 했다고 한다.

시카고 대학교 연구팀의 실험에 참여해 적극적으로 상대방에게 말을 건 통근자들과 마찬가지로, 노에스너는 그와 대화 나누기를 꺼린 사람이 단 한 명도 없었다고 말했다. 심지어 그는 상대방에게 자신이 전직 FBI 인질협상요원이라는 사실을 알리지도 못한 채 호텔방으로 되돌아오곤 했다. 그들이 그만큼 열성적으로 이야기를 쏟아냈기 때문이다.

이 말을 하다 보니 텍사스의 석유 재벌 2세인 딕 배스Dick Bass에 관한 유명한 이야기가 떠오른다. 그는 야심만만하게 산악 등반을 마치고 난 뒤 주변에 있는 사람에게 이야기를 늘어놓는 것으로 잘 알려져 있다. 비행기를 타고 집으로 되돌아오는 동안, 배스는 옆사람을 붙잡고 매킨리 산과 에베레스트 산의 위험천만한 지형과 히말라야에서 거의 죽을 뻔한 경험 등에 대해 쉴 새 없이 이야기를 늘어놓았다. 비행기가 착륙할 무렵 배스는 상대방에게 자기소개조차 제대로 하지 않았다는 사실을 깨닫고 뒤늦게 사과를 했다. 그러자 그 남자가 악수를 하면서 이렇게 말했다. "아뇨, 괜찮습니다. 저는 닐 암스트롱Neil Armstrong이라고 합니다. 만나서 반갑습니다."[7]

잠시 멈추고 귀를 기울이지 않을 때 당신은 중대한 기회들을 놓치게 된다(그리고 바보처럼 보일 수조차 있다). 게다가 자신에 대해 이야기하는 건 당신의 지식에 아무런 보탬도 안 된다. 다시 말하지만, 당신은 당신 자신을 이미 잘 안다. 대화를 다 마치고 난 뒤에는 스스로에게 질문을 한번 던져보라. '방금 나는 저 사람에 대해 무엇을 배웠는가?', '오늘 저 사람의 주된 관심사는 무엇이었나?', '우리가 나눈 대화에 대해 저 사람은 어떻게 느꼈을까?' 이런 질문들에 답할 수 없다면, 듣기 훈련을 할 필요가 있다. "이미 모든 것을 다 안다는 태도로 대화에 임한다면 성장하고 배우고 교감하는 당신 자신의 능력을 제한하게 될 것입니다." 노에스너가 말했다. "저는 개방적인 태도로 상대의 경험과 아이디어에 귀를 기울이면서 그들의 관점을 존중해주는 사람이야말로 훌륭한 듣기 능력을 갖춘 사람이라고 생각합니다."

상대에게 마음을 열고 호기심을 느끼는 건 마음의 상태와 관련된 문제이지만, 민감한 반응으로 상대의 신뢰를 이끌어내면서 상대방의 관점을 존중해주는 능력은 배워서 익혀야 할 기술이다. 노에스너가 훌륭한 듣기 능력을 갖출 수 있었던 건 이런 훈련을 끊임없이 거듭했기 때문이다. 잘 듣는 기술은 주의력과 집중력, 상대의 진의를 파악하기 위해 노력한 경험 모두를 필요로 한다. 훌륭한 듣기 능력은 타고나는 것이 아니라 만들어지는 것이다.

6장

말과 생각의 차이

진짜 듣기를 시작하는 순간

누군가와 이야기를 나누는 동안(머릿속에서 진행되는 생각 때문에) 주의가 너무 산만해진 나머지 상대방의 말이 귀에 잘 안 들어온 적이 있는가? 그런 상황에서는 상대방의 입술이 움직이긴 하지만, 섹스나 주식투자 팁 또는 자동차를 빌려달라는 부탁 같은 난데없는 이야기가 다시 주의를 돌려놓기 전까지("잠깐 뭐라고?") 아무런 소리도 귀에 안 들어온다.

당신이 대화로부터 잠시 벗어난 이유는 '말과 생각의 차이 speech-thought differential' 때문인데, 이는 생각하는 속도가 말하는 속도보다 훨씬 더 빠르다는 사실을 나타내는 개념이다.[2] 평균적인 사람은 1분당 약 120~150단어 정도를 말할 수 있다. 그런데 이는

860억 개에 달하는 뇌세포에 기반한, 우리의 정신적 대역폭의 작은 한 부분을 차지할 뿐이다.[3] 따라서 우리는 온갖 것들에 대해 생각하면서 인지능력을 과도하게 사용하는데, 이는 화자의 이야기에 집중하지 못하도록 우리를 가로막는다.

누군가가 이야기를 할 때, 우리의 생각은 잠깐씩 옆길로 새나간다. 앞니 사이에 시금치가 낀 건 아닌지 궁금해하면서 잠시 확인해보기도 하고, 집으로 가는 길에 우유를 사 가야 한다는 사실을 떠올리며, 무료주차 시간이 얼마나 남았는지 걱정하기도 한다. 또한 화자의 머리나 옷가지, 체형, 피부 상태 같은 것들을 바라보며 딴생각을 하기도 한다. 그렇지만 주의가 산만해지는 가장 큰 이유는, 다음에 할 점잖거나 재미있거나 인상적인 말들에 대해 끊임없이 생각을 하기 때문이다.

우리는 자신의 공상에만 너무 사로잡힌 나머지, 오랜 시간 동안 다른 곳에 정신을 팔다가 이야기가 상당 부분 진행되고 난 뒤에야 대화 상황으로 되돌아오곤 한다. 이야기의 흐름을 놓친 우리는 잠재의식적으로 그 간극을 메워 넣는데, 그 내용은 잘못된 것인 경우가 많다.

스콧 피츠제럴드F. Scott Fitzgerald는 자신의 소설《밤은 부드러워》에서 이 점을 훌륭하게 묘사했다. 그는 이렇게 썼다. "그녀는 그가 하는 말의 요지를 드문드문 짚어내면서 나머지는 자신의 잠재의식으로 메워 넣었다. 마치 마음속에 울리는 리듬으로 시계의 알람 소리를 대신하듯이." 그 결과 상대방이 하는 말의 의미는 오직 피상적으로만 전달되고, 우리는 듣기에 실패했다는 사실을 인정하는 대신 다시 한 번 공상 속으로 빠져든다.

지능이 높을수록 옆길로 새는 성향이 적을 것이라는 생각도 잘못된 것이다. 오히려 똑똑한 사람들이 흘려듣는 경우가 더 많다. 대화 도중 생각할 거리를 더 많이 떠올릴 뿐 아니라 상대가 하는 말을 이미 안다고 가정하기도 더 쉽기 때문이다. 또한 머리가 좋은 사람들은 더 신경증적이고 자의식적인 경향이 있는데, 이는 크고 작은 근심거리에 마음을 사로잡힐 가능성이 그만큼 더 높다는 것을 의미한다.[4]

내향적인 사람들은, 외관상 조용해 보이는 만큼, 종종 잘 들어주는 사람으로 간주된다. 하지만 이 가정 역시 잘못된 것이다. 듣기는 내향적인 사람들에게 특히나 더 힘든 것일 수 있는데, 그들의 머릿속에서는 추가적인 정보를 위한 공간을 확보하기 힘들 정도로 많은 일이 진행되고 있기 때문이다.[5] 게다가 그들은 민감하기 때문에 인내심의 한계에 도달하기도 더 쉽다. 그들에게는 상대의 말을 듣는 게 일종의 고문처럼 느껴질 수 있는데, 이는 계속해서 귀를 기울이는 것을 힘들게 만든다. '말과 생각의 차이'가 그들에게 다른 생각을 할 여지를 마련해주는 경우라면 특히나 더 그럴 것이다.

미네소타 대학교의 수사학 교수이자 듣기 연구의 아버지로 널리 인정받는 랠프 니컬스Ralph Nichols는 "생각을 하는 여분의 시간을 어떻게 활용하느냐에 따라 상대방의 말에 집중하는 능력이 결정된다"고 했다.[6] 그는 고등학교에서 말하기 교사 겸 토론 지도자로 일하는 동안, 듣기 기술을 훈련한 학생들이 토론을 훨씬 설득력 있게 이끈다는 사실을 발견했다.[7] 이 발견에 흥미를 자극받은 그는 2005년 죽기 전까지 듣기에 관해 수십 편의 논문과 책을 저술했다.

니컬스에 따르면, 잘 들어주는 사람들은 여분의 관심을 잡념으로 허비하기보다 상대의 말을 이해하고 그의 의도를 직감하는 데 쏟아붓는다고 한다. 그는 이야기를 잘 들어주려면 상대방이 하는 말이 타당한지, 그리고 당신에게 그 말을 하는 동기가 무엇인지 끊임없이 자문해야 한다고 주장했다.

얼핏 보면 아주 간단해 보이지만, 이런 태도를 취할 수 있는 사람은 극소수에 불과하다. 필요한 주의력과 동기, 훈련이 결여되어 있기 때문이다. 학생과 회사원 수천 명을 대상으로 연구를 진행하는 동안, 니컬스는 짧은 대화가 끝난 직후 대부분의 사람들이 대화 내용의 절반 정도를 잊어버렸다는 사실을 발견했다.[8] 이 결과는 참가자들 스스로 평가한 듣기의 질과는 아무런 상관도 없었다. 2개월 후에는 대부분의 사람들이 대화 내용의 25퍼센트 정도만을 기억해냈다. 이 평균치를 뛰어넘는 데 도움이 되는 방법 중 하나는 듣기를 명상과 비슷한 활동으로 간주하는 것이다. 명상을 할 때처럼, 자각 상태를 유지하면서 산만한 생각을 알아차린 뒤 다시 초점을 회복하는 과정을 반복한다. 하지만 여기서는 호흡이나 심상에 초점을 맞추는 대신 화자에게로 관심을 되돌려놔야 한다.

할 말을 미리 생각하지 말 것

아마도 상대의 이야기에 관심을 집중하는 데 방해가 되는 가장 큰 장애물은 말할 차례가 왔을 때 무슨 말을 할지 고민하는 태도일 것이다. 좀 더 일상적인 차원의 생각들(식품점에 갔을 때 사야 할 물건 목록 등)을 물리치기는 쉽지만, 속으로 답변을 준비하는 과정을 중단하기는 그보다 훨씬 더 어렵다. 대화의 성격이나 중요도에 상관없이, 모든 사람은 말을 더듬거나 잘못된 말을 하는 걸 두려워하기 때문이다.

갈등이 점점 더 심해지고 있는 미국 사회에서는 위험부담이 더 커 보인다. 요즘 사람들은 약간만 모욕을 당해도 상대를 물고 늘어지거나 온라인에 악담을 퍼붓는 경향이 있기 때문이다. 신중하지 못한 발언이나 말실수를 한 사람들은 소셜미디어의 무자비한 댓글들로 인해, 개인적 차원의 굴욕은 물론 사업상의 손실까지도 걱정하게 되었다. 그래서 단어 선택에 신중을 기하는 것이 중요해졌는데, 이 같은 상황은 대화 상대가 말하는 도중에 선택지들을 가늠하도록 우리에게 압력을 가한다.

댄서이자 안무가인 모니카 빌 반스Monica Bill Barnes는 힘 있고 자신감 넘치는 공연으로 유명하다. 그녀가 무대 위에서 당당히 고개를 치켜든 채 유려하면서도 확신에 찬 몸동작을 선보이는 모습은 많은 사람의 감탄을 자아낸다. 그런 그녀조차 자신의 '전체 모습'에 주의를 기울이다 보면 불안감이 엄습해온다고 털어놓는다. 그녀는 이렇게 말한다. "대화를 할 때 항상 완벽할 수만은 없다는 사실을 기억하는 것이 중요한 것 같아요. 듣기란 결국 다음에 무슨 말을 할지 걱정할 필요가 없다는 확신을 품은 채 상대방의 견해나 의견이 자신의 영역 안으로 흘러들도록 허용하는 과정이니까요."

역설적인 것은 방어적인 태도를 취한 채 충분히 귀를 기울이지 않는 태도가 적절치 못한 방식으로 반응할 가능성을 더 높인다는 것이다. 올바른 표현에 신경을 쓰면 쓸수록 상대방의 말을 더 많이 놓치게 되고, 그 결과 말할 차례가 되었을 때 잘못된 말을 할 가능성도 그만큼 더 높아지는 것이다. 듣기를 훈련한 니컬스의 학생들이 토론에서 더 큰 설득력을 발휘한 것처럼, 상대방이 하는 모든 말을 귀담아들을 때 더 적절하게 반응하는 경향이 있다. 그러니, 필요하다면, 상대방이 말을 다 마친 뒤 잠시 멈춰서 무슨 말을 하는 게 좋을지 생각해볼 줄도 알아야 한다. 사람들은 말실수만큼이나 침묵을 두려워하지만, 상대방의 말 뒤에 이어지는 침묵은 당신에게 유리하게 작용할 수도 있다. 그런 침묵은 관심을 나타내는 하나의 신호이기 때문이다.

워싱턴 D.C.에서 일하는 한 외교관은 아내와 결혼을 한 이유에 대해 다음과 같이 말했다. "아내는 제가 말을 다 끝마친 뒤 항상 한두 박자 정도 침묵을 지킵니다. 저는 그녀가 제 말에 대해 생각하고 있다는 걸 느낄 수 있죠." 그런 뒤 이렇게 덧붙였다. "지금 아내는 제 두 번째 아내입니다. 첫 번째 아내와 오래가지 못한 건 서로의 말을 귀담아듣지 않았기 때문이지요." 한편, 상대방의 말이 이해가 가지 않을 때 "무슨 말인지 잘 모르겠어"라고 말해도 괜찮다는 것도 기억해둘 필요가 있다. 또한 "한번 생각해볼게"라고 말할 수도 있다. 상대가 한 말에 대해 생각해볼 시간을 갖는다는 건 그의 말을 존중해준다는 의미이기 때문이다. 동시에 이런 태도는 상대방의 말을 소화해야 하는 우리 자신을 배려하는 데도 큰 도움이 된다.

게다가 항상 흠잡을 데 없는 반응만 내놓는 건 사람들과 교감을 나누는 최상의 방법이 아닐 수도 있다. 자기심리학self-psychology 이론에 따르면, 상대방에게 무례를 범했을 때가 그 행동을 바로잡을 기회이며, 그때 오히려 그 상대와의 유대관계를 강화할 수도 있다. 1960년대에 오스트리아의 정신분석가 하인츠 코후트Heinz Kohut에 의해 처음 도입되고, 지난 10여 년에 걸쳐 더 광범위하게 영향력을 행사하게 된 자기심리학은, 메워진 균열이 관계를 누더기로 만드는 것이 아니라 도리어 관계라는 옷감의 기본 재료가 된다고 주장한다.⁹ 실제로 당신이 신뢰하거나 가장 가깝게 느끼는 사람들을 떠올려보면, 대부분 한때 심한 불화를 겪은 뒤 화해를 한 적이 있는 사람들이라는 사실을 발견하게 될 것이다.

결론은, 다음에 무슨 말을 할지 걱정하는 태도가 우리에게 아무런 도움도 안 된다는 것이다. 반대로 긴장을 풀고 상대의 말에 귀를 기울인다면, 반응의 질도 더 좋아질 것이고, 유대감도 더 강화될 것이며, 마음 상태도 더 편안해질 것이다. 또한 이런 태도를 취하면 더 많은 정보를 받아들일 수 있게 되는 만큼, 대화가 훨씬 더 흥미로워질 것이다. 이 경우 당신은 단어를 들을 뿐 아니라, 여분의 정신력을 활용해 화자의 신체언어와 어조는 물론 맥락과 동기까지도 고려할 수 있게 된다.

누군가를 처음 만나는 상황을 떠올려보라. 우리는 종종 상대가 하는 말(그들의 이름을 포함하여)을 놓치는데, 그건 상대를 이리저리 재고 상대에게 어떤 인상을 심어줄지 생각하느라 제대로 집중하지 못하기 때문이다. 강아지와 처음으로 인사를 나눌 때는 이런 일이 벌어지지 않는다. 주인의 이름보다 개의 이름을 더 잘 기억하는 건 주로 이 같은 사정 때문이다. 하지만 가능한 모든 정신력을 동원해 상대방의 말과 비언어적 신호에 귀를 기울인다면, 대화에 엄청난 흥미를 느끼게 될 것이고, 그 사람의 가치나 취약점 등도 더 빨리 파악하게 될 것이다. 이름을 기억할 가능성이 더 높아지는 건 물론이다.

파티에 가서 여성 두 명을 차례로 만난다고 가정해보자. 한 여성은 자신이 아이비리그 출신이라는 사실부터 털어놓고, 다른 한 여성은 파티에 참석하지 못한 남편 이야기부터 늘어놓기 시작한다. 그들은 당신에게 어떤 의미를 전달하고 싶은 것일까? 아마도 첫 번째 여성이 전달하고자 하는 의미는 '저는 똑똑해요. 존중받고 싶어요'일 것이고 두 번째 여성이 표현하고자 하는 의미는 '전 혼자가 아니에요. 이미 사랑하는 사람이 있어요'일 것이다.

그건 마치 우디 앨런Woody Allen과 다이앤 키튼Diane Keaton이 옥상 테라스에서 어색하게 대화를 나누는 영화 〈애니 홀Annie Hall〉의 한 장면하고도 비슷하다.[10] 그 장면 아래에는 그들의 진심을 나타내는 문장들이 자막의 형태로 나열된다. 듣기 능력이 훌륭한 사람들은 자신의 생각과 걱정거리, 피상적 판단에 매몰되는 대신, 상대의 말 뒤에 숨겨진 의미를 파악해낸다. 또한 그들은 그 아이비리그 졸업생의 악다문 입이나 결혼반지를 만지작거리는 유부녀의 행동 등 미묘한 비언어적 단서들까지도 포착한다. 듣기 능력이 훌륭한 사람들은 남아도는 두뇌 용량을 이런 것들을 알아차리는 데 쓰면서, 단순한 언어 이상의 정보들을 모아들인다.

시간 가는 줄 모를 정도로 대화에 몰두해본 경험이 있을 것이다. 모든 대화가 그와 같이 되지 말란 법은 없다. 곁길로 새나가는 생각을 알아차리고 그런 생각들에 저항을 하면, 상대방의 이야기 속으로 완전히 빠져들 수 있다. 그와 같은 듣기의 경험은 그 순간 우리의 마음을 사로잡을 뿐 아니라, 기억 속에 축적되면서 인격을 형성해나간다. 다시는 대화를 나누고 싶지 않다는 생각이 들 만큼 누군가를 싫어할 때조차 듣기 전략은 도움이 될 수 있다.

몇 년 전 나는 한 유명한 시인을 인터뷰한 적이 있다. 그의 시어는 섬세했고 이해하기도 쉬웠지만 시인 자신은 아주 까칠한 사람이었다. "아는 게 아무것도 없어요?" 내가 그가 흠모하는 작가를 잘 모른다고 말하자 그 시인이 물었다. 니컬스 같은 의사소통 전문가들의 연구에 따르면, 이런 상황에서 사람들은 대부분 듣기를 멈춘다고 한다. 화자의 괴팍한 성격을 비난하면서 되갚아줄 궁리를 하거나 그 자리에서 빠져나올 생각을 하느라 정신력을 다 소모한다는 것이다.

이 까칠한 시인을 인터뷰할 당시, 나는 일 때문에 어쩔 수 없이 그의 말에 계속해서 귀를 기울여야 했다. 그 결과 나는 그 시인이 친분이 있는 유명 인사나 수상한 문학상들의 이름을 대화 속에 끼워넣기 위해 분투하다시피 한다는 사실을 깨달았다. 나를 향한 경멸은 먼저 멸시받는 것을 피하기 위한 일종의 선제공격 같은 것이었다. 그가 자신의 삶과 관심사에 대해 더 이야기를 늘어놓는 동안 드러난 건, 지금 누리는 명예에 대한 불안함과 깊은 우울감이었다. 그의 무례한 언행을 곱씹으며 정신이 산만해졌더라면, 나는 이 점을 놓치고 말았을 것이다. 그와 나눈 대화는 그 스스로 자신의 내면 세계로 향하는 문을 열어주는 듯 하다가도 다시 빈정대는 언급과 함께 문을 쾅 닫아버리고 마는 과정의 반복이었다. 그를 좋아하게 되었다고는 말하지 못하겠지만, 어느 정도 이해할 수 있었고, 심지어는 그에게 연민마저 느끼게 되었다.

7장

말을 잘하기 위한 듣기

반대 의견에 대응하기

하버드 대학교 법학전문대학원에서 협상 과목을 강의하는 질리언 토드Gillien Todd는 상대방의 말을 듣는 동안 항상 자신의 내적 태도를 알아차리라고 가르친다. 그녀는 상대에게 배울 점이 아무것도 없다거나 상대를 열등하고 어리석은 적으로 생각할 경우, 고개를 끄덕이고 시선을 맞추고 상대의 말을 다르게 되풀이해봤자 가식적이라는 인상만 심어줄 것이라고 충고한다. 토드는 학생들에게 "협상을 성공적으로 이끌려면 호기심이라는 내적 태도를 유지해야 합니다"라고 말한다. 이는 자기주장을 증명하거나 함정을 파거나, 상대의 마음을 바꾸거나, 상대를 바보처럼 보이게 만들기 위한 질문이 아니라, 호기심에서 우러나온 질문을 던져야 한다는 것을 의미한다.

학생들에게는 이것이 결코 쉬운 일이 아니다. 대부분 지금까지 자기주장을 뚜렷하고 설득력 있게 내세우는 훈련만 받아왔기 때문이다. 상대 의견에 귀를 기울이면서 자신을 열어젖히는 태도가 자기 의견의 설득력을 약화시키면 어떻게 하나? "제 학생들은 그런 두려움을 아주 뚜렷하게 느낍니다." 토드가 쉬는 시간에 내게 말했다. "학생들은 상대방의 관점에 진심으로 주의를 기울이거나 그들의 관점을 진정으로 이해할 경우 자신의 원래 관점을 잃어버리게 될지도 모른다며 걱정을 하지요."

사람들이 자신의 관점을 지지해주는 개인이나 대중매체에만 귀를 기울이는 것도 주로 이 같은 이유 때문이다. 또한 반대 의견을 제시하는 화자의 말을 끊지 않고 끝까지 들어주는 것이 그토록 힘든 이유도 바로 여기에 있다. 설령 그의 말을 끝까지 들어준다 하더라도 팔짱을 끼거나 한숨을 쉬거나 눈알을 굴리는 등 비언어적 신호까지 자제하지는 못할 것이다. 우리는 거의 자동으로 그런 태도를 취하게 되는데, 이는 우리의 가장 깊고 내밀한 신념이 도전을 받고 있기 때문이다. 우리 자신이 틀렸을 가능성이 조금만 일어나도 우리는 존재 자체가 위협받는 듯한 기분을 느낀다.

서던캘리포니아 대학교의 '뇌와 창의력 연구소Brain and Creativity Institute'에서 일하는 신경과학자들은 확고한 정치적 신념을 지닌 피험자들을 모집한 뒤 자기공명영상 스캐너를 활용하여 그들의 신념이 도전을 받을 때 두뇌 활동이 어떻게 변하는지 관찰해보았다.[1] 결과적으로 그들의 두뇌는 곰에게 쫓길 때와 같은 활동 패턴을 나타냈다. 이런 투쟁 도피 반응이 일어나는 동안 상대방에게 귀를 기울인다는 건("저기 곰 선생님, 왜 저를 쫓아오시나요?") 거의 불가능에 가까운 일이다.

최근 학생 시위자들은 반대되는 견해나 관점에 귀를 기울이는 것이 자신들을 "불안하게" 만든다고 고백한 바 있다.[2] 또한 브루킹스 연구소Brookings Institute에서 미국 전역의 대학생들을 대상으로 수행한 연구에 따르면, 51퍼센트의 학생들이 소리를 질러 반대 의견을 개진하는 연설자를 끌어내리는 것이 "별 문제가 안 된다"고 답했고, 19퍼센트 정도의 학생들은 연설을 막기 위해 무력을 동원하는 것에 찬성했다고 한다.[3]

정치인들 역시 반대자의 의견에 귀를 기울이는 것을 거부하면서, 상대방의 관점을 "위험하다"고 묘사했다.[4] 오늘날에는 정치적 적대자들끼리 화기애애한 모습을 보이는 걸 상상조차 할 수 없게 되었지만, 팁 오닐Tip O'Neill 하원 의장과 로널드 레이건Ronald Reagan 대통령은 서로 다른 당에 속해 있으면서도 백악관에서 함께 술을 마시곤 했다. 언젠가 한번은 언쟁을 끝낸 후 오닐이 레이건에게 "오랜 친구여, 지금까지 한 건 정치 이야기일 뿐이라네. 이제 6시가 지났으니 우린 다시 친구가 될 수 있어"[5]라고 말했다고 한다.[6] 역사가들이 지적하듯, 이들이 사회보장 개혁법안Social Security Reform legislation 통과라는 기념비적 업적을 세울 수 있었던 건, 이처럼 무장해제를 하고 서로에게 기꺼이 귀를 기울이려는 의지가 있었기

때문이다.[7]

애리조나주의 존 매케인John McCain 상원 의원은 레이건의 초당 파주의 정신을 받아들여 평생에 걸쳐 실천에 옮긴 인물이다. 2018년 뇌종양으로 세상을 떠나기 전 그는 동료 의원들에게 협력을 통한 법률 제정의 기본인 '균형 잡힌 질서'를 회복하라는 충고를 남겼다. 그는 의회에 제대로 상정조차 되지 못하는 일방적인 법안을 발의하는 대신 반대편의 입장에 귀를 기울이라고 동료들에게 조언했다. 매케인은 〈워싱턴 포스트The Washington Post〉의 사설에 이렇게 썼다. "상대편과 타협을 하는 게 마음에 내키지는 않겠지만 현실적이고 지속가능한 해결책을 찾아내려면 우리는 그들과 함께해야만 한다. 정치 환경이 극도로 양극화되고 있는 지금, 의회에서 일하는 모든 의원은 미국 국민 앞에서 타협의 가치를 수호할 의무를 지닌다."[8]

만일 매케인이 그 악명 높은 '발언 막대기talking stick' 사건을 일으킨 동료 의원들의 행태를 목격했다면, 그는 아마도 크게 실망했을 것이다.[9] 2018년 발생한 정부 폐쇄government shutdown 기간 동안 메인 주 상원 의원인 수전 콜린스Susan Collins는 예산 협상을 위해 자신의 사무실에 모인 동료들에게 구슬 장식이 달린 화려한 발언 막대기를 들고 발언을 하도록 했다. 토론 과정에 조금이나마 질서를 불어넣기 위한 조처였다. 이 방식은 북아메리카와 아프리카의 토착민들의 전통에서 빌려온 것으로, 오직 막대기를 손에 든 사람만이 발언을 할 수 있도록 했다. 하지만 콜린스의 사무실에서는 이 막대기가 의원들 사이를 날아다니듯 했다. 서로 발언을 하겠다고 나서는 바람에 막대기가 한 사람 손에서 다른 사람 손으로 끊임없이 이동한 것이다.

물론 소셜미디어에서는 차례를 기다릴 필요가 없고, 자신을 불편하게 만드는 견해에 귀를 기울일 필요도 없다. 소셜미디어는 모든 사람에게 자신의 견해를 직접적으로 표출할 기회를 제공해준다는 점에서 민주적이다. 하지만 사람들로 하여금 마음에 드는 견해만 골라서 듣도록 만든다는 점에서 비민주적인데, 이런 태도는 배타적 사고방식과 이른바 '대안적 사실alternative facts'만 양산할 뿐이다.[10] 도널드 트럼프Donald Trump 대통령은 "내 최고의 자문관은 나 자신이다"라는 유명한 말을 남긴 바 있다.[11] 트위터 애용자이기도 한 그는 오늘날 미국 정치 체제에 일어난 근본적 변화를 상징하는 인물이 되었다. 이제는 양 진영에 속한 모든 사람이 온라인상에 자신만의 현실을 창조하면서(비방을 하고, 발언을 차단하고, 마음에 안 드는 글이나 댓글들을 삭제하는 식으로) 자신만의 이야기를 마음껏 늘어놓을 수 있게 된 것이다.

결과적으로 우리는 이제 더 이상 공통된 정보원에 의존하지 않게 되었다. 누구든 즉석에서 견해나 비판을 쏟아낼 수 있게 되었으며, 이런 글들(짧고 자극적인 데다 감탄부호까지 붙어 있는!)은 출처나 동기, 정확성을 따지는 과정 없이 리트윗되거나 '좋아요' 점수를 얻는다. 표현은 상대방과 직접 이야기를 나눌 때보다 훨씬 더 거칠어졌고, 그 결과 대화는 불신과 독설, 불안만 양산해내는 무례하고 정치색 강한 논쟁으로 전락해버리고 말았다.

이는 다시 곰에게 쫓기는 듯한 느낌을 떠올리게 한다. 퓨 리서치 센터The Pew Research Center는 상당수의 미국 국민이 반대편 정치진영에 속한 사람들에게 분노와 좌절감을 느낄 뿐 아니라, 그들에 대해 두려움마저 느낀다는 사실을 드러냈다.[12] 예컨대, 민주당 지지자의 55퍼센트 정도는 공화당이 두렵다고 말했고, 공화당 지지자의 49퍼센트는 민주당 사람들이 무섭다고 답했다고 한다. 또한 오래도록 정치 연구원으로 일해온 프랭크 런츠Frank Luntz는 1,000명을 대상으로 정치적 대화에 관한 인터뷰를 진행한 결과, 2016년 대선 이후 정치적 견해 차이로 인해 가족 구성원이나 친구들과 대화를 중단한 경험이 있는 사람이 거의 3분의 1에 달한다는 사실을 발견했다.[13]

애리조나 대학교의 '절제된 의견 교환을 위한 연구소The National Institute for Civil Discourse●'에 따르면, 2016년 이후로 정치 문제 때문에 가족이나 동료들이 서로에게 등을 돌리는 상황을 해결해달라는 요청이 급증했다고 한다. 매사추세츠주 케임브리지에 있는 비슷한 조직인 에센셜 파트너스Essential Partners 역시 정치적 반감으로 갈라선 사람들을 중재해달라는 전화가 쇄도하고 있다고 보고해왔다.

연구소 소장인 캐럴린 루컨스마이어Carolyn Lukensmeyer는 얼마

● 2011년 애리조나주 연방 하원 의원이었던 개브리엘 기퍼즈Gabrielle Giffords 피격 사건이 일어난 직후에 설립되었다.

전까지만 하더라도 연구소의 업무가 극단으로 치우친 주 의원들을 상담하는 것으로 제한되어 있었다고 말했다. "하지만 이제 우리는 일상으로까지 번져나간 극단적 파벌주의에 대응하지 않을 수 없게 되었어요. 요즘 사람들은 일터나 가정, 학교, 교회 등지에서 서로를 비난하거나 악마로 만들곤 하지요." 그녀가 말했다. "서로를 향한 반감과 적대감의 수준이 이미 도를 넘어섰다고 봐야 할 것 같아요."

하지만 상대를 향한 경각심이나 이념 대립을 촉발하는 "아냐, 이 멍청아!"와 같은 격렬한 반응을 누그러뜨리는 것은 가능하다. 질리언 토드가 학생들에게 말했듯이 분노나 짜증, 경각심 대신 고요하고 개방적이고 호기심 넘치는 태도를 취해야 한다는 점을 기억하면 이런 반응들을 가라앉힐 수 있다. 게다가 상대방에게 귀를 기울이면 상대가 어떻게 그런 결론에 도달하게 되었는지 이해할 수 있고, 그로부터 무엇을 배울 수 있는지(그것이 당신의 견해를 변화시키든 뒷받침하든)도 알아낼 수 있다. 그러니 반대 의견을 품은 사람들에게 적대감을 표출하고 싶은 충동을 느낄 때마다 숨을 고르면서 질문을 던지도록 노력해보라. 상대방의 논리적 결점을 드러내기 위한 질문이 아닌, 그들의 입장을 진정으로 이해하는 데 도움이 되는 그런 질문들 말이다.

사실 우리는 자신이 가진 신념을 공격에 노출시킨 이후에야 비로소 그 생각에 대한 확신을 얻을 수 있다. 자신감 있는 사람들은 자신의 의견과 다른 의견에 짜증을 내지도 않고 상대방의 의견을 논박하기 위해 온라인상에서 악담을 퍼붓지도 않는다. 또한 마음이 안정된 사람들은 상대방에 대해 충분히 알기 전까지 상대를 어리석거나 악의적인 사람으로 낙인찍지 않는다. 사람의 인격은 간판이나 정치적 입장을 훨씬 더 능가하기 때문이다. 게다가 진정으로 효과적인 반론은 다른 사람의 관점과 그 사람이 그런 관점을 취하게 된 이유를 완전히 이해할 때라야 비로소 가능해진다. 따라서 우리는 다음과 같은 질문들을 던져봐야 한다. '그는 어떻게 해서 그런 입장에 도달하게 된 것일까?', '나는 어떻게 해서 이런 입장을 취하게 된 것일까?' 듣기는 상대방을 이해한 뒤 반응할 수 있도록 하는 유일한 수단이다. 이뿐만 아니라 듣기는 또 다른 듣기의 출발점이 되기도 한다. 당신이 귀를 기울여준 사람은 당신에게 기꺼이 귀를 기울일 것이기 때문이다.

불확실성에 대한 두려움

정치적 이념이든 비즈니스 거래에 관한 것이든, 일상에서 의견 충돌이나 다툼을 피할 수는 없다. 듣기 연구의 아버지인 랠프 니컬스는 논쟁에 휘말릴 때마다 상대의 주장에 담긴 결점을 찾으려 애쓰기보다 자기 자신이 틀렸을 가능성에 귀를 기울이라고 조언했다. 귀를 틀어막거나 상대를 당신의 삶 밖으로 밀쳐내려 하지 말아야 하는 건 물론이다. 이런 태도는 관대한 정신을 필요로 하는데, 자기 자신이 틀렸거나 최소한 완전히 옳지는 않을 가능성을 열어둔다면 당신은 그 대화로부터 훨씬 더 많은 것을 얻어낼 수 있을 것이다.

이 접근법은 과학적인 근거가 뒷받침한다. 과학자들은 고차원적 사고에 몰두할 때는 편도체amygdala의 활동이 억제된다고 한다.[14] 편도체란 두뇌의 원시적인 부분에 위치한 아몬드 형태의 조직으로, 위협에 반응할 수 있도록 몸을 준비시키는(빠른 맥박, 긴장된 근육, 확장된 동공 등) 역할을 담당한다. 뱀을 보자마자 본능적으로 펄쩍 뛸 수 있는 것도, 날아오는 물건을 보았을 때 반사적으로 옆으로 피할 수 있는 것도 다 편도체 덕분이다. 하지만 편도체는 차가 앞으로 끼어들었을 때 맹목적인 분노를 퍼붓도록 만들기도 하고, 기분이 상했을 때 SNS상에 도가 넘는 욕설을 쏟아내도록 자극하기도 한다. 이성과는 거리가 먼 기관인 것이다.

여러 연구들을 보면 편도체의 활동과 주의 깊은 듣기를 주관하는 두뇌 영역의 활동 사이에 역의 관계가 존재한다는 점을 알 수 있다.[15] 즉, 이 두뇌 영역들 중 한 곳이 활성화되면 다른 한 곳은 비활성화된다. 이처럼 편도체의 활동은 이성과 판단을 흐리게 함으로써 우리를 경솔하고 비이성적인 사람으로 만들어놓는다. 변호사들이 의뢰인과 함께 재판에 대비하면서 의뢰인을 상대로 엄격한 반대신문을 쏟아내는 것은 사실상 의뢰인에게 편도체를 누그러뜨리는 훈련을 시키는 것이다. 그래야 실제 재판에서 허둥대거나 적대적인 태도로 답변하는 실수를 저지르지 않을 것이기 때문이다.

듀크 대학교의 심리학 및 신경과학부 교수인 아마드 하리리Ahmad Hariri의 연구에 따르면, 흥미롭게도 편도체 활동이 과도한 사람들이 불안감과 우울감으로 고통받을 가능성 또한 더 높다.[16] 그의 연구소에서는 스트레스를 받는 동안 사람들의 편도체가 자극을 받는 다양한 정도에 대해 연구를 진행해왔다. 예를 들어, 흔히들 말하는 '헬리콥터 부모'를 둔 아이들은 곤경에 처했을 때 편도체의 활동이 과하게 자극받는 경향이 있다고 한다.[17] 그들이 위험을 과하게 느끼는 이유는 아마도 부모가 항상 힘든 일을 대신 처리해주곤 했기 때문일 것이다. 또한 자폐증이 있는 사람들은 연령대에 따라 편도체 신경세포neuron의 양이 크게 달라진다고 한다.[18] 어린 시절에는 신경세포가 과도하게 많아 극도로 예민하지만, 성인이 되었을 때는 신경세포가 지나칠 정도로 줄어 둔감하고 무덤덤하다는 것이다.

하리리가 말했듯이, 편도체는 얼마 전까지만 하더라도 우리가 사자나 호랑이, 곰 등과 같은 실제 위협에 대처할 수 있도록 도왔다. 하지만 오늘날에는 편도체 활동과 관련된 사회적 거부나 고독함, 외면 등이 우리의 가장 큰 걱정거리가 되었다. "우리가 자연의 지배적인 종으로 군림할 수 있었던 건 서로에게 배우면서 도움을 주고받는 사회성 덕분이었습니다. 하지만 사회성은 우리를 비난과 모욕에 더 취약하게 만들어놓았지요." 그가 말했다. "이제는 다른 사람들이 우리의 가장 큰 위협 요인으로 자리 잡게 되었습니다. 이런 상황이 사회불안의 형태로 표출되는 것이지요."

이는 의견 차이가 발생했을 때 사람들이 왜 서로에게 귀를 기울이기보다 흥분하고 소리를 지르면서 싸움을 벌이는 쪽을 택하는지를 설명해준다. 문제의 순간 우리 두뇌의 원시적인 부분이 단순한 의견 차이를 사회적 차원의 거절로 해석해, 혼자가 되어 보호받지 못하는 상황에 대한 두려움과 분노가 우리를 지배하기 때문이다. 정치적 견해 차이 때문에 가족들 간의 단란한 저녁 식사 시간이 엉망이 되는 것도, 〈스타워즈Star Wars〉나 〈스타트렉Star Trek〉에 대한 선호도 같은 사소한 문제 때문에 친구들 사이에 주먹다툼이 일어나는 것도(오클라호마에서 실제로 일어난 일로, 당사자들은 폭행죄로 체포된 바 있다) 다 이 때문이다.[19] 하지만 듣기는 우리를 안전하게 보호해줄 뿐 아니라 종족 차원의 번영까지도 약속해준다. 물론 편도체의 활성화에서 비롯되는 방어적 반응만 극복할 수 있다면 말이다.

'적극적 경청'이라는 용어를 도입한 심리학자 칼 로저스에 따르면, 반대되는 관점에 귀를 기울이는 것만이 인간적으로 성장하는 유일한 길이라고 한다. 그는 이렇게 말했다. "저는 여전히 제 생각을 재조정하는 걸 싫어하고, 인식하거나 개념화하는 오래된 방식을 포기하는 것도 싫어하지만, 좀 더 깊은 차원에서는 이런 고통스러운 재조직 과정이 바로 흔히들 말하는 '배움'이란 사실을 깨닫기 시작했습니다."[20]

물론 그렇다고 해서 다른 의견에 귀를 기울이는 것이 쉽다는 말은 아니다. 유권자들을 의식해 기존의 관점을 확고하게 유지하겠다고 선언하는 정치가들이나, 자기 신념을 확인받기를 원하는 청중들을 상대하는 방송 진행자들에게는 이런 태도를 취하는 것이 결코 쉬운 일이 아니다. 이는 우리에게도 마찬가지인데, 왜냐하면 요즘 사람들은 점점 더 자신의 정치적 입장이나 이념에 동의하는 사람들로 사회적 관계망을 축소시키고 있기 때문이다.

오늘날에는 반대 견해를 지닌 사람들과 관계를 맺는 것이 반역 행위처럼 간주된다. 진보적 성향의 한 조경가는 어린 시절 친구와 더 이상 이야기를 나누지 않겠다고 말했다. 페이스북에서 그가 트럼프 지지 집회에 참석한 사진을 보았기 때문이다. 그녀는 이렇게 말했다. "그는 되돌릴 수 없는 일을 저질렀어요. 어떤 설명도 그의 행동을 정당화시켜주지 못할 거예요." 이와 마찬가지로 한 비행기 조종사는 버니 샌더스Bernie Sanders나 알렉산드리아 오카시오코르테스Alexandria Ocasio-Cortez 같은 '극좌' 정치인들을 지지하는 동료하고는 함께 비행을 하지 않을 생각이라고 말했다. "그런 정치가들을 지지한다는 건 판단력이 떨어지고 기본적인 분석 능력조차 결여되어 있다는 증거이지요." 그가 말했다.

영국의 낭만주의 시인인 존 키츠John Keats는 1817년 자신의 형제에게 "탁월한 사람이 되려면 '부정적 역량negative capability'을 갖춰야 한다"는 내용의 편지를 쓰면서, 부정적 역량을 '불확실성과 모호함, 의심의 상태에서 편안하게 머물 수 있는 능력'으로 정의했다.[21] 듣기 능력이 훌륭한 사람들은 바로 이런 부정적 역량을 지닌 사람들이다. 그들은 모순되는 개념이나 애매모호한 상태를 편안하게 받아들일 수 있다. 듣기 능력이 훌륭한 사람들은 대부분의 현상에 겉으로 드러난 것 이상의 의미가 내포되어 있다는 사실을 잘 알고 있으며, 말끔한 해명이나 즉각적인 해답을 이끌어내기 위해 발버둥 치지도 않는다. 아마도 편협한 사고의 정반대편에는 이런 태도가 자리 잡고 있을 것이다. 또한 부정적 역량은 사물을 바라보는 새로운 관점으로 우리를 이끈다는 점에서 창의성의 뿌리라고도 할 수 있다.

심리학 문헌들은 이런 부정적 역량을 '인지 복잡성cognitive complexity'이라고 표현하는데, 여러 연구들은 인지 복잡성이 자기자비self-compassion와는 양의 상관관계, 독단적 태도와는 음의 상관관계에 있다는 점을 보여준다.[22] 인지 복잡성이 높은 사람들은 개방적인 태도로 모든 견해를 두려움 없이 들을 수 있는 만큼, 정보를 저장하고 기억하고 조직하고 생산해내는 능력도 그만큼 더 뛰어나다. 그래서 정보를 결합하여 새로운 아이디어를 떠올리는 데도 더 능숙하다. 이뿐만 아니라 인지 복잡성은 더 나은 판단을 하고 더 온전한 결정을 내리는 데도 도움이 된다.[23]

애플의 공동 창립자 스티브 잡스Steve Jobs는 최고경영자인 자신의 생각에 반대하는 것을 두려워하지 않고 각자의 고유한 아이디어를 대범하게 밀어붙일 수 있는 사람들을 고용한 것으로 유명하다. 심지어 애플에서는 매년 잡스에게 가장 적극적으로 맞선 사원들에게 상까지 주었다고 한다.[24] 잡스는 그런 태도를 사랑했다. 그는 어쩌면 상대를 거칠게 대하는 경향이 있는 자신을 압박해 다른 사람들의 말에 귀를 기울일 수 있도록 도와줄 사람을 찾고 있었던 것인지도 모른다. 한번은 어떤 직원이 잡스와 논쟁을 벌이다가 지쳐서 포기했다고 한다. 하지만 그 직원은 여전히 잡스가 틀렸다고 확신하고 있었다. 직원이 옳았다는 사실이 밝혀졌을 때 잡스는 그를 이렇게 꾸짖었다.[25] "내가 틀렸다는 사실을 입증하는 것이 당신의 임무였어요. 그런데 당신은 실패하고 말았군요!"

이와는 대조적으로 애플의 수석 디자이너로 일하면서 아이맥과 아이폰, 아이팟, 아이패드 등 주요 제품들의 개발 과정을 감독한 조너선 아이브Jonathan Ive는 "조용한 사람들이 목소리를 낼 수 있도록 하는 것"이야말로 관리자의 가장 중요한 임무라고 말한 바 있다. 잡스와 아이브는 듣기에 대한 접근법이 달랐지만(아마 귀를 기울이는 능력도 달랐을 것이다), 그들 모두는 듣기의 중요성을 이해하고 있는 듯 보인다. 듣기는 창의성의 원동력이다. 듣기 없이는 욕망을 이해할 수도 없고, 문제를 탐지하기도 힘들고, 우아한 해법을 고안해낼 수도 없다.

듣는다는 것은 누군가에게 동의한다는 것을 뜻하지 않는다. 단지 상대의 관점도 타당할 수 있다는 사실과 상대에게도 배울 만한 점이 있을 수 있다는 사실을 받아들이는 것을 의미한다. 또한 다수의 진실이 존재할 수 있다는 사실과, 그 모든 진실을 다 이해할 경우 더 큰 진리에 도달하게 될 수도 있다는 사실을 받아들이는 것을 의미한다. 듣기 능력이 훌륭한 사람들은 이해의 과정이 이분법적이지 않다는 점을 잘 안다. 즉, 이해는 하거나 못 하거나의 문제가 아니다. 언제든 향상될 수 있는 것이다.

3부

원하는 것을 얻는 듣기

YOU'RE NOT LISTENING

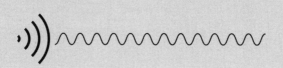

8장

빅데이터 시대의 듣기

중요한 것들은 양으로 측정되지 않는다

애리조나의 유카와 선인장이 자라는 고원 휴양지에서 해마다 열리는 질적 연구 상담가 협회Qualitative Research Consultants Association의 컨퍼런스는, 진정성 있는 대화라고는 찾아볼 수 없는 불협화음의 장이었다. 그 컨퍼런스는 듣기 전문가들의 모임이었음에도 놀라울 정도로 시끌벅적하고 어수선했다. 참가자들은 미국 원주민을 테마로 한 미팅룸들 사이의 좁은 길을 재빠르게 이동하면서, 바닥에 깔린 카펫 위에 서둘러 움직인 흔적들을 남겨놓았다. 내 가방에 든 컨퍼런스 안내 책자에 따르면, 이 컨퍼런스는 "드러내고, 공유하고, 통찰을 얻는 기술에 통달하는 데 초점을 맞추기 위한" 행사였다. 그런데 주최 측에서는 일출 시간에 진행되는 요가 프로그램과 오후에 문을 여는 아이스크림선디 바까지 준비를 해둔 상태였다.

질적 연구 상담가들은 주로 기업체나 정부 기관, 정치 후보자 등에 고용되어 자문하는 역할을 담당한다. 대중이 자신들의 제품이나 플랫폼, 로고, 광고 등을 어떻게 생각하는지 알고자 할 때, 의뢰인들은 흔히 '퀄qual'이라 불리는 질적 연구 상담가들에게 연락을 취한다. 지난 수십 년간 질적 연구의 전형적인 방법은 표적 집단들 focus groups을 심층적으로 인터뷰하는 것이었지만, 컨퍼런스의 내용으로 보건대, 요즘에는 탁자 주위에 둘러앉아 의견을 나누는 것보다 기술에 의존한 더 빠르고 저렴한 방식을 채택하는 것이 대세인 것처럼 보였다.

컨퍼런스의 전시관은 제품들을 판매하는 업체들로 가득했는데, 직원들은 대중의 말을 듣지 않고도 그들의 의견과 동기, 신념, 욕망 등을 파악할 수 있게 해주겠다고 선전을 해댔다. 한 부스에는 눈동자의 팽창과 체온, 혈압, 심박수 등과 같은 신체 각성 신호를 추적하는 구글 글래스Google Glass 형식의 생체인식 장비가 비치되어 있었다. 그리고 장비 옆에는 사용자들 스스로 그 제품이나 서비스에 대해 느낀 바를 표현할 수 있도록 컴퓨터 프로그램이 마련되어 있었다. 사용자들은 새끼 고양이와 뱀 이미지 중 하나를 선택함으로써 제품에 대한 호불호를 표현했다.

컨퍼런스 휴식 시간 동안에는 코걸이를 한 어떤 젊은 여성이 질적 연구 상황에 데이팅 앱인 틴더Tinder나 스냅챗Snapchat, 카우치서 핑Couchsurfing을 적용하는 방법에 대해 프레젠테이션을 진행했다.

그녀는 우리에게, 예컨대 여성위생제품이나 냉동식품 등에 관한 질문에 답변을 하도록 피험자들을 끌어들이려면 소셜미디어를 어떻게 활용해야 하는지 설명해주었다. 파워포인트 프레젠테이션 도중 그녀는 자신의 틴더 프로필을 보여주기도 했는데, 프로필 사진은 대부분의 틴더 프로필이 그렇듯 비현실적으로 꾸며져 있었다. 게다가 사진 속의 그녀는 오토바이 위에 걸터앉아 다리를 양쪽으로 벌리고 있었다. 그 모습이 못마땅했는지, 세련된 안경과 단아한 구두를 착용한 한 여성 청중은 자신처럼 나이가 많은 사람의 프로필 사진으로도 참가자를 모집하는 것이 가능한지 질문을 던졌다. 그러자 내 뒤에서 누군가가 틴더 사이트에는 그 어떤 여성의 요청이라도 받아들일 "두꺼비 같은 녀석들"이 수두룩하다고 중얼거렸다.

그 순간 나는 표적 집단 면접법의 창시자 로버트 머튼Robert Merton이 무덤 속에서 탄식하는 모습을 상상하게 되었다. 전시였던 1940년대에 컬럼비아 대학교의 사회학자 머튼은 선전 문구propaganda 연구를 위해[1] 미국 전시정보국Office of War Information에 고용된 적이 있었다.[2] 그의 주된 임무는 미국인에게 가장 효과적인 반나치 anti-Nazi 메시지를 찾아내는 것이었다. 이때 머튼은 표적 집단 면접법을 활용했는데, 작은 집단을 모집해놓고 구체적이고 탐색적인 질문들을 던진 뒤 그들의 반응을 기록하는 식으로 진행되었다.[3] 이 방법은 예전의 방식, 즉 더 많은 사람을 모아놓고 일반적인 질문들을 던진 뒤 녹색(좋아요)이나 붉은색(싫어요) 버튼을 누르게 하는 방법보다 훨씬 더 효과적인 것으로 입증되었다.

정보국 임원들은 나치를 피에 굶주린 야만인으로 묘사하는 것이 국민의 참전 욕구를 자극하는 데 도움이 될 거라고 생각하고 연구를 진행했다. 하지만, 진실은 정반대였다. 즉, 사람들은 그런 문구가 등장했을 때 붉은색 버튼을 눌렀다. 머튼은 집단 면접법을 통해 그 이유를 밝혀낼 수 있었는데, 사람들이 위협적인 문구에 부정적 반응을 보인 건, 자국의 청년들이 나치에 의해 학살을 당할까 봐 걱정했기 때문이었다. 머튼이 발견한 바에 따르면, 명예와 민주주의, 합리성 등 미국적 가치를 강조하는 문구가 대중을 결집시키는 데 훨씬 더 효과적이다.

얼마 지나지 않아 미국의 기업과 광고주들은 '머튼의 마법'●에 대한 소문을 듣게 되었다. 머튼의 방법이 제품에 미친 영향력을 보여주는 초기 사례 중 하나로는 베티 크로커Betty Crocker 케이크 믹스를 들 수 있다. 이 제품에는 계란 분말이 포함되어 있어서 소비자가 할 일은 물을 부어넣는 것 정도가 전부였다. 하지만 이 케이크 믹스는 미국 가정주부들 사이에서 인기를 얻지 못하고 있었는데, 당시 표적 집단이 그 이유를 밝혀냈다. 조리법이 너무 간단해서 여성들이 일종의 죄책감을 느낀다는 것이다.

그래서 베티 크로커의 브랜드 중 하나인 제너럴 밀스General Mills는 가정주부들이 좀 더 적극적으로 조리 과정에 참여할 수 있도록 계란 분말을 뺀 믹스를 만들어내기 시작했다. 이 케이크를 조리하

● 재미있게도 머튼은 대학 교수가 되기 전에 마술사로 활동한 경력이 있다.

려면 물을 부을 뿐 아니라 계란도 깨서 넣어야 했으므로 소비자들은 약간이나마 정직한 노력을 기울인다는 느낌을 받을 수 있었고, 계란 분말 대신 사용한 날계란이 케이크를 더 부드럽게 만들어주기도 했다. 하지만 어쨌든 이런 변화가 가능했던 건 표적 집단인 소비자들에게 귀를 기울인 덕분이었다.[4]

그 후로 표적 집단은 매장 선반에 진열된 수많은 제품의 외관이나 모양은 물론, 그 내용까지 결정하게 되었다. 현재까지도 표적 집단은 제품 개발 과정과 서비스 제공 방식, 텔레비전 프로그램 편성 등에 엄청난 영향력을 행사하고 있다. 정치 후보자들 역시 옹호할 만한 정치적 이슈와 호감 가는 헤어스타일 등을 결정하기 위해 표적 집단을 활용하고 있다.

그렇지만 오늘날에는 빅데이터를 토대로 의사결정을 내리는 경우가 점점 더 늘어나고 있다. 요즘에는 표적 집단 인터뷰 같은 질적 연구 방법보다는 온라인 분석이나 소셜미디어 모니터링, 통신 추적 등 양적 접근법이 선호되는 추세다. 이는 부분적으로는 활용 가능한, 소비자들의 온라인 정보가 폭증했기 때문이다. 하지만 표적 집단 1개당 600만~900만 원인 인터뷰 비용을 감당하기 힘들기 때문이기도 하다. 이뿐만 아니라 경험이 없는 표적 집단 참가자들을 갈수록 구하기가 힘들어지고 있다. 표적 집단 연구가 빈번해짐에 따라 자기 의견을 제공하는 것을 부업으로 삼는 사람들마저 생겨나게 된 것이다. 그들은 2시간 인터뷰한 대가로 5만 원에서 10만 원 정도를 받으며, 그래놀라 바와 엠앤엠 땅콩 초콜릿도 무한대로 먹을 수 있다.

검증 과정을 도입하여 6개월 내에 한 번 이상 참가하는 사람들을 걸러내려고도 해보았지만 소용없는 일이었다. 사람들이 거짓말을 했기 때문이다.[5] 한 상습적인 표적 집단 참가자는 온라인에 자신만의 노하우를 글로 남기기도 했다. "그 사람들이 '지난해에 트레드밀 운동기구를 구입했나요?'처럼 이상한 질문을 던지면 그냥 '네'라고 하세요. 그게 그 사람들이 원하는 답변이니까요." 그는 한 주 동안 표적 집단에 네 번이나 참가한 적도 있었다.

하지만 표적 집단의 이 같은 결함들에도 불구하고, 마케팅 및 광고 부서의 임원들은 '표적 집단 애호가들focus groupie'의 말이라도 듣는 것이 숫자로 뒤덮인 표만 들여다보는 것보다 더 도움이 될 때가 많다고 말한다. 역설적이게도, 사용자들의 정보를 판매하는 테크놀로지 기업들조차 고객에게 더 나은 서비스를 제공하는 방법을 알아내기 위해 표적 집단에 의존하고 있었다. 보스턴에 위치한 한 재정 서비스 회사의 마케팅 팀장은 내게 이렇게 말했다. "표적 집단의 가장 큰 이점은 체크박스나 수치 따위를 들여다볼 필요 없이 사람들의 실제 반응을 들을 수 있다는 것입니다."

나는 표적 집단 인터뷰 과정을 지켜보면서, 참가자들이 한쪽이 유리창인 거울 뒤편에서 다른 사람들이 자신들을 지켜본다는 사실을 너무나도 빨리 잊어버린다는 점에 깊은 인상을 받았다. 그들은 그 거울을 보면서 자신들의 치아 상태를 확인했고 머리를 정돈했으며, 거울에 비친 자신의 모습을 보고 인상을 찌푸리기도 했다. 나와 10여 명에 달하는 마케팅 및 광고 부서 직원들은 그들의 이 같은 행동을 지켜보면서 웃음을 참느라 애를 먹어야 했다.

　무엇보다도 중요한 건 참가자들이 공공시설이나 발한억제제 등 다양한 주제에 대해 논의하는 동안 남의 눈을 전혀 신경 쓰지 않았다는 사실이다. 참가자들 중에는 이런 인터뷰에 통달한 사람들도 섞여 있을 것이라는 나의 강한 의심에도 불구하고(한 여성에게 자기 자리이니 비키라고 말한 그 청년처럼), 나는 매번 인터뷰가 진행될 때마다 그 제품이나 서비스를 파는 데 도움이 될 만한 무언가를 배웠다는 기분을 분명히 느낄 수 있었다.

　그렇지만 획득된 정보의 양은 인터뷰 중재자의 태도에 따라 크게 달라졌다. 내가 본 중재자들 중 일부는 끔찍할 정도로 참가자들의 말을 무시했다. 그들은 참가자들의 말을 끊었고, 가끔씩 조롱을 하기도 했으며, 유도성 질문을 던지기도 했고, 더 할 말이 있어 보이는 참가자에게 제대로 발언 기회를 주지도 않았다. 아마도 이런 중재자들이 뉴코크New Coke나 치토스 립밤Cheetos lip balm, 할리 데이비슨 향수Harley-Davidson perfume 같은 실패작들의 표적 집단 인터뷰를 이끌었을 것이다. 그렇지만 다른 중재자들은 상대의 말에 귀를 기울이는 능력과 정보를 이끌어내는 능력이 매우 뛰어났다. 그들은 소심한 사람들을 격려하고 허풍쟁이들을 제어하면서 이야기와 통찰이 자연스럽게 흐를 수 있는 분위기를 조성했다.

전문가의 듣기 노하우

그중 가장 대표적인 사람이 바로 나오미였다. 그녀의 본명은 나오미 헨더슨Naomi Henderson이었지만, 표적 집단 연구공동체 내에서 그녀는 비욘세나 리애나, 셰어, 마돈나처럼 나오미라는 이름으로 널리 알려져 있었다. 그녀가 질적 연구 상담가 협회의 컨퍼런스 장소에 나타나자, 사람들은 대화를 멈추고 서로를 팔꿈치로 찌르면서 "봐, 나오미야"라고 속삭여댔다. 컨퍼런스 참석자들은 그녀의 책 《탁월한 중재의 비밀Secrets of a Master Moderator》을 손에 들고 그녀 주위로 몰려들어 사인을 부탁하기도 했다.

올해 76세인 나오미는 거의 50년에 달하는 기간 동안 세계 전역의 표적 집단들을 중재해왔고, 현재까지도 가장 영향력 있는 중재자이자 교육자로 널리 인정받고 있다. 질적 연구 분야에 종사하는 사람들은 메릴랜드주 록빌에서 열리는 나오미의 리바 연수프로그램RIVA Training Institute을 이수했다는 사실을 하버드나 예일 대학교를 졸업한 것만큼이나 자랑스럽게 생각한다.

큰 키에 적갈색 염색머리와 황갈색 눈동자가 인상적인 나오미가 이끈 표적 집단들은 앤트 제미마Aunt Jemima 식품과 아메리칸 익스프레스 센추리온American Express centurion 라운지의 외관을 결정지은 바 있다.[6] 또한 그녀가 던진 질문들은 켄터키 프라이드 치킨KFC의 슬로건인 "닭은 우리가 제대로 요리한다!"를 낳았을 뿐 아니라, 빌 클린턴Bill Clinton의 남부 억양이 유권자들에게 반감을 산다는 사실 또한 알아냈다.

"당시 클린턴은 아이비리그 대학을 졸업한 로즈 장학생Rhodes Scholar이었고 아칸소 주 주지사이기도 했어요. 우리는 이런 그가 왜 지푸라기를 입에 문 채 맥주를 마시고 오픈 트럭을 모는 시골 청년인 양 행세하고 싶어 하는지 알아내야 했죠." 나오미가 깊고 부드러운 목소리로 말했다. "표적 집단 참가자들은 '우리는 편하게 접근할 수 있는 사람보다는 우러러볼 수 있는 누군가를 원해요'라고 말하곤 했습니다."

나오미와 시간을 보내다 보면 그녀가 사람들과 얼마나 쉽게 친해지는지 실감할 수 있을 것이다. 상대가 백만장자이건 트레이더 조Trader Joe's 매장 계산원이건, 그녀는 상대방의 눈높이에 맞게 자신의 관점을 변경하는 놀라운 재능을 보유하고 있었다. 그것은 6,000건이 넘는 표적 집단 인터뷰를 진행하는 과정에서 획득한 기예였다. 그녀가 이끈 표적 집단의 구성원들 중에는 정관수술을 했다가 다시 되돌린 남성, 창녀, 집안을 강박적으로 깨끗이 유지하는 가정주부, 두 번 이상 유산을 겪은 여성, 탈세자, 대형 픽업트럭 운전사도 있었다. 현재까지 그녀는 5만 명이 넘는 사람들의 목소리에 전문적으로 귀를 기울여왔다.

그녀의 가장 탁월한 재능 중에는 상대방의 이야깃거리를 빼앗지 않는 선에서 질문을 던지는 능력도 포함된다. 예를 들어, 사람들이 밤에 쇼핑을 하는 이유가 궁금했던 한 식품 체인점의 의뢰로 표적 집단 인터뷰를 진행하는 동안, 그녀는 참가자들에게, "낮에 시간이 없었기 때문에 밤에 쇼핑을 하는 건가요?", "일부러 한적한 밤 시간대를 골라서 쇼핑을 하는 건가요?", "혹시 늦은 시간을 선호하는 이유가 밤 시간대에 새 물건이 들어오기 때문인가요?" 등과 같은 노골적인 질문들을 던지지 않았다. 이 질문들 모두는 밤에 쇼핑을 하는 합리적 이유를 담고 있는 만큼, 동의 여부를 확인하는 식으로 답변을 이끌어낼 수 있었을 텐데 말이다.

또한 나오미는 왜 하필 밤에 쇼핑을 하는 건지 직접 묻지도 않았다. "왜?"라는 질문은 사람들의 방어 심리를 부추겨 자신의 행동을 정당화하게 만드는 경향이 있기 때문이다. 대신 나오미는 질문을 일종의 초대로 전환시키곤 했다. 언젠가 한번은 이런 식으로 물은 적이 있다. "제게 밤 11시 이후에 식품점에 간 경험에 대해 이야기해주실 분?" 그러자 그 시점까지 거의 아무 말도 하지 않고 조용히 있던 여성이 손을 들고 이렇게 말했다. "당시 저는 마리화나를 피운 뒤 벤과 제리하고 셋이서 잠자리를 함께할 생각이었어요." 사람들이 나오미를 고용하는 건 사람들의 사생활을 깊이 있게 드러내는 이 같은 재주 때문이다.

나오미는 1940년대에 루이지애나에서 혼혈아로 태어났는데, 그녀의 아버지는 미군 최초의 아프리카계 미국인 헬리콥터 조종사였던 조지프 헨리 헤어스톤Joseph Henry Hairston이었다.[7] 아버지의 직업으로 인해 나오미는 열 살이 되기 전까지 초등학교를 열세 번이나 옮겨 다녀야 했다. 그 후 그녀는 1950년대에 워싱턴 D.C.에서 중학교를 졸업한 흑인 일곱 명 중 한 명으로 주목받았다. "저는 어린 시절의 경험이 제 직업에 밑거름이 되어주었다고 생각해요." 나오미가 말했다. "저는 주변 사람들과 쉽게 교감을 나누는 방법을 어떻게든 터득해야만 했거든요." 그녀는 자신이 전학생인 동시에 집단적 거부의 대상이기도 했기 때문에 "사람들의 말에 귀를 기울인 뒤 빠르게 판단을 내리는 법"을 배우게 된 것이라 털어놓았다.

나오미와 이야기를 나눈 곳은 비가 오는 날 록빌에 있는 그녀의 식민지 양식 주택에서였다. 밖에서 비를 맞은 나는 식탁 테이블에 앉았는데, 바닥에 떨어진 빗물은 나오미의 중재술로 탄생한 또 다른 제품인 스위퍼Swiffer로 즉시 닦아냈다. 스위퍼는 "레이저 앤 블레이즈razor-and-blades"• 모델에 기반을 둔 인기 있는 청소도구로, 걸레 자루 같은 긴 막대기와 교체 가능한 청소용 헝겊으로 구성되어 있었다. "제가 스위퍼를 창안해낸 건 아니지만, 그 제품이 만들어질 때 저도 거기 있었지요." 나오미가 말했다.

스위퍼는 부분적으로는, 좋은 아내나 어머니가 되려면 집안을 깨끗하게 유지해야 한다고 믿는 강박증적 청소 애호가들을 인터뷰한 데서 비롯된 산물이었다. 나오미가 그런 성향을 지닌 여성들을 인터뷰하면서 그들의 삶과 청소 의식에 대해 이야기를 듣는 동안, 한 참가자는 다시 쓸 수 있는 헝겊 대신 종이 타월을 사용할 때마다 죄책감을 느낀다고 언급했다. 죄책감이라고? 나오미는 그 느낌에 대해 좀 더 알고 싶었다. 그 여성은 지나치게 낭비한다는 느낌을

• 상품 자체는 저가에 판매하고 사용에 필수적인 소모품 판매로 수익을 올리는 세일즈 전략을 말한다. 면도기와 면도날, 잉크젯 프린터와 카트리지 등이 있다. — 옮긴이.

덜기 위해 "가볍게 사용한" 종이 타월들을 모아두었다가 하루가 끝 날 무렵 바닥 위에 놓고 발로 끌면서 먼지를 청소한다고 설명했다. 그러자 그 표적 집단에 있던 다른 여성들은 자기도 마찬가지라고 맞장구를 쳤다. "막대기 끝에 달린 페이퍼 타월은 그렇게 탄생했습 니다." 나오미가 말했다.

나오미는 '삶에서 중요한 것들은 측정될 수 없다'는 신념을 품 고 있었다. 하지만 그녀가 양적 연구 방법에 반대한 건 아니다. 나 오미도 고객들을 조사하기 위해 여러 차례에 걸쳐 양적 접근법을 활용했다. 하지만 그런 경험들은 그녀에게 "사람들의 고유한 느낌 과 습관, 동기를 이해하려면 단순한 숫자가 아닌 '엄청난 양의 듣 기'가 요구된다"는 사실을 가르쳐주었다. 사실 설문지만 돌리거나 여론조사만 했다면 죄책감을 덜기 위해 축축한 페이퍼 타월로 "스 케이트"를 탄 주부들의 경험이 15개국에 걸쳐 6,000억 원에 달하 는 수익을 올린 상품 개발로 이어지지 못했을 것이다.[8] "충분히 많 은 사람을 상대로 여론조사를 하면 이야기 하나를 만들어낼 수 있 지요. 하지만 그건 진실이 아니라 그냥 하나의 이야기일 뿐이에 요." 나오미가 말했다. 질적 연구의 강점, 즉 듣기의 강점은 수치의 의미를 설명함으로써 양적 연구의 한계를 드러내준다는 데 있었 다. 나오미는 "양적 연구와 질적 연구를 함께 수행한다 해도 완전 한 진실에는 도달하지 못하겠지만, '더 진실된 진실'에는 도달할 수 있을 것"이라고 말했다.

프린스턴 대학교의 사회학 교수인 매슈 샐거닉Matthew Salganik

의 관점도 이와 다르지 않다. 샐거닉은 '정보기술정책 센터Center for Information Technology Policy'와 '통계 및 머신러닝 센터Center for Statistics and Machine Learning'를 포함하는 다수의 학제 간 연구소들과 공동연구를 진행해온 바 있다. 그는 자신의 책 《비트 바이 비트: 디지털 시대의 사회조사방법론》에서 빅데이터의 한계에 대해 말한다.[9] 그는 데이터 세트 내에서 해답을 찾는 건 술 취한 사람이 가로등 밑에서 열쇠를 찾는 상황과 다를 바가 없다고 설명했다. 그 술 취한 사람에게 왜 가로등 밑에서 열쇠를 찾느냐고 물어보면, 그는 "여기가 제일 밝으니까요"라고 말할 것이다. 데이터 세트는 오직 그 데이터 세트 안에 든 내용들만 밝혀주는 것이다.

이는 특정한 데이터 세트에서 비롯된 알고리즘이 그 데이터 세트만큼이나 제한적이라는 것을 의미한다. 찰스 다윈Charles Darwin의 광범위한 독서목록을 한번 훑어보라.[10] 그가 요즘 사람들처럼 아마존 알고리즘의 추천 도서만 읽었다면 《종의 기원》은 출간되지 못했을 것이다.[11] 다윈은 많은 동물학 책과 토머스 맬서스Thomas Malthus의 《인구론》, 애덤 스미스Adam Smith의 《도덕감정론》 같은 저작들은 물론, 창녀가 도덕과 공중위생에 미친 영향력을 다룬 프랑스의 연구들도 살펴보았고, 대니얼 디포Daniel Defoe와 윌리엄 셰익스피어William Shakespeare, 제인 오스틴Jane Austen의 작품들도 읽었다. 말하자면 그는 자신만의 독특하고 예측 불가능한 호기심이 이끄는 대로 따라다닌 셈인데, 이는 그의 창의성을 자극했을 뿐 아니라 훗날 과학 저작의 밑거름이 되었다. 다윈은 한 사람의 인간이었고, 인간이란 존재는 언제나 우리를 놀라게 한다. 우리의 사고방식과 행동방식은 가늠하기 어려우며, 단순화된 공식을 활용해 예측하기는 더더욱 힘들다.

이런 사실은 흔히들 말하는 '소셜 리스닝social media listening tools'에 의존하는 기업들에게 큰 교훈이 된다. 소셜 리스닝이란 소비자들의 성향과 태도를 예측하기 위해 트위터나 인스타그램, 페이스북 같은 사이트를 모니터링하고 분석하는 과정을 의미한다. 샐거닉은 인간의 행동을 이해하기 위해 소셜미디어 데이터를 활용하는 건 인간에 대해 배우기 위해 카지노에 모인 사람들을 관찰하는 거나 다를 바가 없다고 말한다. 물론 인터넷과 카지노 역시 인간의 행동을 드러내주는 고도로 가공된 환경이긴 하지만, 그런 곳에서 관찰된 행동이 인간의 전형적인 행동방식이라고는 말할 수 없을 것이다.

듣기는 인간의 행동을 알고리즘화하는 접근법과는 완전히 다르다. "알고리즘은 인간의 행동을 최대한 정확하게 예측하는 것을 목표로 합니다." 샐거닉이 말했다. "알고리즘은 이해를 추구하지 않지요." 게다가 샐거닉에 따르면 상당수의 양적 분석가들은 해당 정보의 내용조차 알고 싶어 하지 않는다고 한다. 그들이 원하는 건 숫자가 나열된 스프레드시트 정도가 전부다. 이 시트만 있으면 예컨대, 선행하는 100개 열의 정보를 바탕으로 공식을 세워 101번째 열을 예측해낼 수 있기 때문이다. 정보가 의미하는 바와 정보를 통해 해결되는 실생활의 문제 같은 건 그들의 관심사가 아니다. 샐거닉은 경험상 그런 식의 맹목적인 접근법은 대체로 제대로 된 효과를 내지 못한다고 말했다. "저는 자신이 하는 일을 더 잘 이해하는 사람이 더 훌륭한 통계 모델을 구축할 수 있을 것이라고 믿습니다. 해당 데이터가 나타내는 사람들을 더 깊이, 진정으로 이해한다면 아마도 훨씬 더 큰 효과를 볼 수 있을 거예요." 말하자면, 정보가 넘쳐나는 요즘 시대에도 제대로 된 이해에 도달하려면 사람들의 이야기를 직접 들어야만 하는 것이다.

나오미가 듣기에서 가장 어려워하는 건 사람들의 말을 듣는 도중 자신의 의견을 끼워넣고자 하는 충동에 저항하는 것이다. 그런데 양적인 접근법의 이점이 바로 여기에 있다. 아는 것이 숫자밖에 없을 때는 당신의 자의식이나 신념이 결과에 영향을 미칠 가능성도 그만큼 줄어드는 것이다. 반면 누군가와 직접 마주하는 상황에서는 자신의 의견을 개진하거나 유도성 질문을 던지는 식으로 본의 아니게 결과에 개입하게 될 수 있다. 또는 긍정하는 끄덕임이나 탐탁찮은 한숨 같은 비언어적 신호로 편견을 드러내게 될 수도 있다. "그런 표현을 자제하는 건 쉬운 일이 아닙니다." 나오미가 말했다. "하지만 일단 그 일에 능숙해지면 사람들의 삶을 가리고 있던 커튼을 걷고 그 안쪽을 들여다볼 수 있게 되지요. 지금까지 저는 다른 직업을 가졌더라면 결코 배우지 못했을 세상에 관한 진실들을 무수히 배워왔습니다."

나오미는 내가 듣기 능력이 훌륭한 사람들의 전형적인 태도라고 인식하게 된 바로 그 태도를 갖추고 있었다. 다시 말해 그녀는 놀라울 정도로 차분했고, 얼굴 표정에도 상대를 향한 관심과 흥미가 자연스럽게 묻어났다. 또한 그녀의 눈빛은 부드러웠고 손가락을 꼼지락거리지도 않았으며, 몸의 자세는 편안하고 개방적인 느낌을 주었다. 나는 그녀를 인터뷰하고 그녀가 다른 사람들과 대화를 나누는 광경을 지켜보면서 수 시간을 보냈지만, 그녀가 팔이나 다리를 꼬는 모습은 단 한 번도 볼 수 없었다. 그리고 누군가와 함께 있을 때는 다른 할 일이 있거나 대화에 흥미가 없는 듯한 인상을 조금도 풍기지 않았다. 나오미를 생각할 때면 항상 앞에 있는 탁자에 팔꿈치를 올려놓고 손으로 뺨을 가볍게 받친 뒤, 두 눈을 크게 뜨고 이야기에 완전히 빠진 십대 소녀처럼 상대의 말에 귀를 기울이는 모습이 떠오른다. 한번은 나오미가 이런 말을 한 적이 있다. "제가 배운 듣기의 진정한 비결은 저 자신을 지우는 것이에요. 저는 제 앞에 컵 하나를 들고 있습니다. 하지만 상대의 컵에 무언가를 부어넣으려는 게 아니라 그들이 제 컵을 채워주길 기다릴 뿐이죠."

이제 어느 정도 선택권을 지닐 수 있게 된 나오미는 정치적 성격의 의뢰를 배제한 채 소비자들에게 제품을 판매하는 고객들에게만 온전히 집중하고 있다. "정치권 사람들은 시장조사를 의뢰할 때조차 좀 가식적인 것 같아요." 그녀가 말했다. "그들은 사람들에게 귀를 기울이는 게 아니라 항상 다른 무언가를 염두에 두고 있어요." 또한 그녀는 전 세계를 돌아다니면서 〈포천〉 선정 500대 기업 직원들에게 그들 회사의 표적 집단을 중재하는 방법을 가르치고 있다. 요즘에는 질적 연구 조사원을 따로 고용하는 대신 조직 내에서 중재자를 양성하는 일이 점점 더 흔해지고 있는데, 나오미는 이런 추세를 그다지 좋게 보지 않았다. 그런 방식은 온갖 종류의 편견을 양산하는 경향이 있기 때문이다. "사람들에게 던지는 질문이 상사의 머릿속에서 나온 것이라면, 당신은 그들의 말에 제대로 귀를 기울이지 않을 거예요." 그녀가 말했다. "당신은 특정한 방식으로 질문을 던지고, 특정한 방식으로 귀를 기울이면서, 특정한 방식으로 보고서를 작성하겠지요. 상사의 마음에 드는 방식 말이에요."

정보는 수집되고 해석되는 방식에 따라 유용성의 정도가 결정된다. 그리고 알고리즘은 기반이 되는 데이터 세트의 신뢰성과 범위에 따라 가치가 결정된다. 이와 마찬가지로 질적 연구자의 발견들은 중재자의 중립성과 섬세함, 이야기와 감정을 끌어내는 능력 등에 따라, 말하자면 질적 연구자의 듣기 능력에 따라 그 가치가 정해진다. 양적 연구자는 잘해봐야 대략적인 윤곽 정도만 제시해줄 수 있지만, 질적 연구자는 더 섬세한 세부내용들까지도 전해줄 수 있다. 물론 두 접근법 모두 가치가 있으며, 적절히 조합하여 활용할 경우 매우 많은 사실을 드러내줄 수 있다. 하지만 인간관계와 개인의 고유한 동기와 성향, 잠재력 등을 예측하는 데 있어서는 듣기만큼 훌륭하고 정확한 방법을 찾기 힘들 것이다.

9장

직장에서의 듣기

성공하는 팀의 조건

2012년에 구글은 훌륭한 팀의 조건을 밝혀내기 위한 연구를 의뢰했다.[1] 구글의 프로젝트들은 대부분 팀 단위로 운영되었던 만큼, 구글은 왜 어떤 집단은 조화롭게 협력하면서 훌륭한 성과를 내는 반면 다른 집단들은 사소한 반감과 싸움, 분쟁에 휘말려들어 조직에 해를 끼치는지 알고 싶어 했다. 개인들의 성격과 업무 방식, 절차 등이 어떤 식으로 어떻게 어우러져야 조화로운 협력이 가능해지는 것일까?

통계학자와 조직심리학자, 사회학자, 공학자들로 구성된, '프로젝트 아리스토텔레스Project Aristotle'라는 이름이 붙은 조사 위원회는 구글의 사원들로 구성된 180여 개의 팀을 조사했다. 그들은 각

팀 구성원들의 성격적 특성과 배경, 취미, 일상적 습관 등을 면밀히 살펴보았다. 하지만 집단의 성패를 예측하도록 해주는 그 어떤 패턴도 찾아낼 수 없었다. 팀의 구성 방식과 업무 평가 방식, 미팅의 빈도 등도 집단의 성패와는 별다른 연관성이 없어 보였다.

3년에 걸쳐 데이터를 수집한 끝에, 연구자들은 마침내 결속력 있고 효율적인 팀의 조건과 관련된 약간의 결론들을 이끌어낼 수 있었다. 그들은 팀 구성원들의 발언 비율이 대략 비슷한 팀들, 즉 '대화 교대의 균등성equality in distribution of conversational turn-taking'이 가장 높은 팀이 가장 생산적인 결과를 내는 경향이 있다는 점을 발견했다.[2] 또한 최상의 팀들은 어조나 표정 같은 비언어적 실마리를 토대로 상대의 기분을 예측하는 능력인 '평균 사회적 감수성average social sensitivity'도 더 높은 것으로 나타났다.

말하자면 구글에서 성공적인 팀의 구성원들은 서로의 말에 귀를 기울인다는 사실을 발견해낸 셈이다. 성공적인 팀의 구성원들은 교대로 이야기를 하면서 서로에게 귀를 기울였고, 겉으로 드러나지 않은 상대의 생각과 느낌을 감지할 수 있는 비언어적 신호에도 관심을 기울였다. 이런 태도는 더 사려 깊고 적절한 반응을 가능케 했을 뿐 아니라, '심리적 안정감'의 분위기를 조성함으로써 무시당하거나 비난받는 것에 대한 두려움 없이 생각과 정보를 공유할 수 있게 해주었다.

구글 임원들에게는 이런 사실이 놀라운 것이었지만, 듣기 연구의 아버지인 랠프 니컬스는 1950년대에 이미 이와 똑같은 사실을 언급했다. 유일한 차이는 당시 니컬스가 "듣기를 실천하면 일을 더 잘하게 될 것"이라고 말했다는 점뿐이다. 하지만 오늘날의 경제 환경에서는 듣기 자체가 하나의 '일'이다. 실제로 1980년 이후의 고용 성장은 거의 모두 더 높은 수준의 사회적 교류를 필요로 하는 직업군에서 발생했고, 분석적이거나 수학적인 추론 능력에 주로 의존하는 일자리들(알고리즘화 될 수 있는 직업들)은 점점 자취를 감췄다.[3]

오늘날에는 담당자 한 사람이 처음부터 끝까지 신경을 써주는 제품이나 서비스가 거의 존재하지 않는다. 구글도 예외는 아니다. 구글을 비롯한 대부분의 사업체들은 고용자들로 구성된 팀에 업무 처리를 위임한다. 〈하버드비즈니스리뷰Harvard Business Review〉에 실린 한 연구는 지난 20여 년 동안 "경영자와 직원들이 공동 작업에 들이는 시간이 50퍼센트 이상 폭증했다"는 사실을 보였다.[4] 상당수의 기업에서는 직원들이 업무 시간의 무려 80퍼센트 정도를 다른 사람들과 의사소통하는 데 소비한다고 한다.

하지만 듣기의 중요성을 인식하는 것과 듣기를 실천하도록 직원들을 훈련시키는 건 완전히 다른 문제이다. 직원용 핸드북에 '적극적 경청'이란 항목을 추가해넣은 고용주들도 있긴 하지만, 앞서 말했듯 이 개념은 모호하거나 부정확하게 정의되는 경우가 많다. 또 다른 고용주들은 직원들의 듣기 능력을 향상시키기 위해 커리어코치나 경영심리학자를 데려오기도 한다. 하지만 직원들은 자신들에게 '문제'가 있다는 사실을 암시하는 모든 시도에 저항을 하는 경향이 있다. 이는 우리를 직원들의 듣기 능력 향상을 위한 매우 흥미롭고 효과적인 방법들 중 하나인 '즉흥극improvisational comedy' 으로 이끈다. 구글과 시스코Cisco, 아메리칸 익스프레스American Express, 포드Ford, 피앤지Procter & Gamble, 딜로이트Deloitte, 듀퐁DuPont 등과 같은 다수의 대기업이 이 즉흥극에 관심을 보였다.[5]

대화는 생각한 대로 진행되지 않는다

즉흥극에 대해 더 알아보기 위해, 나는 시카고에 위치한 즉흥극의 메카인 세컨드시티를 찾아가 보았다. 티나 페이Tina Fey와 스티븐 콜베어Stephen Colbert, 스티브 커렐Steve Carell, 에이미 폴러Amy Poehler 등 유명 코미디언과 희극 작가들이 이곳에서 경력을 시작했다. 그곳에서 나는 맷 호드Matt Hovde를 만나게 되었다. 그는 세컨드 시티에서 코미디 쇼를 진행하고, 기업들의 즉흥극 프로그램 또한 감독해 왔다. 그는 약간 피곤한 기색을 내비치며 커피 잔을 꽉 움켜쥐고 있었다. 단 여섯 명의 배우를 뽑기 위해 350명을 오디션 하는 한 주를 보냈기 때문이었다. 그는 다수의 코미디언 지망생들은 스스로 생각하는 것만큼 웃기지 않다고 말하면서 콧대를 움켜쥐었다.

하지만 호드는 듣기에 대해 말하면서 원기를 회복하기 시작했다. 그는 듣기를 자기 분야의 필수적인 기술로 간주하고 있었다. "즉흥극 연기자들은 다음에 무슨 일이 벌어질지 예측할 수 없습니다." 그가 말했다. "그래서 우리는 무대 위에서 일어나는 일들을 민감하게 알아차리도록 자신을 훈련시키지요. 우리는 같이 연기하는 동료 배우가 하는 말과 그 말의 의미에 귀를 기울여야만 합니다. 그런 세부 내용들을 놓치면 다음 장면으로 연결이 잘 안 될 뿐 아니라 관객들이 보기에도 감흥이나 재미가 덜하기 때문이에요."

호드는 즉흥극 수업을 듣는 초보 연기자들은 동료 연기자가 보내는 신호를 반복해서 놓치는 경향이 있다고 말했다. 초보 연기자들은 극이 진행되는 방향을 잘못 짐작하기도 하고, 동료 연기자에게 귀를 기울이는 대신 그를 일방적으로 몰아붙이기도 하며, 결정적인 말을 내뱉는 데 지나치게 집착하기도 하기 때문이다. "예술 영역에 종사하는 사람들은 예술가의 이기심이나 자기중심성을 용인하는 경향이 있지만, 즉흥극의 경우에는 사정이 완전히 다릅니다." 호드가 말했다. "우리의 주된 관심사는 동료 연기자를 보살피면서 그를 돋보이게 만드는 것이지요. 듣기는 이 목적을 달성하는 데 없어서는 안 될 필수 기술입니다."

즉흥극 수업을 진행할 때 호드는 학생들을 향해 팔을 뻗으면서 이렇게 묻곤 한다. "상대가 들려주는 이야기가 어깨에서 시작해서 손가락 끝에서 끝난다면 우리는 언제쯤 듣기를 멈출까요?" 학생들 대부분은 자신이 팔꿈치쯤에서 듣기를 멈추고 다음에 할 말을 생각하기 시작한다는 사실을 인정한다. 이런 습관을 거스르도록 돕기 위해 호드는 학생들에게 집단 스토리텔링 게임을 권하곤 한다. 그가 학생들에게 제목 하나를 제시한 뒤 누군가를 손가락으로 가리키면, 그 학생은 화자가 되어 그 제목과 관련된 이야기를 꾸며내야 한다. 호드는 언제든지 화자를 바꿀 수 있으며, 심지어는 화자의 말을 중간에 끊을 수도 있다. 따라서 다음 화자는 앞선 화자의 이야기를 주의 깊게 들은 경우에만 이야기를 제대로 이어받을 수 있다. 당연하게도, 많은 학생은 화자로 지목을 받는 순간 자동차 헤드라이트에 놀란 사슴처럼 굳어버리고 만다.

"학생들은 이 게임을 매우 어려워합니다. 그들은 이야기의 방향을 통제할 수 있길 바라면서 이야기가 어떠어떠해야 한다는 생각을 미리 머릿속에 떠올리곤 하지요." 호드가 말했다. "처음에 학생들은 잠시 얼어붙는 경향이 있습니다. 자신의 바람과 기대를 내려놓고 화자의 마지막 말을 받아들이기까지는 시간이 좀 걸리기 때문이지요. 학생들은 통제를 포기한 채 매순간 깨어 있어야만 합니다."

호드는 자신의 말을 진정으로 이해하길 바란다면 구경만 하지 말고 수업을 한번 들어보라고 권했다. 그래서 나는 다른 연기자 10여 명과 함께 그의 수업에 직접 한번 참석해보았다. 그들 중 다수는 '전문성 신장professional development'을 위해 수업을 듣는 것이라고 말했다. 상사가 그들에게 팀 플레이어 자질이 부족하니 듣기 훈련을 하라고 권했다는 것이다. 아무튼 그렇게 해서 우리는 스테퍼니 앤더슨Stephanie Anderson이라는 베테랑 즉흥 연기자의 지도를 받게 되었다. 그녀는 두뇌 회전이 빠르면서도 불친절하지 않았고, 안전지대 밖으로 벗어나 이야기를 하라고 요청할 때도 학생들의 마음을 불편하게 만들지 않았다.

호드와 마찬가지로 앤더슨도 우리에게 집단 스토리텔링 훈련을 권유했다. 하지만 우리 교실 내에서는 이야기의 흐름을 놓치는 것보다 다른 사람들의 관심을 끌고 싶어 하는 태도가 더 문제였다. 참석자들 중 일부는 이야기들이 너무 뜬금없고 우스꽝스럽고 터무니없어서 매끄럽게 이어지는 이야기를 떠올리기가 극도로 힘들다고 털어놓기도 했다. 우리는 값싸고 손쉬운 웃음만 추구하느라, 협력으로 만들어내는 더 크고 재미있는 보상을 놓치고 있었다. 그건 마치 회의나 저녁 파티 시간을 망치는 말실수가 계속 이어지는 듯한 느낌이었다. 누군가가 너무나도 뜬금없고 서투른 말을 하는 바람에 모든 사람이 불편한 웃음을 짓게 되는 그런 순간들 말이다.

한편 앤더슨은 우리에게 '따라 말하기'와 '거울 반응'이라는 집중적 듣기 훈련들을 권유하기도 했다. 따라 말하기 훈련을 할 때는 다른 사람과 짝을 지은 뒤 마치 그 사람과 한 몸인 것처럼 말해야 한다. 의자에 서로 마주 보고 앉아서 한 사람이 말을 하기 시작하면 다른 사람은 그 사람이 하는 모든 말을 동시에 따라할 수 있도록 최대한 애를 쓴다. 그런 뒤 서로 역할을 바꾸는 것이다. 거울 반응도 이와 비슷하다. 단지 상대의 표정과 신체 동작까지 따라해야 한다는 점만 다를 뿐이다. 훈련들을 하는 동안에는 시선 맞춤을 유지하는 것이 필수적인데, 오직 눈짓을 통해서만 역할을 바꾼다는 신호를 보낼 수 있기 때문이다. 훈련들의 목적은 물론 서로에게 관심을 집중하도록 학생들을 훈련시키는 것이다. 훈련을 받는 학생은 정신적·신체적으로 상대와 하나가 될 정도로 상대의 말에 주의 깊게 귀를 기울여야 한다. 주의력을 유지하는 건 따라하는 사람뿐 아니라 말을 주도하는 화자에게도 중요한데, 화자는 상대를 불편하게 만드는 말이나 행동을 하지 않도록 세심하게 배려해야 하기 때문이다.

하지만 앞서 말했듯이, 우리 교실 안에는 관심을 끌고 싶어 하는 학생들이 많았다. 예컨대, 거울 반응 훈련을 하는 동안 나는 한 여성(편의상 '요가자세 여사'라 부르기로 하자)이 자기 손바닥 위에 발을 올려놓은 뒤 그 손과 발을 서서히 머리 위로 들어올리는 광경을 목격했다. 몸이 그리 유연하지 못했던 그녀의 파트너는 그 동작을 따라하려고 애를 쓰면서 얼굴을 잔뜩 찡그렸다. 그동안 요가자세 여사는 파트너의 고통에도 아랑곳하지 않고 환하게 미소를 지으면서 발을 더 올려보라고 계속 고갯짓을 해댔다.

"듣기는 많은 시간과 노력을 필요로 합니다." 수업이 끝난 후 앤더슨이 말했다. 그녀는 듣기 훈련이 즉흥극 교육에서 매우 힘든 부분 중 하나인 만큼, 더 효과적인 교육법을 구상하는 교사모임의 주된 토론 주제가 될 때가 많다고 했다. "저는 즉흥극 훈련을 일종의 치유제로 간주합니다." 그녀가 말했다. "저는 '이 사람 바보처럼 관심받고 싶어 안달이 났군'이라고 생각하는 대신 '아, 이 사람이 인정받기 위해 정말 애쓰고 있구나'라고 생각하지요." 그녀의 경험에 따르면 학생들이 그런 태도를 취하는 건 결국 불안함 때문이다. 그녀는 이렇게 말했다. "학생들은 종종 자신이 부족해 보일까 봐 걱정합니다. 그래서 도움이 될 만한 모든 전략을 다 동원하지요." 가장 흔한 전략으로는 허세 부리기, 구석으로 숨기, 다른 사람들이 재미없어할 때 화내기("당신들 왜 그래? 내 말이 이해가 안 가?") 등을 들수 있다.

앤더슨은 청소년 전문 정신건강의학과에서 간호조무사로 일한 경력이 있어서인지 독특한 통찰력을 지니고 있었다. 처음에 그녀는 스트레스 해소를 위해 즉흥극 강좌를 들었지만, 곧 자신이 일에서 스트레스를 받는 이유가 상대의 말에 귀를 기울이기보다 그 말에 반응을 하기 때문이란 점을 깨달았다. "일터에서 저는 해변가에 놓인 바위와도 같았습니다. 거센 파도가 밀려들어와 계속해서 제 몸에 부딪히곤 했지요." 그녀가 말했다. "본격적으로 문제가 드러나기 전까지 저는 그게 문제인 줄도 몰랐습니다. 현재 순간에 깨어 있기보다 항상 다음에 일어날 일들만 생각했으니까요."

하지만 즉흥극 훈련을 받기 시작하면서부터 앤더슨은 곧 닥칠 문제 상황의 신호들을 더 민감하게 알아차릴 수 있게 되었다. 그녀는 환자가 말썽을 부리기 전에 개입함으로써 동료 직원들의 수고를 크게 덜어주곤 했다. "자기 주변의 분위기를 제어할 수 있다는 사실을 깨닫는 건 정말 놀라운 경험이에요." 앤더슨이 말했다. "사람들은 듣기를 배우는 것만으로도 주변에 영향력을 행사할 수 있다는 사실을 잘 깨닫지 못하지요."

그녀는 병원의 교육 담당자로 승진했고, 그 후 환자와 직원들을 대상으로 즉흥극을 가르치기 시작했다. 즉흥극 수업은 병원 전체의 분위기를 뒤바꿔놓았다. "듣기 수업은 환자들에게 소리를 지르는 것으로 악명이 높았던 한 권위적인 남성 간호사를 인간적으로 만들어주었습니다. 그가 그렇게 행동한 건 청소년 환자들에게 자신의 두려움을 들키고 싶지 않았기 때문이었어요." 앤더슨이 말했다. "듣기 수업에 참석한 환자들은 집단치료 시간에도 자신의 느낌을 더 적극적으로 이야기하게 된 것 같습니다. 모두가 이미 즉흥극 훈련 시간 동안 서로에게 귀를 기울이고 반응을 내보이는 약간의 위험을 감수해보았으니까요." 흥미롭게도, 또 다른 정신건강 전문가이자 유명한 심리학자이기도 한 카를 융Carl Jung 역시 자신의 경력 초반부에 말을 하려 하지 않는 환자들을 대상으로 일종의 즉흥극 치료를 수행한 바 있었다.[6] 그는 환자들이 그에게 '이해받은' 느낌을 느끼고 말문을 틀 때까지 그들의 표정과 몸짓을 똑같이 따라하곤 했다.

세컨드시티에서는 앤더슨이 그를 대신해 사회불안이나 아스퍼거 증후군Asperger's Syndrome을 앓는 사람들과 의사소통 능력을 향상시키길 바라는 각 분야의 전문가들을 대상으로 듣기를 가르치고 있었다. 또한 그녀는 시카고 대학교의 부스 경영대학원과 일리노이 대학교의 경영학부, 노스웨스턴 대학교의 페인버그 의학대학원 등지에 강사로 초빙되어 학생들에게 즉흥극을 가르치기도 했다.

교실 안에 누가 있든(집필을 위해 조사 작업을 벌이는 저널리스트도 포함해서) 그녀의 접근법은 근본적으로 동일했다. 서로의 말에 귀를 기울이면서 의미 있는 대화를 나눌 수 있도록 사람들을 돕는 것이다. 앤더슨이 즉흥극을 약이나 치료제에 빗댄 건 지나친 비유가 아니었다. 주마다 훈련을 거듭하면서 사람들은 다른 사람과 교감을 나누는 데 방해가 되는 자신의 행동들을 깨닫기 시작했다. 그 요가자세 여사를 기억하는가? 그녀는 수업 시간 동안 자기 파트너를 '꽈배기'로 만드는 데만 열중했지만 수업이 끝날 무렵에는 이런 말을 남겼다고 한다. "저는 제가 할 수 있는 일을 보여줘야 한다는 강박관념이 다른 사람이 할 수 있는 일과 우리가 함께 할 수 있는 일을 발견하지 못하도록 저를 방해해왔다는 걸 깨닫기 시작했습니다."

통제하지 말고 즐겨라

즉흥극과, 실제 삶이라는 또 다른 즉흥극에서 성공을 거두려면 듣기는 필수적이다. 이야기를 통제하거나 주의를 사로잡으려는 시도는 대화를 일방적으로 만들어 공동 작업을 망쳐놓는다. 그런 태도는 당신을 앞으로 나아가게 하기는커녕 당신을 뒤에서 잡아끌 뿐이다. 인간적 교감의 기쁨과 혜택은 서로의 말과 행동에 관심을 기울이면서 상대의 모든 신호에 기꺼이 반응을 보이고자 하는 의지에서 비롯된다. 이런 교감의 결과는 상호 이해와 상호 존중이다. 재능 있는 즉흥극 연기자들의 자유분방한 연기를 구경하는 것도 재미있는 일이지만, 서로에게 귀를 기울이며 서로의 생각을 보완하는 훌륭한 대화에 직접 참여하는 건 그보다 훨씬 더 재미있고 만족스러운 경험이 될 것이다.

듣기는 유머를 위해서도 필수적이다. 수많은 연구들이 유머가 전문적이거나 개인적인 차원의 관계를 형성하고 유지하는 데 큰 도움이 된다는 점을 입증했다. 일터에서 적절한 유머는 그 사람의 능력과 자신감을 보여주며, 연인 관계에서는 적절한 유머가 친밀감과 안정감의 분위기를 형성해준다.[7] 하지만 여기서 주목해야 할 건 '적절한'이란 단어이다. 적절치 못한 유머는 역효과만 낳기 때문이다.[8] 즉흥극 수업을 통해 나는 사람들이 지니고 있는 유머 감각이 고정된 게 아니라, 상대에게 귀를 기울이는 정도에 따라 다양한 방식으로 발휘된다는 사실을 깨달았다. 코미디 클럽에 모인 청중 앞에서 하는 농담이든 일상적 대화에 활기를 좀 불어넣기 위해 던지는 농담이든, 상대의 마음을 정확하게 읽지 못한다면 당신은 상대방을 웃게 만들 수 없을 것이다.

〈에스콰이어Esquire〉 잡지의 카툰·유머 담당 편집자로 한때 〈뉴요커〉의 카툰 담당자이기도 했던 밥 맨코프Bob Mankoff는 데이트란 "함께 웃기에 충분할 만큼 서로를 알아가는 하나의 의례"라고 표현한다. 상대방에게 둘만 아는 내밀한 농담을 던지거나 상대가 화났을 때조차 그 사람을 미소 짓게 만들려면, 먼저 상대방의 말부터 귀담아들을 필요가 있다. "당신은 상대가 하는 말을 그대로 반복할 수 있을 정도로 상대방에게 귀를 기울인 뒤, 그 내용을 약간 비틀어 우스꽝스럽게 만들어야 합니다. 넘지 말아야 할 선을 아는 것도 중요하지요." 맨코프가 말했다. 그는 실험심리학을 전공한 뒤 포드햄 대학교와 스워스모어 칼리지에서 유머 이론을 가르치기도 했다.

우스갯소리를 할 때는 어느 정도 위험도 감수해야 한다. 유머란 결국 자신의 농담이 이해받길 바라면서 스스로를 내던지는 시도이기 때문이다. 상대가 주의 깊고 세심하게 들어주는 사람이라면 당신 입장에서는 그런 위험을 감수하기가 더 쉬워질 것이고, 반대로 당신이 세심하게 들어주는 사람일 때 상대 역시 마찬가지일 것이다. 실제로 두 사람이 주고받는 유머는 그들 사이의 유대감을 나타내주는 주된 표식이다.[9] 하지만 친밀감을 두려워하는 사람들은 상대방을 깎아내리거나 분열을 초래하는 심술궂은 유머에 의존하는 경향이 있다.[10] 이런 유머는 상대를 방어적으로 만듦으로써 그 사람의 듣기 의욕을 꺾어놓는다.

주변 사람들 중 당신에게 큰 웃음을 선사할 수 있는 사람들을 떠올려보면 대부분 가장 가까운 친구들이라는 사실을 발견하게 될 것이다. 그건 그들과 함께하는 시간이 마음을 홀가분하게 해주기 때문이기도 하지만, 가장 개인적인 것이 가장 재미있는 경우가 많기 때문이기도 하다. 친구나 연인과 함께하면 배꼽 잡을 정도로 재미있지만 다른 사람에게 이야기하면 아예 의미 전달조차 안 되는, 둘만의 농담을 떠올려볼 수도 있을 것이다. 설령 다른 사람들에게 그 농담을 설명한다 하더라도 그들은 도무지 제대로 이해하지 못하는데, 그건 그들이 당신과 친구 사이의 관계를 결정지은 기나긴 대화의 내용들을 다 알지 못하기 때문이다. 그들은 당신과 친구 사이의 깊은 공감과 이해에 결코 도달할 수 없다. 사람들이 "너도 거기 있었더라면 좋았을 텐데"라고 말하는 건 바로 이 때문이다. 웃음은 결국 정직성과 친밀감, 친근감의 부산물인 것이다.

두 사람 사이에 발생하는 유머는 듣기에서 비롯되는 유대감의 한 형태이다. 그것은 서로의 생각과 느낌들을 탐색하고 심화시켜 나가는 역동적인 과정에서 발생한다. 모든 협동 작업에는 이와 똑같은 즉흥적 상호작용이 요구되는데, 현대의 일터에서 듣기가 그토록 중시되는 건 바로 이 때문이다. 대화를 선점하거나 지배하거나 제압하는 사람들은 일터에서 성공을 거두기 어려우며, 만족스러운 인간관계를 맺기는 더더욱 힘들다. 친밀감과 혁신적 사고, 팀워크, 유머 등과 같은 자질들은 이야기를 통제해야 한다는 강박관념에서 벗어나 이야기가 흐르는 대로 내버려둘 수 있는 인내심과 자신감을 가진 사람들에게만 주어진다.

10장

대화 민감성

어느 라디오 프로그램의 프로듀서가 세 명인 이유

내셔널 퍼블릭 라디오NPR의 인기 프로그램 〈프레시 에어Fresh Air〉
의 진행자 테리 그로스Terry Gross는, 필라델피아 WHYY 방송 타워
에 위치한 어두컴컴한 녹음 스튜디오 안에서 웨스트 코스트 지역
의 다른 스튜디오에 앉아 있는 한 영화감독을 인터뷰하고 있었다.
커다란 마이크 뒤에 앉은 그로스가 감독에게 영화 경력과 개인적
문제들, 고통스러웠던 어린 시절의 경험, 말의 생태적 습성 등 광범
위한 주제들에 대해 이야기를 건네는 동안, 통제실 안에서는 불빛
들이 깜박이고 바늘들이 이리저리 요동쳤다.

　인터뷰가 진행되는 동안 쇼의 프로듀서인 로렌 크렌젤Lauren
Krenzel과 하이디 사만Heidi Saman은 노트북으로 감독의 말을 추적하

고 시간을 기록하면서 분주하게 손을 놀렸다. 영화감독은 약 1시간 15분 동안 인터뷰를 진행했다. 크렌젤과 사만의 일은 책임 프로듀서인 대니 밀러Danny Miller와 함께 인터뷰 내용을 방송에 나갈 45분 분량으로 편집하는 것이었다.

왜 한 사람이 해도 될 일을 세 사람이 함께하는 것일까? 그건 그들 모두가 똑같은 인터뷰를 듣는 것이 결코 아니었기 때문이다. 텍사스주 샌안토니오시에 있는 세인트메리 대학교 커뮤니케이션학과 조교수인 캐서린 햄프스틴Katherine Hampsten은 우리가 상대의 말을 들을 때 무슨 일이 벌어지는지 보여주는 훌륭한 비유를 제시했다. 그녀는 듣기가 마치 찰흙 덩어리로 하는 캐치볼 게임과도 같다고 말했다.[1] 게임에 참가한 사람들은 그 찰흙 덩어리를 붙잡아 자기 인식에 맞게 변형한 뒤 다시 상대방에게 던져줘야 한다. 찰흙 덩어리의 모양은 교육 수준과 인종, 성별, 나이, 상대와의 관계, 마음가짐, 태도 등 온갖 요인들에 의해 결정된다. 그리고 게임에 참여하는 사람의 수를 늘리면 늘릴수록 의미의 복합성과 범위도 그만큼 더 증대된다.

〈프레시 에어〉 프로그램의 스태프는 총 여덟 명이었는데, 그들 중 다수는 라디오 방송국에서 일한 경험이 거의 없거나 전혀 없는 상태로 방송국에 고용되었다. 밀러는 프로듀서를 고용할 때 '좋은 귀'를 가졌는가 하는 점을 가장 눈여겨본다고 한다. 듣기 능력이 탁월하고 대화의 함의를 탐지해낼 수 있는 사람을 고용한다는 것이다. 밀러는 그런 자질을 '대화에 대한 이해력'이라고 불렀다. 심리

학자들은 보통 그런 자질을 '대화 민감성conversational sensitivity'이라 부른다.[2]

대화 민감성을 갖춘 사람들은 발설된 말에 관심을 기울일 뿐 아니라, 숨겨진 의미나 미묘한 어조를 감지해내는 능력 또한 뛰어나다. 그들은 말의 강세 차이를 쉽게 분별해내며 진정한 애정과 가장된 애정을 구분할 줄도 안다. 또한 사람들이 하는 말을 더 많이 기억하고, 대화 자체를 더 즐기는 경향이 있다. 한편 대화 민감성은 공감의 전제 조건으로 간주되기도 하는데, 이는 공감이 예전 경험에서 느끼거나 배운 감정들을 소환하여 나중의 경험에 적용하는 것을 필요로 하는 과정이기 때문이다.

당연한 말이지만, 대화 민감성은 인지 복잡성과도 연관되어 있다.[3] 앞서 설명했듯이, 인지 복잡성이란 다양한 경험에 대해 열린 태도를 취하면서 모순되는 관점들을 편안하게 받아들이는 능력을 말한다. 그러니까 결국, 많은 사람의 다양한 말에 귀를 기울여본 사람만이 대화 상대가 보내는 섬세한 신호들을 능숙하게 포착해낼 수 있는 것이다. 사람들은 종종 여섯 번째 감각이라 불리기도 하는 직관이 축적된 인식에 다름 아니라고 말하곤 한다.[4] 따라서 당신이 더 많은 사람의 말에 귀를 기울이면 기울일수록 상대의 인간적인 면모들을 더 많이 알아차릴 수 있을 것이고, 직관 능력도 그만큼 더 발달시킬 수 있을 것이다. 직관도 결국 광범위한 의견과 태도, 신념, 감정 등에 반복적으로 노출되는 과정을 필요로 하는 하나의 기예인 셈이다. 전직 웨이트리스와 영화감독, 민속학자 등을 포함하는 다양한 직업군으로 구성된 〈프레시 에어〉 제작 팀은 바로 이런 요구 조건을 충족하고 있었다.

"편집에 대해 논의하기 위해 만날 때마다 우리는 인터뷰 내용에 대한 공통된 해석을 도출해내려 노력합니다." 밀러가 말했다. "우리는 나이도 다르고 출신 지역도 다 다르지요. 우리는 우리의 다양한 관점이 편집본에 그대로 녹아들길 원합니다." 그는 편집 과정을 "대화 내용에 대한 해석과 느낌들을 한데 조합하는 과정"이라고 묘사했다. 그는 외교적인 태도로 "우리는 어떻게 편집해야 좋을지 매우 활발하게 토론을 벌입니다"라고 덧붙여 말했다.

그로스가 영화감독의 인터뷰를 끝내자, 프로듀서인 크렌젤과 사만은 어두운 스튜디오에서 나와 WHYY 건물의 커튼월 유리창으로 쏟아져 들어오는 눈부신 햇살 속으로 걸어 들어갔다. 그들은 탁자에 둘러앉아 인터뷰에서 받은 인상에 대해 토론을 벌이기 시작했다. 필라델피아 출신의 60대 여성이었던 크렌젤은 라디오 방송과 관련된 많은 경력을 보유하고 있었다. 〈프레시 에어〉에 참여하기 전 그녀는 오디오북을 제작하기도 했고, 전문적인 스포츠 경기를 중계하기도 했으며, 뉴욕에 있는 WNYC에서 다수의 라디오 쇼를 진행하기도 했다. 30대 여성이었던 사만은 로스앤젤레스에서 성장한 이집트계 미국인 1세대였다. 영화감독 출신인 그녀는 현재도 각본 작업과 영화 제작 일을 계속해나가고 있었다. 두 사람은 머리를 맞댄 채 인터뷰 내용을 한 줄 한 줄 검토해나갔다. "이 부분은 빼도 될 것 같아요. …… 이건 들어가는 게 좋겠네요. …… 이 인용구를 좀 줄일 수는 없을까요? …… 이 표현은 중복이 많아요. …… 그 부분은 나중에 다시 검토하기로 합시다. …… 이 이야기는 그다지 흥미롭지 않네요. …… 그 내용은 정말 좋았던 것 같아요. …… 이 부분도 놀라웠어요. …… 이게 중요한 말일까요?"

그들은 가장 핵심적인 부분만 남도록 인터뷰를 다듬었다. 자신들에게는 흥미롭지 않았지만 다른 사람들에게는 흥미로울 수도 있는 내용을 삭제한 건 아닌지 확인하는 작업도 소홀히 하지 않았다. "우리는 인터뷰의 내용과 인터뷰 당사자를 가장 잘 드러내는 부분들을 골라내고 있습니다." 크렌젤이 내게 말했다. "물론 이야기의 흐름도 중요시하긴 하지만, 우리는 사람들이 이야기를 통해 감흥을 전달받을 수 있었으면 해요. 감흥이 일어나는 순간들을 돋보이게 하려면 내용들을 좀 편집하거나 줄일 필요가 있지요."

에너지가 넘치는 인물이었던 밀러는 단상 위로 걸어 올라와 크렌젤과 사만이 앉아 있는 탁자 주위를 맴돌면서 자신의 의견을 제시하고 기억에 남는 인터뷰 내용들을 늘어놓았다. 그는 라디오 쇼 분야에서 40여 년간 일한 사람답게 기억력과 어조에 대한 민감성이 뛰어났다. 그는 20대 시절 WHYY에서 인턴으로 일하면서 경력을 쌓기 시작했다. 나는 자연스럽게 이 세 사람이 햄프스틴이 말한 찰흙 덩어리를 서로에게 던지고 받는 모습을 상상했다. 그들은 이런 말들을 주고받았다. "정말요? …… 전 이해가 안 가요. …… 아, 그렇군요. …… 아뇨, 절대 아니에요. …… 이 점에 대해 어떻게 생각하시나요? …… 네, 이해가 가네요."

그들이 편집한 최종 결과에 완전히 만족하지 못했을지는 모르지만, 인터뷰 당사자의 감정적 깊이가 드러난 부분에 관해서 만큼은 대체로 의견이 일치했다. 이는 개인적인 내용이 논의될 때 대화 민감성이 가장 크게 자극받는다는 연구 결과와도 잘 부합한다. 대화 내용에 주목하게 만드는 다른 요인들은 상황과 개인적 기질에 따라 그 효과가 다소 달랐다.[5] 대화가 벌어진 순간 당사자가 느끼는 주관적인 만족도와 대화 내용에 대한 이해도, 대화 주제 자체의 자극성 등이 그것이다. 그렇지만 개인적인 내용들은 항상 사람들의 귀를 솔깃하게 했다.

크렌젤에 따르면, 가장 나쁜 인터뷰는 사람들이 "속내를 털어놓지도, 사생활에 대해 이야기하려 하지도 않는 인터뷰"라고 한다. 그런 사람들은 자신의 홍보 담당자가 전해준 내용을 그대로 읽어 내려가다시피 한다고 한다. "그런 인터뷰를 하다 보면 단절감 같은 게 느껴져요. 감정적 반향이 없으니 먼지처럼 건조하기만 하죠." 그녀가 말했다. 물론 감정적 울림이 결여되면 일상적인 대화도 재미없고 지루해진다. 아마도 당신은 대본을 읽어 내려가듯 이야기하는 사람들과 대화를 나눠본 적이 있을 것이다. 그들은 즉흥적으로 떠오른 생각과 느낌을 상대와 공유하는 대신 진부한 내용들만 한없이 늘어놓는다. 그들이 다른 누군가에게 이야기하는 걸 들어본다면, 당신은 아마도 그들이 직업과 아이들, 식습관 등에 대해 항상 똑같은 말만 한다는 사실을 발견하게 될 것이다.

매주 〈프레시 에어〉를 청취하는 사람은 600만 명이 넘는데, 이는 게스트들을 대본 밖으로 벗어나도록 이끄는 그로스의 능력 덕분이다. 그녀의 인터뷰 내용이 담긴 원본 녹음을 들어보면, 그녀가 주제 밖으로 벗어나도록 게스트들을 은근히 압박한다는 사실을 알아차릴 수 있다. "대화가 정말로 흥미로워지는 건 바로 그때부터지요." 사만이 말했다. "테리는 항상 인터뷰 상대가 편안하게 느끼는 영역을 찾아내려 애를 씁니다. 테리가 상대를 그 영역으로 밀어넣은 뒤 그들의 대화 리듬에 귀를 기울여보면 정말로 무언가 달라진 걸 느낄 수 있어요. 그 영역은 개인적인 사생활의 영역일 수도, 초기 작업과 관련된 기억의 영역일 수도 있지만, 어쨌든 상대를 몰입하게 만들지요. 그녀는 항상 인터뷰 상대의 생각을 밖으로 이끌어내려 애를 씁니다." 듣기 능력이 훌륭한 사람은 상대방이 피상적이거나 불안에 찬 재잘거림을 넘어설 수 있도록, 그리하여 그들 자신에 대한 더 깊은 진실을 드러낼 수 있도록 자극하는 경향이 있다.

그로스와 그녀의 프로듀서들이 인터뷰 전에 하는 준비 작업은 그로스의 이런 능력을 극대화시켜준다. 게스트들은 그로스가 던지는 질문을 통해 그녀가 사전 준비를 철저히 했고 자신들의 작업에 큰 관심을 갖고 있다는 점을 알게 된다. 사람들은 이렇게 이해받고 존중받았다는 걸 느낄 때 더 많은 것을 함께하고자 하는 욕구를 품게 된다. 또한 그로스는 인터뷰를 시작하기 전에 상대방에게 자기가 불편한 부분을 건드리면 언제든 말을 막아도 된다고 미리 알려주기도 한다. 그런 식으로 자신이 그들의 기분을 배려한다는 사실을 분명히 해두는 것이다. 이런 건 잘 들어주는 능력을 키우고자 하는 사람이라면 누구든 따라할 수 있는 조처들이다. 그러니 당신도 상대에 대해 미리 알아두거나 대화 도중에 질문을 던짐으로써 상대를 향한 관심을 드러내보라. 상대의 흥미를 자극하는 관심사가 무엇인지 찾아내려 노력해보라. 맥주병 수집 같은 사소한 일이라도 상관없다. 상대가 그 이야기에 열정을 보이기만 한다면 그 주제는 흥미로운 대화로 이어질 수 있을 것이다. 그리고 민감한 부분을 건드린 것 같은 느낌이 든다면 즉시 뒤로 물러남으로써 상대의 영역에 대한 존중을 표하라. 부드럽게 대화 주제를 바꾸면서 품위 있게 무지를 받아들여라. 친밀감은 강요될 수 있는 것이 아니기 때문이다.

〈프레시 에어〉의 에피소드 한 편이 마침내 방송을 탈 때까지 프로듀서 세 명 모두는 같은 인터뷰 내용을 최소 서너 번 이상 듣는다. 녹음 내용이 재생될 때마다 그들은 표정과 의미의 세밀한 변화뿐 아니라 들숨과 머뭇거림, 초조한 떨림 등과 같은 신호들까지 포착해낸다. 실제로, 사만 옆에 앉아 그녀가 디지털 편집 프로그램으로 인터뷰 원본을 능숙하게 손질하는 모습을 구경하다 보니, 대화의 섬세한 결이 귀에 들어오기 시작했다. 나는 이런 질문들을 마저 던져보았다. "'음'이나 '어' 같은 발언이 중요해지는 때는 언제인가?' '방금 전의 그 호흡에는 의미가 있는 건가?' '그는 왜 저 단어를 계속 반복하는 건가?' 이런 식의 관찰은 단순한 문장 하나에 얼마나 많은 정보가 숨겨져 있는지 알아차릴 수 있게 해준다. 또한 그것은 일상적인 대화보다 편집된 인터뷰에 귀를 기울이는 것이 훨썬 더 쉬운 이유도 깨닫게 해준다. 실제 대화는 방송용 인터뷰만큼 명료하지가 못한 것이다. 일상적인 대화는 좀 더 두서없고, 산만하고, 혼란스러운 경향이 있다.

언어에서 오는 차이

영어로 나누는 대화는 특히나 더 산만해지기 쉽다. 언어 자체가 복잡한 데다 확장성마저 지니고 있기 때문이다. 언어학자들과 사전 편찬자들은 영어 단어의 수가 약 100만 개 정도 되며 시간이 갈수록 더 늘어나고 있다고 주장했다.[6] 그리고 문학평론가 시릴 코널리 Cyril Connolly는 영어가 "여러 대의 쓰레기 운송 선박들에 의해 오염되고 있는" 넓은 강과도 같다고 말한 바 있다.[7] 하지만 작가 월트 휘트먼Walt Whitman은 영어를 "모든 방언과 인종, 세월이 한자리에 모여 자유분방하면서도 오밀조밀하게 조합된 결과"라고 좀 더 관대하게 묘사했다.[8] 어느 쪽이 진실이든, 영어는 원어민들에게조차 오해하기 가장 쉬운 언어로 받아들여지고 있다.

섬 지역을 제외하고 보더라도, 미국 내부에는 온갖 종류의 혼동을 일으키는 방언들이 수없이 많다.[9] 예를 들어, 오하이오 강 서쪽에서는 '캐러멜caramel'이라는 단어의 음절 하나가 사라지기 시작했고(카멜CAR-mel), '피칸pecan'이라는 단어를 발음하는 방식은 지역에 따라 큰 차이가 난다(피칸PEE-can, 패콘pa-CON, 픽콘PICK-on 등). 또한 남부의 일부 지역에서는 무언가를 '흘리다spill'라고 말하는 대신 무언가를 '낭비하다waste'라고 말하며, '원형교차로traffic circle'라는 단어는 미국 북동부로 가면 '로터리rotary'로, 서부로 가면 '회전 교차로roundabout'로 각각 대체된다. 따라서 할머니 댁에 가는 동안, 당신은 천천히 '로터리' 주위를 회전하거나 '카멜 패콘CAR-mel pa-CON' 파이를 좌석 여기저기에 '낭비하게' 될지도 모른다.

개인적인 해석들 또한 우리를 혼란스럽게 만든다. 예컨대, 누군 가가 "적당한 시간에 잠자리에 들고 싶어"라고 말한다고 해보자. 당신은 적당한 시간이 밤 10시 정도라고 생각하겠지만 다른 사람 은 새벽 2시라고 생각할지도 모른다. 또한 '고된 노동'이나 '만족스 러운 섹스[10]', '멀지 않은', '매운 음식' 같은 단어들의 의미도 그 말 을 하는 사람이 누구이냐에 따라 크게 달라질 수 있다. '매달 나를 찾아오는 방문객monthly visitor●'이나 '세상을 떠나다passed away', '뼈 가 굵은big boned●●' 같은 완곡 어법이 혼란을 가중시키는 건 물론이 다. 사람들은 대놓고 말하기 싫은 어떤 의미를 전달하기 위해 수수 께끼 같은 말들을 계속해서 고안해내고 있다. 버지니아 울프Virginia Woolf는 이렇게 말한 바 있다. "단어들은 기억의 반향과 연상들로 가득 차 있다. 수세기 동안 온갖 지역을 돌아다니며 다양한 사람의 입술을 거쳐왔기 때문이다."[11]

다른 언어권에서 자란 사람들과 의사소통을 시도할 때는 문제 가 훨씬 더 복잡해진다. 사피어-워프 가설Sapir-Whorf hypothesis이라

● 생리를 의미함 — 옮긴이.
●● 뚱뚱하다는 의미 — 옮긴이.

고도 알려져 있는 언어상대성linguistic relativity 가설의 영역으로 들어가야 하기 때문이다.[12] 이 가설에 따르면, 한 개인의 모어가 그 사람이 세상을 보고 경험하는 방식에 영향을 미친다고 한다. 남아프리카공화국과 영국의 연구자들이 수행한 뛰어난 연구는 언어상대성 가설을 아주 우아하게 입증한다.[13] 그들은 스웨덴어와 스페인어 사용자들에게 두 편의 애니메이션 영상을 보여주면서 경과된 시간의 양을 평가해보라고 요구했다. 한 영상에는 갈수록 길어지는 선이 묘사되어 있었고 다른 영상에는 계속해서 쌓이는 컨테이너 더미가 묘사되어 있었다. 시간을 길이의 관점에서 '길거나 짧다'고 묘사하는 스웨덴어와 시간을 부피의 관점에서 '크거나 작다'고 묘사하는 스페인어의 특성 차이 때문인지, 스웨덴어 사용자들은 길이가 길어지는 선의 영상을 더 길게 느꼈고 스페인어 사용자들은 부피가 증대되는 컨테이너 더미의 영상을 더 길게 느꼈다. 하지만 사실 두 영상의 길이에는 아무런 차이도 없었다.

자기인식 능력을 점검하라

그렇지만 이해를 가로막는 가장 큰 요인은 역시나 개인적 특성과 감정들이다. 우리가 우리 자신의 배경과 심리 상태를 토대로 경험을 해석한다는 점을 고려하면(그리고 〈프레시 에어〉 프로듀서들처럼 함께 모여 대화에 대해 검토하는 팀을 꾸리는 것이 불가능하다는 점을 고려하면), 자기 자신을 알고 자신의 취약성을 이해하는 것이 잘 들어주는 사람의 중요한 전제 조건이 된다는 점을 이해할 수 있을 것이다.

누군가가 당신의 관점을 두고 "독창적이다"라고 말했다고 해보자. 당신이 남들과 잘 어울리지 못하는 것을 단점이라고 생각하는 유형의 사람이라면 그 사람이 당신의 고유한 관점을 칭찬한 것이라 하더라도 그의 말을 '괴짜처럼 보인다'는 뜻으로 받아들이기 쉬울 것이다. 하지만 당신이 자신의 취약성에 대해 잘 알고 있다면 그 말의 의미를 더 넓은 관점에서 바라보게 될 것이고 상대의 진의를 섣불리 단정지으려 하지도 않을 것이다. 자기 자신의 취약성을 파악하는 건 마치 사각지대를 최소화할 수 있도록 자동차의 백미러와 사이드미러를 재조정하는 것과도 같다.

여러 연구들은 자기인식이나 자기점검self-monitoring 능력이 뛰어난 사람들이 왜 상대의 말을 더 잘 들어줄 수 있는지를 보여준다.[14][15] 그들은 잘못된 결론으로 건너뛰도록 만드는 자신의 측면들을 잘 알고 있고, 따라서 그런 실수를 덜 저지르기 때문이었다. 사실 자기인식을 계발하는 데 있어 가장 중요한 건 대화 도중 일어나는 감정들에 관심을 기울이면서 자신의 불안이나 초조함, 욕망, 소망 등이 듣기 능력을 손상시키는 순간들을 포착하는 것이다. 아마도 배우자나 가까운 친구에게 물어보면 자신의 듣기를 방해하는 요인들에 어떤 것이 있는지 알아낼 수 있을 것이고, 원한다면 훌륭한 심리치료사의 도움을 받을 수도 있을 것이다. 이런 식으로 자기점검을 하는 건 결코 쉬운 일이 아니지만, 그 과정을 감수해낸다면 사교 능력과 공감 능력의 향상이라는 커다란 보상을 얻게 될 것이다. 다른 사람들과 친해지려면 먼저 자기 자신과 친구가 되어야 하는 것이다.

정신분석가들은 보통 그들 자신의 개인적인 문제가 상대방의 느낌과 문제를 이해하는 것을 방해하지 않도록 하기 위해 먼저 그들 자신을 분석하는 과정을 거친다. 오스트리아의 정신분석가이자 지크문트 프로이트Sigmund Freud의 초기 제자 중 한 명인 시어도어 라이크Theodor Reik는 1948년 출간된 자신의 책《제3의 귀로 듣기Listening with the Third Ear》에 "잘 듣는다는 것은 자기 자신의 무의식으로부터 끓어오르는 수천 개의 작은 신호를 관찰하고 기록하면서 그 신호들의 섬세한 효과를 계속해서 알아차리는 것"이라고 말했다.[16] 그에게 있어 자기 자신의 본능적 반응과 직관을 자각하는 것은 듣기를 가능케 하는 제3의 귀를 갖는 것이나 다름없었다.

이와 마찬가지로, CIA에 고용된 신입 요원들도 강도 높은 심사 과정을 거쳐야 하는데, 여기에는 힘든 상황에서 자신의 약점을 다스릴 수 있을 정도로 자기인식 능력이 뛰어나지 못한 사람들을 가려내기 위한 심리 테스트도 포함된다. 워싱턴 D.C.의 포시즌스 호텔에서 전직 CIA 요원인 배리 맥매너스는 설명한다. "자기 자신의 문제를 알지 못하는 사람은 이 일을 해낼 수 없습니다. 우리 모두는 약점과 결점들을 지니고 있지요. 저도 마찬가지이고, 당신도 마찬가지입니다. 하지만 이 일을 할 때는 상대가 제 결점을 파악해내기 전에 제가 먼저 상대의 결점을 파악해야만 합니다."

그의 이런 언급은 듣는 사람의 상황 통제력이라는 주제로 우리를 이끈다. 린든 존슨Lyndon Johnson의 전기 작가 로버트 캐로Robert

Caro는 존슨이 대통령에 재임하던 시절 상원에 어떤 식으로 영향력을 행사했는지 드러내준 전화녹음 내용에 대해 묘사하면서 이렇게 말했다. "사람들은 존슨이 말이 많다고 생각하지요. 하지만 이 테이프들을 들어보면 그가 처음 몇 분 동안 거의 아무 말도 하지 않았다는 점을 발견하게 될 겁니다. 그의 목소리를 찾아봐도 들리는 소리라고는 '음-흠. 음-흠' 하는 소리들뿐이지요. 당신은 곧 그가 뭘 하는 건지 감을 잡게 될 거예요. 그는 상대가 진정으로 원하는 것과 두려워하는 것을 파악해내기 위해 상대에게 귀를 기울이고 있는 것이지요."[17]

이와 유사하게, 사기꾼이나 협잡꾼들 역시 듣기 능력이 탁월한 경우가 많다. 그들은 즉흥적인 발언들 속에 내재된 깊은 의미와 섬세한 비언어적 실마리들에 주의를 기울임으로써 상대의 가장 깊은 두려움과 욕망을 파악해내곤 한다. 그들은 그런 이해를 토대로 해서 상대를 어떻게 '요리'할지 계획을 세운다. 하지만 거짓이나 속임수는 협업의 산물인 경우가 많다는 사실 또한 지적해둘 필요가 있다. 거짓과 속임수는 결국 거짓말을 하는 사람과 자신이 듣고 싶은 것만 듣는 사람의 합작품인 것이다.[18] 사람들이 "에이, 나라면 절대 속지 않을 거야"라는 말을 쉽게 하는 건, 사랑이나 부, 건강 따위를 절실히 원할 때 듣기 능력이 얼마나 심각하게 손상될 수 있는지 제대로 깨닫지 못했기 때문이다.

악명 높은 사기꾼인 멜 와인버그Mel Weinberg●는 거짓말쟁이와 주의 깊게 들을 줄 아는 사람 간의 은밀한 협력관계를 잘 이해하고 있었다.[19] 1970년대 후반 FBI가 앱스캠 스캔들Abscam sting에 연루된 미국의 상원 의원 한 명과 하원 의원 여섯 명을 잡아들이기 위해 그를 고용한 건 바로 그 때문이었다.[20] 와인버그는 1982년 〈뉴욕타임스 매거진The New York Times Magazine〉 기자에게 이렇게 말한 바 있다. "궁지에 몰린 친구가 돈을 필요로 할 때는 그에게 희망을 주어야 한다는 것이 제 철학입니다. 그에게 할 수 있는 일이 아무것도 없다고 말하는 건 그의 희망을 꺾는 것이지요. 모든 사람에게는 희망이 있어야 합니다. 대부분의 사람들이 우리를 경찰에 넘기지 않는 건 바로 그 때문입니다. 그들은 계속해서 우리가 진짜이기를 희망하지요."[21]

사기꾼이 피해자들보다 천성적으로 듣기 능력이 더 좋다는 말은 아니다. 사기꾼들은 단지 듣기가 돈이 된다는 걸 알고 동기를 자극받아 더 많은 훈련을 하는 것뿐이다. 수많은 연구들이 동기를 자극받은 사람들이 더 정확한 인식 능력을 발휘하는 경향이 있다는 점을 보여준다.[22] 반면 피해자들은 기꺼이 듣고자 하는 의욕을 좀처럼 갖지 못한다. 지금 이 순간 사기꾼이 들려주는 달콤한 거짓말이 너무나 호소력 있게 다가오기 때문이다.

듣기 능력이 훌륭한 사람들은 남을 속이는 데도 능하지만, 속임수를 탐지해내는 데도 능하다고 말할 수 있다. 누군가에게 속았던

● 영화 〈아메리칸 허슬American Hustle〉에서 크리스천 베일Christian Bale이 연기한 캐릭터는 와인버그에게서 영감을 받은 것으로 알려져 있다.

경험들을 솔직히 떠올려본다면, 놓쳤거나 눈감아버린 무언가가 있다는 점을 발견할 수 있다. 지나치게 다급한 어조와 앞뒤가 안 맞는 사실들, 질문을 던질 때마다 목소리에 묻어나오는 미묘한 적대감, 하는 말과 제대로 조화를 이루지 못하는 얼굴 표정, 정확히 뭐라 짚어 말하기 힘든 가슴 속 깊은 곳의 불쾌감 등이 그것이다.

우리는 종종 진실뿐 아니라 거짓말까지도 놓치곤 하는데, 그 이유는 누군가가 이해가 안 가는 무언가를 말했을 때 대화를 중단시키고 "잠깐, 방금 한 말이 이해가 잘 안 가"라고 말하길 꺼리기 때문이다. 〈프레시 에어〉의 인터뷰 원본에는 테리 그로스가 게스트들을 멈춰 세우고 방금 한 말의 의미를 설명해달라고 요청하는 광경이 자주 등장한다. 하지만 일상적인 대화를 할 때 우리는 상대의 말이 이해가 잘 가지 않아도 그냥 넘어가는 경향이 있다. 굳이 번거로움을 감수할 필요가 없다고 생각하거나 상대가 한 말의 의미를 충분히 추측할 수 있다고 믿기 때문이다. 또한 우리는 상대에게 둔한 사람이라는 인상을 주는 것이 싫어서 설명을 요청하길 꺼리기도 한다. 당신은 농담을 의도한 것이 아닌데도 당신의 말에 웃음을 터뜨리는 사람들을 얼마나 많이 겪어보았는가? 또는 상대의 말이 이해되지 않는데도 고개를 끄덕여본 경험이 얼마나 되는가? 아마 셀 수 없을 정도로 많을 것이다. 미시시피 대학교의 커뮤니케이션 연구자 그레이엄 보디도 이렇게 말한 바 있다. "이유가 무엇이든, 우리는 종종 상대가 한 말의 의미를 제대로 확신하지 못할 때조차 대화를 멈추고 물어보길 주저합니다."

보디는 학술적인 작업에 더하여 기업 컨설팅 업무도 병행하고 있는데, 그중에서도 특히 영업사원들의 듣기 능력 향상을 돕기 위한 훈련 프로그램에 집중하고 있다. 그는 대화 내용 중 이해가 가지 않는 부분을 적당히 얼버무리고 넘어가는 태도가 큰 실수의 주된 원인이 되는 만큼, 그런 태도를 가장 경계한다고 말했다. "대화의 모든 내용이 다 중요하다고 가정해야 합니다. 어느 한 부분이 이해가 잘 안되면 거기에 관심을 기울일 필요가 있어요." 그가 말했다. "그런 일이 발생할 때 대부분은 무언가 이상하다는 걸 느끼면서도 그냥 계속 대화를 이어가려 합니다. 하지만 그럴 때는 대화를 멈추고 그 부분의 의미부터 분명히 해야 해요. '당신이 말한 ×가 무슨 뜻인지 모르겠다'라는 식으로 질문을 던져야 하는 거죠."

우리는 이해가 안 가는 부분들을 명료히 하지 못한 데서 비롯된 다양한 재난을 잘 알고 있다. 챌린저Challenger호 폭발 사건과 리먼브라더스Lehman Brothers 파산 사태, 매년 25만여 명씩 사망자를 내는 의료사고 등이 그렇다.[23] 하지만 우리의 일상을 가득 메우고 있는 모든 의사소통상의 실수들에 대해서는 어떤가? 그런 작은 실수들은 재난과는 거리가 멀지 모르지만, 어쨌든 안 좋은 효과를 내는 건 결국 마찬가지다. 우리는 종종 "아! 이제야 알겠어"라고 소리치곤 하지만, 우리가 포착하지 못하는 의사소통상의 오류들은 그보다 훨씬 더 많다. 우리는 상처받은 느낌들과 놓쳐버린 기회, 망쳐버린 일들을 제대로 감지하지 못한다. 이 모든 것이 이해를 분명히 하려는 노력을 게을리한 탓이다.

의사소통에서의 오류는, 의견 차이와 마찬가지로, 다른 사람들이 자신과 같지 않다는 사실을 상기시켜주는 가치 있는 자극제이다.[24] 제대로 이해하는 건 자기 자신뿐이므로, 세상에 대해 유아론적인 관점을 취하는 건 사실 자연스러운 일이다. 우리는 다른 사람들의 논리와 동기들이 자신의 것과 비슷할 것이라고 잘못 추정하곤 한다. 하지만 그들은 살아온 배경도 다르고 성향도 다르다.

　　우리는 지적인 차원에서는 이 점을 이해하지만, 그럼에도 상대가 기대를 벗어나는 방식으로 생각하거나 행동한다는 사실을 깨닫는 순간은 항상 충격으로 다가온다. 하지만 이런 의사소통상의 오류들은 하나의 기회로 삼을 수도 있다. 그런 순간들이 더 주의 깊게 귀를 기울이고 더 깊이 있게 질문을 하도록 우리를 자극하기 때문이다. 마일스 데이비스Miles Davis가 말했듯이 "상대가 한 말을 다 이해한다면 우리는 상대방과 동일 인물일 것"이다.[25]

11장

생각 정리하기

내면의 목소리는 힘이 세다

내게는 (성공한 많은 사람이 그렇듯) 자기 자신에게 매우 가혹하게 구는 친한 친구가 한 명 있다. 그녀는 엄청나게 성공적이고 매력적이고 따뜻하고 재치 있지만, 삶에서 무언가가 잘못될 때마다 자기혐오 속으로 굴러떨어지곤 한다. 갑자기 그녀는 완벽한 실패자이자 바보로 돌변해 가장 간단한 일조차 제대로 처리하지 못하게 된다. 그녀가 이런 자기비판에 몰입할 때마다 나는 그녀에게 스팽키의 말에 귀를 기울이는 걸 중단하라고 말하곤 한다. '스팽키Spanky'는 그녀가 자기 내면의 목소리에 붙인 이름이다. 스트레스를 받을 때 나타나 무자비하게 우리를 꾸짖으며 기를 꺾는 목소리 말이다.

우리는 모두 머릿속에 목소리들을 지니고 있다. 우리는 사소한 것들과 심오한 것들에 대해 끊임없이 우리 자신에게 이야기를 해 댄다. 도덕적 논쟁을 벌이기도 터무니없는 토론을 일삼기도 하며, 비난을 퍼붓기도 자신의 행동을 합리화하기도 한다. 또한 과거의 사건들을 분석하기도 하고 미래의 일들을 미리 연습하기도 한다. 머릿속의 목소리들은 기운을 북돋울 수도 힘을 빼놓을 수도 있고, 우리 자신을 배려할 수도 비판할 수도 있으며, 우리를 칭찬할 수도 멸시할 수도 있다. 영국 더럼 대학교의 심리학자 찰스 퍼니휴Charles Fernyhough는 오래도록 내면의 독백에 대해 연구를 진행해온 만큼, 이 사실을 누구보다도 잘 안다.

내적 독백에 대한 그의 관심은 그의 박사학위 논문에서 비롯되었다. 논문에서 그는 문제를 해결하고 감정을 조절하기 위해 스스로에게 크게 이야기를 하는 아이들의 독특한 습성에 대해 논의했다. 그런데 우리는 성장한 뒤에도 자기 자신에게 이야기하는 걸 멈추지 않는다.[1] 다만 그 이야기를 머릿속으로 하는 법을 습득했을 따름이다. 그렇지만 때로는 그 목소리가 입 밖으로 새어나오기도 한다. 열쇠를 어디 두었는지 큰 소리로 스스로에게 묻거나 뉴스를 보며 무언가에 대해 입으로 비난을 퍼붓는 경우가 여기 해당된다. "제 머릿속에서는 내적 독백이 끊이지 않기 때문에 입 밖으로까지 흘러나올 때가 많습니다." 퍼니휴가 말했다. 그의 아내는 남편의 이런 독백에 익숙해졌지만, 때로는 버스 안에서 자기도 모르게 중얼거리는 바람에 이상한 사람 취급을 받을 때도 있다고 한다. "내적인 대화나 독백은 누구나 다 하는 것입니다. 그건 주거니 받거니 하는 과정이지요. 자신의 머릿속에서 이야기를 하기도 하고 듣기도 하는 것입니다." 그가 말했다.

실제로 우리가 혼잣말을 할 때 사용하는 두뇌 영역과 다른 사람에게 이야기를 할 때 사용하는 두뇌 영역은 완전히 일치한다.[2] 이른바 사회적 인지social cognition, 즉 마음의 이론theory of mind을 담당하는 두뇌 영역이 그곳인데, 우리가 상대에게 공감하면서 타인의 의도와 욕망, 감정 등을 읽을 수 있는 건 바로 이 영역 덕분이다.

퍼니휴는 자신의 책 《내 머릿속에 누군가 있다》에서 "윌리엄 제임스William James와 찰스 샌더스 퍼스Charles Sanders Peirce, 조지 허버트 미드George Herbert Mead 같은 위대한 철학자들과 사회이론가들 역시 우리의 자아가 스스로 타인의 관점을 취함으로써 자신과 대화를 나눈다는 사실을 믿었다"고 말한 바 있다.[3] 한 예로 코치의 목소리를 내면화하는 운동선수를 들 수 있다. 또는 어머니나 상사, 배우자, 형제자매, 친구, 심리치료사 등과 나누었던 대화를 자기 자신을 상대로 반복하는 경우를 생각해볼 수도 있을 것이다.

이처럼 다른 사람의 말에 귀를 기울이는 것은 자기 자신의 내적 독백의 어조와 질을 결정짓는다. 우리가 예전에 나눈 대화는 우리에게 질문하는 법과 답변하는 법, 설명하는 법 등을 가르쳐줌으로써, 문제를 해결하거나 윤리적 딜레마에 대처하거나 창의적 사고를 할 필요가 있을 때 우리 자신을 대상으로 묻고 답할 수 있도록 한다. 내적 독백은 보통 이런 식으로 진행된다. '이렇게 하면 잘 될 거야. 아냐, 이렇게 하는 게 더 낫겠어. …… 임금을 올려달라고 요구해봐야지. 근데 너는 일한 지 두 달밖에 안 됐잖아. …… 아이스크림이 먹고 싶어. 하지만 먹으면 저녁이 엉망이 될 거야. …… 그녀는 정말 매력적이야. 아냐, 안 돼, 정신 차려, 그녀는 결혼했잖아.'

이런 종류의 개인적인 독백은 아이들에게 도움이 될 뿐 아니라 성인들의 인지 과제 수행력까지도 높여주는 경향이 있다.[4] 연구 결과들에 따르면, 살아가는 동안 더 많은 사람의 말에 귀를 기울일수록 머릿속에서 하나의 주제에 대해 더 많은 입장을 취해볼 수 있게 되고, 그 결과 떠올릴 수 있는 해결책의 수도 그만큼 더 많아진다고 한다. 또한 내적인 독백은 인지 복잡성을 증진시키고 강화하기도 한다. 다양한 견해를 편안하게 받아들이고, 개념들을 조합하고, 새로운 아이디어를 떠올리는 능력 말이다.

보다 세련되고 풍부한 내적 독백은 부모의 관심과 사회경제적 지위와 연관되어 있는 것으로 밝혀졌다.[5] 귀를 기울일 기회가 제한된 환경에서 성장한 아이들은 내적 독백 역시 제대로 발달시키지 못하는 경향이 있었다. 예를 들어, 수입이 적고 '얌전한 아이'를 선호하는 경향이 있는 애팔래치아 지역에서 자란 아이들은 바쁜 부모를 둔 빈민가의 아이들과 마찬가지로 내적 독백 능력이 떨어지는 것으로 나타났다.[6,7]

내적 독백이 중요한 건 자기 자신에게 이야기를 건네는 방식이 다른 사람들의 말을 듣는 방식에도 영향을 미치기 때문이다. 예컨대, 자기비판적인 내면의 목소리를 지닌 사람이 다른 누군가의 말을 듣는 방식은 남을 비방하는 내면의 목소리를 지닌 사람이 다른 사람의 말을 듣는 방식과 크게 다를 것이다. 즉, 그들은 각각 '전부 내 탓이야'라는 관점과 '전부 그들 탓이야'라는 관점에서 상대의 말을 해석할 것이다. 내적 독백은 다른 사람들의 말을 왜곡해 그 해석에 영향을 미침으로써 결국 우리의 행동방식에까지 영향력을 행사하는 것이다.

2장에서 언급한 애착 전문 심리학자 미리엄 스틸을 기억하는가? 1950년대까지 거슬러 올라가는 애착 전문가들의 저술을 토대로 한 그녀의 연구는, 머릿속에서 되풀이되는 목소리들이 어린 시절에 들은 목소리들을 그대로 반영한다는 점을 보여준다. 스틸에 따르면, 유년기의 애착관계가 안정적인 경우, 즉 부모나 보호자가 아이의 욕구와 필요에 귀를 기울이고 관심을 가져준 경우에는, '더 친근한' 내면의 목소리를 계발하게 된다고 한다.

우리 모두가 죄책감을 느끼면서 자기 자신과 싸움을 벌이지만, '정말로 그렇게 행동하길 바라니? 상대의 입장을 헤아려보는 게 어때? 그래, 물론 기분이 나빴지만 그들이 나쁜 의도로 그런 건 아닐 거야'라고 말하는 내면의 목소리는, '그들은 도무지 나를 가만 내버려두려 하지 않아. 난 정말 형편없는 놈이야'라고 말하는 내면의 목소리와 너무나도 다르다. 후자의 목소리는 모두에게 해가 되는 방식으로 반응하도록 우리를 부추기는 그런 목소리이다.

내면의 목소리가 엄청난 영향력을 행사하는 이유 중 하나는 그 소리가 밖에서 들리는 소리들보다 더 크게 지각되기 때문이다. 미국과 중국의 연구자들은 '다$_{da}$'라는 음절을 반복적으로 상상하도록 요청받은 피험자들이 외부에서 들리는 소리들을 더 부드럽게 지각했다는 점을 발견해냈다.[8] 내면의 목소리가 귀로 들어온 소리들을 약화시키거나 묻어버린 것이다. 이뿐만 아니라 그들 두뇌의 청각 중추는 외부의 소리들에 상대적으로 자극을 덜 받는 경향이 있었다. 단 하나의 음절을 반복할 때 나타나는 효과가 이 정도라면 머릿속에서 진행되는 독백에 완전히 사로잡혔을 때 무슨 일이 벌어질지 상상이 갈 것이다. 아마도 주변 사람들은 우리를 보며 이렇게 생각할 것이다. '그가 너무 냉담해 보여. 내가 그를 기분 나쁘게 했나? 그냥 오늘 컨디션이 좀 안 좋은 건지도 몰라. 아냐, 아무래도 나한테 단단히 화가 난 것 같아.'

일부 이론가들은 독서도 내적 독백의 한 형태라고 주장한다. 연구 결과들은 글을 읽는 동안 우리가 머릿속에서 단어들을 나름대로 소리 낸다는 점을 보여준다.[9] 어떤 단어를 발음하는 데 더 긴 시간이 걸리면 읽는 데도 더 긴 시간이 걸릴 것이다. 또 다른 연구는 피험자들에게 빠르게 말하는 사람과 느리게 말하는 사람의 목소리를 각각 들려준 뒤, 그들 중 어느 한 사람이 쓴 것으로 간주되는 대본을 읽어보라고 요청했을 때, 피험자들이 그 대본을 쓴 사람과 거의 같은 속도로 대본을 읽어 내려갔다는 점을 보여준다.[10]

특정 작가를 사랑하는 많은 독자는 책을 읽을 때 그 저자만의 고유한 목소리를 듣게 된다고 보고해왔다. 아마도 그들은 작가가 창조해낸 캐릭터들의 독특한 목소리까지도 듣게 될 것이다. 실제로, 이와 관련된 연구들은 간접화법으로 된 문장보다는 직접화법으로 된 문장을 읽을 때 목소리를 감지하는 청각중추의 특정 영역이 더 활성화된다는 점을 발견해냈다.[11] 즉, "그는 '나는 그녀와 사랑에 빠졌어'라고 말했다"라는 문장을 읽을 때는 우리의 두뇌가 실제 사람의 목소리를 들은 것과 같은 반응을 보이지만, "그는 자기가 그녀와 사랑에 빠졌다고 말했다"라는 문장을 읽을 때는 그렇지 못하다는 것이다.

퍼니휴와 그의 동료들은 〈가디언The Guardian〉과 제휴를 맺고 독자 1,566명을 조사했는데, 그 결과 89퍼센트의 사람들이 책 속에 등장하는 캐릭터들의 목소리를 상당히 생생하게 들었다고 답한 것으로 드러났다.[12] 56퍼센트의 독자들은 일부 캐릭터들의 목소리가 책을 읽지 않을 때에도 머릿속을 맴돌면서 자신의 내적 독백의 어조와 내용에 영향을 미친다고 답했다. 물론 많은 소설가도 자신들의 캐릭터가 자신에게 말을 걸면서 소설의 방향을 결정짓곤 한다고 고백한 바 있다. 소설가 레이 브래드버리Ray Bradbury에게 매일같이 글을 쓰는 습관에 대해 질문했을 때, 그 역시 침대에 누워 머릿속의 목소리들에 귀를 기울이는 것으로 아침을 시작한다고 답했다. "저는 그것을 '아침 극장'이라고 부릅니다." 그가 말했다. "제 캐릭터들이 서로에게 이야기하는 내용을 듣다가 흥분이 최고점에 달하면, 침대 밖으로 뛰쳐나와 기억이 사라지기 전에 그 대화 내용을 글로 옮기지요."[13]

스스로를 이해하는 법

내적 독백의 성격은 실제 사람들의 목소리뿐만이 아니라, 미디어에서 일상적으로 듣는 목소리들에도 영향을 받을 수 있다. 예컨대, 숀 해니티Sean Hannity나 오프라 윈프리Oprah Winfrey, 저지 주디Judge Judy 같은 사람들의 어조와 어투는 당신이 그 사람을 좋아하는 정도에 따라 당신의 머릿속을 지배할 것이다. 당신 내면의 목소리는 누구를 연상시키는가? 그 목소리가 당신에게 뭐라고 말하는가? 당신 내면의 목소리는 상황에 따라 다른 목소리를 내는가? 그 목소리는 친근한가? 비판적인가? 스스로에게 이런 질문들을 던져보는 건 중요한데, 내면의 목소리는 대상에 대해 숙고하고, 상황을 해석하고, 도덕적 판단을 내리고, 문제를 해결하는 방식에 큰 영향을 미치기 때문이다. 이런 방식들은 다시 세상을 바라보는 관점에도 영향을 미친다. 즉, 당신은 다른 사람들이나 자기 자신의 좋은 점에 집중하게 될 수도, 나쁜 점만 골라보게 될 수도 있다.

문제는 사람들이 자기 자신의 내면에 진정으로 관심을 기울이는 것을 극도로 꺼린다는 것이다. 이 사실은 버지니아 대학교의 심리학자들이 700명이 넘는 사람들을 대상으로 수행한 열한 번의 실험을 통해 입증되었다. 대다수의 피험자들은 방 안에서 혼자 생각만 하면서 보내는 6분에서 15분 정도의 시간을 견딜 수 없어 했다. 한 실험에서는 남성의 64퍼센트, 여성의 15퍼센트 정도가 차분히 생각에 잠기는 대신 자기 자신에게 전기충격을 가했다.[14]

이는 많은 사람이 내 친구를 괴롭히는 스팽키와 같은 내면의 목소리를 지니고 있다는 것을 의미한다. 내면의 목소리가 더 친근하다고 하는 경우라 하더라도, 우리의 내적 독백은 인간관계 문제나 직업적 문제, 건강 문제 등 걱정거리인 경우가 많다. 인간은 타고난 문제해결자인 만큼 조용한 순간이 오면 우리의 마음은 자연히 그런 곳으로 향하게 된다. 해결해야 할 문제들에 대한 이 같은 집착은 어떤 사람들은 왜 항상 할 일을 찾아다니면서 휴식 시간조차 편안하게 보내지 못하는지를 설명한다. 하지만 내면의 목소리를 억누르려는 시도는 오히려 그 목소리를 더 키울 뿐이다. 그 목소리는 더 시끄러워지고 고집스러워지는데, 일부 사람들은 더 바쁘게 일을 함으로써 그 소리들을 몰아내려 한다. 그렇지만 그런 전략은 결코 효과를 내지 못한다. 내면의 목소리는 항상 거기에 있고, 설령 낮 시간 동안 우리의 관심을 끌지 못한다 하더라도 새벽 4시에 우리를 잠자리에서 깨우면서 이렇게 말할 것이기 때문이다. '안녕! 나 기억하니?'

스스로에게 다르게 말하는 방법을 배우는 것은 인지행동치료의 핵심이다. 아이를 비하하는 부모나 부정적인 친구의 목소리처럼 도움이 안 되는 내면의 목소리는 심리치료사의 목소리처럼 더 친절하고 개방적인 목소리로 대체되는데, 이는 다시 삶에 대한 만족감을 증대시키는 데 효과가 있는 것으로 입증되었다. 많은 사람의 다양한 목소리에 귀를 기울이는 것 또한 도움이 된다. 다양한 목소리는 다양한 관점을 가능케 하기 때문이다. 실제로 사람들에게 질문을 던지고 그들의 반응을 살피는 과정을 거치다 보면, 혼자서 독백을 할 때도 그런 태도를 취하게 될 것이다. 어떤 문제가 아무리 힘들고 어렵다 하더라도 그 문제를 해결하거나 완화시키는 유일한 방법은 내적 독백뿐이라는 점을 기억해야 한다.

뛰어난 물리학자이자 노벨상 수상자인 리처드 파인먼Richard Feynman이 제2차 세계대전 당시 신체검사를 받을 때 정신과 의사가 그에게 "당신은 혼잣말을 합니까?"라고 물어보았다고 한다. 이와 관련해 파인먼은 그의 전기 작가에게 이렇게 말했다. "그때 저는 의사에게 거짓말을 했습니다. 사실 저는 가끔씩 저 자신과 매우 복잡한 대화를 나누곤 하지요. 저는 이런 식으로 혼잣말을 합니다. '잘 봐, 전체는 부분들의 합 이상이니 압력이 더 높아져야 해', '아니야, 넌 미쳤어', '아냐 난 안 미쳤어! 안 미쳤다고!' 저는 제 자신과 논쟁을 벌이기도 하지요.[15] 제 안에는 서로 상호작용을 주고받는 두 개의 목소리가 존재합니다."

파인먼은 아버지와 아내, 친구, 동료들과 나눈 모든 대화가 자신의 내적 독백에 영향을 미쳤다고 말했다. 파인먼은 자신의 책 《발견하는 즐거움》에서 이렇게 말했다. "우리 머릿속에 들어 있는 다양한 관점을 한데 모아놓고 서로 비교하는 과정을 거침으로써, 우리는 우리가 누구이고 어디에 있는지 좀 더 잘 이해하게 된다."[16]

유대를 이끄는 듣기

대화 나르시시즘의 징후

윈스턴 처칠의 어머니이자 미국 사교계의 명사였던 제니 제롬Jennie Jerome은 영국의 라이벌 정치가들인 벤저민 디즈레일리Benjamin Disraeli, 윌리엄 글래드스턴William Gladstone과 따로 저녁 식사를 한 경험을 다음과 같이 묘사한다. "글래드스턴 옆에서 식사를 한 후 자리를 뜰 때 저는 그가 영국에서 가장 똑똑한 남자라고 생각했습니다. 하지만 디즈레일리 옆에서 식사를 한 후 일어설 때는 저 자신이 가장 똑똑한 여성이라고 느꼈지요."[1]

그녀가 디즈레일리와 나눈 대화를 선호한 건 놀랄 일이 아니다. 영국 보수당 출신으로 두 번이나 수상을 지낸 그는 탁월한 연설가이기도 했지만, 대화의 주도권을 상대방에게 양보할 정도로 세심하고 명민하게 들을 줄 아는 사람이기도 했다. 이런 태도로 인해 그는 빅토리아 여왕의 총애를 받았는데, 일부 사람들은 여왕이 선거 기간 동안 디즈레일리에 대한 지지를 숨김없이 드러내는 것을 보면서 헌법에 위배되는 행위라고 평하기도 했다. 하지만 디즈레일리가 귀족이나 왕족들의 말에만 세심한 관심을 기울인 건 아니다. 잘 알려져 있다시피, 〈런던타임스The Times of London〉의 기자는, 그는 마치 조각가가 "대리석에서 천사를 보는" 것처럼 노동자들에게서 보수 유권자를 볼 수 있었다고 쓴 바 있다.[2]

디즈레일리는 보스턴 칼리지의 사회학자 찰스 더버Charles Derber 가 '지지반응support response'이라 부른 태도를 완전히 몸에 익힌 사람이었다. 1970년대 이래로 더버는 사회적 환경 속에서 사람들이 타인의 관심을 받기 위해 어떤 식으로 행동하고 경쟁하는지 관심을 기울여왔다. 저녁 식사 시간에 이루어지는 100여 건 이상의 대화를 녹음하고 기록한 끝에 그는 두 종류의 반응을 식별해낼 수 있었다.[3] 가장 흔하게 목격되는 반응은 화자의 주의를 청자 쪽으로 이끌어오는 '전환반응shift response'이었고, 다른 하나는 화자를 격려하여 더 상세한 설명과 정보를 이끌어내는 '지지반응'이었다. 몇 가지 예를 들자면 다음과 같다.

존: 지난주에 우리 집 개가 집을 나갔어. 녀석을 찾는 데 3일이나 걸렸지.
메리: 우리 집 개는 울타리 밑을 파는 걸 너무 좋아해서, 밖에

데리고 나가려면 목줄부터 채워야 해. (전환반응)

존: 지난주 우리 집 개가 집을 나갔어. 녀석을 찾는 데 3일이나
　　걸렸지.
매리: 걱정 많이 했겠네. 어디서 찾았어? (지지반응)

수: 어젯밤에 거북이의 생애를 다룬 훌륭한 다큐멘터리를 봤어.
밥: 난 다큐멘터리는 별로야. 그보다는 액션 영화가 취향에 맞
　　아. (전환반응)

수: 어젯밤에 거북이의 생애를 다룬 훌륭한 다큐멘터리를 봤어.
밥: 거북이? 네가 그런 거에 관심 가질 줄은 몰랐네. 거북이 좋
　　아하나 봐? (지지반응)

　　지지반응은 훌륭한 듣기 능력을 갖추기 위한 필수 조건이다. 이
런 반응은 10장에 제시한 것과 같은 불필요한 오해들을 피하도록
해줄 뿐 아니라, 5장에서 강조한 상대를 향한 존중 또한 표현할 수
있게 해준다. 더버에 따르면 전환반응은 교감의 가능성마저 짓밟
아버리는 '대화 나르시시즘conversational narcissism'의 징후라고 한다.
실제로 전환반응이 대부분 자기 자신에 관한 언급으로 구성되어
있는 반면, 지지반응은 타인을 향한 질문의 형태를 띠는 경우가 많
다. 하지만 후자의 경우에도 질문은 자기 자신의 의견을 강요하기

위한 폐쇄형 질문이 아닌 더 많은 정보를 이끌어내기 위한 개방형 질문이어야 한다. "그래서, 너 화났지?"가 아닌 "그래서 기분이 어땠어?"가 되어야 하는 것이다. 우리는 화자의 관점을 장악하려 드는 대신 이해하려 해야 한다.

여기서 빈칸 채우기 형태의 질문이 도움이 될 수 있다. 예컨대, "너 왜 로저하고 싸운 거야?"라는 식으로 질문을 던지면, 상대는 자신이 원하는 방향으로 대화를 이끌어나갈 수 있게 된다. 하지만 "너 67번가에 있는 카페에서 로저와 말다툼을 벌인 거 맞아?"와 같은 식으로 논점과 맥락에서 벗어난 세부 사항에 대해 질문을 던지는 건 피해야 한다. 그들이 싸움을 벌인 장소나 시간 같은 건 둘 사이에 있었던 일만큼 중요하지 않기 때문이다.

우리가 두려워하는 것

박식하다는 인상을 심어주길 바라는 많은 사람은 이미 답을 알고 있다는 식으로 질문을 던지는 것을 좋아한다. 또한 일부 사람들은 자신이 원하는 답변을 유도하는 방식으로 질문을 조직하기도 한다. 하지만 듣기 능력이 훌륭한 사람들은 "……한 거 맞지?"나 "……하다는 데 동의하지?"와 같은 질문을 절대 던지지 않는다. 이런 질문들은 사실 위장된 전환반응에 불과한 것으로, 질문자의 기대에 맞게 왜곡된 불완전한 답변들만 이끌어내는 경향이 있다.

또한 자기 과시적 정보가 담긴 장황한 질문을 던지는 것도 피해야 한다. "저는 조경건축 전공자로, 센트럴파크를 디자인한 건축가

이자 제대로 인정받지 못한 천재이기도 한 프레더릭 로 옴스테드 Frederick Law Olmsted의 팬이기도 하며, 여행을 좋아하고, 런던의 세인트 제임스 정원이나 파리의 불로뉴 숲 같은 위대한 공원들에서 느껴지는 활력에 깊은 인상을 받기도 했는데, 당신도 녹지 공간에 대해 더 큰 야심을 가질 필요가 있다는 제 의견에 동의하시는지 묻고 싶습니다." 이건 친환경 포럼에 참석한 누군가가 청중석에서 일어나서 실제로 던진 질문이다. 이 사람처럼 되지 말기를 바란다.

은밀한 가정이 내포된 질문을 던지지 않도록 주의하는 것 또한 중요하다. 또 다른 유명 사회학자 하워드 베커 Howard Becker는 바로 그런 질문을 던졌다는 이유로 나를 꾸짖은 바 있다. 가파르고 구불구불한 롬바르드가가 내려다보이는 그의 연구실에 앉아 대화를 나누던 도중, 나는 그에게 질문을 던졌다. "사회학자가 되기로 결심한 이유가 무엇인가요?" 그러자 베커는 마치 악취라도 맡은 것처럼 표정을 일그러뜨리며 이렇게 말했다. "당신은 그게 제 결정이었다는 듯이 말하고 있군요. '어떻게 해서 사회학자가 된 건가'라고 묻는 편이 더 낫지 않을까요?"

노스웨스턴 대학교에서 오래도록 교수 생활을 해온 베커는 다양한 문화적 환경 속에 스스로 뛰어들어, 수개월 동안 한곳에서 생활하면서 내부자의 시선으로 그들의 삶을 묘사한 것으로 유명하다.[4] 그의 연구 대상에는 재즈 음악가, 대마초 흡연자, 예술가, 배우, 의과대학생 등도 포함됐다. 그가 내게 말했다. "제가 다른 사람들보다 더 잘 들어주는 편인지는 잘 모르겠지만, 저는 이해가 안 가는 말을 들었을 때 그 말의 뜻을 반드시 물어봅니다." 그는 '던지지 않은 질문이야말로 최악의 질문'이라고 생각하고 있었다.

혈기 왕성한 91세 노인인 베커는 사람들이 왜 그토록 질문하는 것을 꺼리는 건지 도무지 이해가 안 간다고 했다. 강연자이자 연구자로 전 세계를 여행하면서 4개국에서 생활해본 그는, 말을 하지 않는 성향이 전 세계적으로 비생산적인 결과를 초래하고 있는 것 같다고 말했다. 그는 샌프란시스코와 파리를 오가면서 생활하고 있었는데, 이렇게 두 문화권을 왕래하는 생활방식 덕분에 기존의 앎에 안주하지 않게 된 것 같다며 다행스러워했다.● "모어로 평범한 대화를 나눌 때는 너무나도 많은 것이 당연시됩니다." 그가 말했다. "이야기를 하는 도중 무슨 뜻인지 잘 모르는 말이 나와도 우리는 그 말을 그냥 흘려보내지요. 그 말이 중요하지 않다고 생각하거나 질문하는 걸 당혹스럽게 느끼기 때문이에요."

어쩌면 사람들은 답변 자체를 두려워하는 건지도 모른다. 사실, 개방형 질문을 던지는 순간 우리는 대화의 방향을 예측할 수 없게 될 뿐 아니라, 상대의 감정을 자극할 위험을 감수해야 하기 때문이다. 개방적인 태도로 귀를 기울이는 건 어느 정도 모험심과 용기를 필요로 하는데, 그건 앞으로 무슨 일이 일어날지 도무지 예측을 할 수 없기 때문이다. "많은 사람이 그런 상황을 불편해합니다." 베커

● 프랑스의 많은 대학은 베커의 저작들과 '베커이즘Beckerisme'이라 불리는 그의 연구방식을 학생들에게 권유한다.5

가 말했다. "상당수의 사람들이 귀를 기울이는 걸 힘들어해요. 남성 사회학자들이 현장 연구보다 통계 연구를 선호하는 것도 그 때문입니다. 사람들을 깊이 있게 알아가는 힘든 과정을 피하고 싶어 하는 거죠."

이건 베커만의 견해가 아니다. 이와 비슷한 연구들도 남성과 여성 피험자 모두 여성이 더 개방적이고 섬세하게 듣는다고 인식했다.[6] 또한 일부 증거들은 여성이 개인적이고 감정적인 정보에 더 초점을 맞추는 반면, 남성은 사실에 기반을 둔 정보에만 주로 주의를 기울인다는 점을 입증했다.[7] 여성이 상대방의 신뢰를 더 쉽게 얻을 뿐 아니라, 상대의 내밀한 정보에도 더 쉽게 접근할 수 있는 건 바로 이 같은 차이 때문이었다. 여성 특유의 성향으로 인해 더 흥미롭고 깊이 있는 대화가 가능한 것이다.

하지만 이런 성향이 천성에서 비롯된 것인지 양육의 결과인지에 대해서는 의견이 분분하다.[8] 일부 사람들은 소년들에게 남자답게 행동하면서 타인의 감정에 무심해지라는 메시지를 보내는 우리의 문화적 환경을 비난하지만, 다른 일부의 사람들은 부모나 사회의 영향력만으로는 여성의 뛰어난 사회적 감수성을 다 설명해낼 수 없다고 주장한다.[9] 심지어 어떤 사람들은 언어적이거나 비언어적인 의사소통 상황에서 감정적 실마리를 제대로 포착해내지 못하는 일종의 자폐 성향을 남성 두뇌 자체의 특성 탓으로 돌리기까지 했다.[10]

이 책을 위해 인터뷰를 수행하는 동안, 나는 여성의 듣기 능력이 남성보다 낫다는 사실을 반복적으로 확인할 수 있었다. 휴스턴의 한 부동산 투자자는 이렇게 말했다. "저는 세입자들을 인터뷰하지 않습니다. 대신 여직원 한 명을 보내 저 대신 인터뷰를 하게 하죠. 여직원들이 저보다 고객들의 마음을 훨씬 더 잘 읽어내거든요. 저는 제 여직원들만큼 듣기에 능하지 못합니다." 이와 마찬가지로 샌프란시스코의 한 벤처 투자가 역시 신생 기업 설립자들을 평가할 때마다 항상 회사에 있는 여성 동료에게 도움을 청한다고 말했다. "그녀는 다른 사람들의 마음을 읽는 능력이 놀라울 정도로 뛰어납니다. 상대가 입을 채 열기도 전에 그들의 동기와 의도까지 간파해낸다니까요. 정말 믿을 수 없을 정도입니다. 어떻게 그럴 수 있는 건지 설명을 좀 해달라고 해보았지만, 그녀도 설명을 잘 못하더라고요. 그녀는 우리 엄마처럼 그냥 그 모든 걸 다 압니다. 아마도 여성만의 타고난 무언가가 있는 것 같아요."

하지만 모든 여성이 남성보다 듣기 능력이 더 뛰어나다고 말하는 건, 모든 남성이 여성보다 키가 더 크다고 말하는 거나 다름없다. 나는 듣기 능력이 형편없는 수많은 여성을 알고 있고, 비범한 듣기 능력을 보유한 남성들도 많이 인터뷰해보았다. 듣기 능력은 성별보다는 성장 배경이나 인생사, 당면한 환경 등과 더 깊은 관계를 맺고 있는 것 같다. 실제로, 일부 사람들은 특정 환경에서 특정한 사람의 말을 들을 때만 탁월한 듣기 능력을 발휘하기도 한다.

그렇지만 어쨌든 모든 사람은, 정도의 차이는 있지만, 상대에게 귀를 기울일 때 마주하게 될지도 모르는 격렬한 감정들을 두려워하거나 불편해하는 경향이 있다. 우리가 아무리 이성적으로 보이려 노력한다 해도, 인간의 내면이 감정으로 가득 차 있다는 사실에는 변함이 없다. 우리 자신의 감정조차 제대로 다루지 못하는 상황에서, 다른 누군가의 내적 혼돈과 마주한다는 건 감당하기 힘든 일일 수 있다.

스위스 로잔 대학교의 연구자들에 따르면, 소리의 크기를 똑같이 맞춘다 하더라도 부정적 감정을 드러내는 목소리들이 중립적이거나 긍정적인 어조의 목소리들보다 훨씬 더 크게 들린다고 한다.[11] 이와 마찬가지로, 미네소타 대학교와 일리노이 대학교의 연구자들은 직장인들이 부정적 대화로부터 얻는 불쾌감이 긍정적 대화로부터 얻는 만족감보다 다섯 배나 더 높다는 점을 밝혔다.[12] 이는 워싱턴 대학교에서 결혼 및 가정과 관련된 연구를 진행하는 존 가트먼John Gottman의 발견과도 잘 부합한다. 그가 수십 년에 걸쳐 진행한 관찰 연구는 긍정적인 상호작용이 부정적인 상호작용을 다섯 배 이상 압도할 때라야 비로소 관계가 성공을 거두게 된다는 점을 보여준다.[13] 이 연구 결과는 상처받는 위험을 감수하는 것보다 혼자 지내는 쪽을 선호하는 우리의 본능적 성향을 잘 설명한다.

《제대로 위로하기》의 저자 켈시 크로Kelsey Crowe와 에밀리 맥다월Emily McDowell은 이런 형태의 회피행동으로부터 비롯되는 또 다른 유형의 전환반응에 대해 설명한 바 있다.[14] 앞서 보았듯이, 더버는 전환반응을 자기 자신에게로 대화의 주도권을 되돌려놓기 위한 자기애적 시도로 정의했다. 하지만 크로와 맥다월에 따르면, 전환반응은, 상대의 감정을 불편하게 느낀 사람들이 상대방의 불쾌감이나 고난에 귀를 기울이면서 상대가 스스로 해결책을 찾도록 돕는 대신, 그 문제 자체를 해결하거나 설명하려고 시도할 때 일어나는 반응이었다. 저자들은 다음과 같은 방식으로 반응하고자 하는 충동을 억제해야 한다고 조언한다.

- 상대의 기분을 안다는 인상을 주는 것
- 문제의 원인을 밝혀내는 것
- 그 문제에 대처하는 방법을 설명하는 것
- 상대의 걱정거리를 축소시키는 것
- 긍정성을 강요하거나 진부한 이야기를 늘어놓는 것
- 상대의 강인함을 칭찬하는 것

문제는 당사자만이 해결할 수 있다

상대의 고민을 들어준다 하더라도 그 문제에 대한 해결책까지 제시할 필요는 없다. 대부분의 경우 사람들이 당신에게 기대하는 건 해결책이 아니기 때문이다. 그들은 단지 자신의 말을 들어줄 사람이 필요할 뿐이다. 게다가 그들에게 무엇을 하고 어떤 태도를 지녀야 하는지 말하는 순간, 당신은 신뢰를 잃게 된다. 조언의 내용과 의도가 아무리 좋다 하더라도, 사람들은 그런 태도에 본능적으로 저항을 하면서 내심 반감을 품을 것이다. 당신은 상대방이 수도꼭지를 고치거나, 이력서를 수정하거나, 좋은 회계사를 찾도록 도와

줄 수 있을지도 모른다. 하지만 당신은 엉망이 된 경력을 되돌려놓을 수도, 파탄 난 결혼 생활을 돌이킬 수도 없으며, 절망의 심연 밖으로 그들을 끌어낼 수도 없다. 크나큰 곤경에 처한 상대방에게 해결책을 제시하는 건 '내가 너였더라면 이렇게 했을 거야'라고 말하는 거나 다름없다. 분명한 것은 당신은 당신이고 상대방은 상대방이라는 것이다.

당신이 할 수 있는 최선은 상대방의 말에 귀를 기울이는 것이다. 상대가 직면한 상황과 상대방의 기분을 이해하기 위해 애를 써보라. 이런 태도는 그 자체만으로도 문제를 해결하는 데 큰 도움이 된다. 문제 해결을 위해 듣기를 활용하는 이런 접근법은 퀘이커교에서 시행하는 '해명위원회clearness committees'의 근간을 이룬다.[15] 1900년대로까지 거슬러 올라가는 이 위원회는 교회 장로들이 결혼을 원하는 연인들의 궁합을 봐주면서 시작되었다. 하지만 시간이 지남에 따라 이 위원회는 교회 구성원들의 걱정거리(인간관계나 직업, 신앙 등과 관련된 고민거리들)에 귀를 기울이는 일까지 도맡게 되었다.

일단 면담 요청이 들어오면, 열 명 정도의 위원들로 구성된 해명위원회는 '초점 인물'이 털어놓는 고민거리를 들어주기 위해 모임을 소집한다. 그런 뒤 이 위원회의 구성원들은 그들 스스로 '충실한' 질문이라 부르는 질문들을 던지기 시작하는데, 이 질문들은 본질상 지지반응과 다르지 않다. 그들은 현명한 조언이나 비슷한 경험을 언급하지 않으며, 상대의 생각에 영향을 미칠 만한 그 어떤 시도도 하지 않는다. 그들이 질문을 던지는 건 순전히 제기된 문제를 심화함으로써 초점 인물 스스로 해답을 찾을 수 있도록 돕기 위해서이다.

퀘이커교의 교육자이자 저자인 파커 파머Parker Palmer는, 대형 교육기관의 교장 자리를 맡아달라는 제안을 수용해야 할지 고민하던 1970년대 당시 해명위원회의 도움을 받은 경험을 이야기했다. 먼저 위원들은 제안을 받은 자리와 그가 성취하고자 하는 목표에 대해 질문을 던지기 시작했다. 그 뒤 누군가가 "파커 씨, 교장이 되면 어떤 점이 좋아질까요?"라는 단순한 질문을 던졌다. 그런데 그는 조직 내의 정치 문제와 임금인상 문제, 직접 가르치지 못하는 안타까움 등 단점들만 길게 나열했다. "그렇다면 좋은 점에는 어떤 것이 있을까요?"라는 질문을 다시 받았을 때도 그는 마음에 안 드는 측면들에 대해서만 이야기를 늘어놓았다. 그는 이렇게 말했다. "음, 저는 제 여름휴가를 포기하고 싶지 않아요." 하지만 그 위원은 집요하게 계속 질문을 던졌다. "그렇지만 파커 씨, 교장이 되면 좋은 점도 있지 않을까요?"

그러던 중, 마침내 떠오른 진실에 기겁을 한 그는 이렇게 말했다. "아마도 교장이 되었을 때 가장 좋은 점은 밑에 '교장'이라고 쓰인 제 사진이 신문에 실리게 된다는 사실이 아닐까 합니다." 한동안 불편한 침묵이 이어졌다. 마침내 또 다른 위원이 침묵을 깨며 이렇게 물었다. "파커 씨, 신문에 사진을 실을 더 쉬운 방법은 없는 걸까요?" 파머는 그 일을 회상하며 웃음을 터뜨렸다. "저는 바로 그 순간 그 직책을 떠맡는 건 엄청난 위선이란 점을 깨닫게 되었습니다."
그가 말했다. 그는 집에 가서 아내에게 사정을 설명한 뒤, 그 기관
에 전화를 걸어 자기 이름을 빼달라고 요청했다. "저는 누군가가 제
말을 깊이 있게 들어주었다는 것이 너무나도 감사했습니다. 덕분
에 제 자신에게 귀를 기울일 소중한 기회를 갖게 되었으니까요." 그
가 말했다. "저는 하마터면 엄청난 실수를 저지를 뻔했습니다."

만일 위원들 중 누군가가 그에게 "파커 씨, 제가 보기에 당신은
그 일에 별 관심이 없어 보입니다"라고 말했다면, 아마도 결과는 크
게 달라졌을 것이다. "사람들이 우리에게 무엇을 하고 어떤 태도를
지녀야 하는지 훈계할 때, 대부분은 방어적으로 반응합니다." 파머
가 말했다. "그런 상황에 처하면 우리는 '오만하군. 당신은 나를 몰
라. 나는 그 일에 관심이 있어. 그건 내게 엄청난 기회야'라고 생각
하면서 방어하게 되지요. 우리는 특정 태도를 취하도록 자신을 설
득하게 됩니다. 말 한마디로 인해 전체 상황이 완전히 달라지는 거
죠."

해명위원회를 통해 수십 차례에 걸쳐 도움을 주고받아본 파머
는 퀘이커 공동체 밖에 있는 사람들에게 이 방법을 가르쳐주기 위
해 교육 커리큘럼을 개발하기 시작했다. 현재 이 방법은, 의사와 교
사, 사회복지사 같은 관련 분야 종사자들을 돕기 위해 파머가 25년
전 설립한 비영리단체 '용기와 회복 센터Center for Courage & Renewal'
의 교육 프로그램을 통해 일반인에게 전달되고 있다. 이 교육 프로
그램은 해명위원회를 조직하는 법보다는, 일터와 가정에서 더 효

율적으로 의사소통을 할 수 있도록 듣기의 기술을 가르치는 것에 더 중점을 두고 있다.

지금까지 20만 명이 넘는 사람들을 지도해온 프로그램의 운영자들은 참가자들이 하나같이 '충실한 질문'이나 '개방적이고 정직한 질문'으로 묘사되는 질문을 던지는 데 어려움을 겪는다는 사실을 발견했다. 프로그램에 참여했던 시애틀의 신경외과 의사가 말했다. "사람들은 자신이 던지는 질문이 대화를 밋밋한 거래로 축소시킬 수 있다는 사실을 좀처럼 깨닫지 못합니다. 하지만 직장에서든 가정에서든, 이것이냐 저것이냐를 묻는 이분법적인 질문을 던지면 상대의 이야기를 듣지 못하게 되고 무엇이 중요한지도 제대로 파악하지 못하게 되지요."

개방적이고 정직한 질문을 던지는 것이 그토록 힘든 이유는 대부분의 사람들이 질문으로 위장한 권고나 판단에 익숙해져 있기 때문이다. 예를 들어, "심리치료사를 만나 보는 게 어때?"나 "왜 그와 이혼하지 않니?" 같은 질문들은 개방적이고 정직한 질문이라 할 수 없다. 개방적이고 정직한 질문에는 고치거나 조언하거나 교정하고자 하는 의도가 담겨 있지 않다. "그런 질문을 던질 때는 우리가 하고 싶어 하는 모든 것을 포기해야 하지요." 파머가 말했다. 하지만 개방적이고 정직한 질문은 제대로 된 이해를 위해 없어서는 안 될 필수 요소이다. 그런 질문은 상대방에게 그들 자신의 이야기를 털어놓을 기회를 줄 뿐 아니라, 그들 스스로 자신의 느낌을 이해하고 앞으로의 일들을 결정해나갈 수 있도록 힘을 불어넣어준다.

의미 있는 질문 던지기

당신의 아들이나 딸이 축구 연습을 마친 후 차에 올라타면서 "축구 정말 싫어. 다시는 여기 안 올 거야. 나 그만둘래"라고 말한다고 해보자. 아이의 태도에 신경이 예민해진 부모들은 아마도 다음과 같은 반응들을 보일 것이다. "안 돼. 넌 동료 의식도 없니?", "저런, 대체 뭐가 문제니? 선생님께 전화해봐야겠다!", "배고프니? 가서 뭐좀 먹자. 기분이 좀 나아질 거야." 하지만 이런 반응들은 듣기와는 거리가 멀다. 한편, 무슨 일이 있었는지 캐묻는 건 아이의 일에 간섭하는 것이고, 그런 감정이 잘못된 것이라고 말하는 건 아이가 겪는 문제를 축소하는 것이며, 주제를 바꾸는 건 아이를 철저히 무시하는 것이다. 아이들은 우리 모두와 마찬가지로 단지 이해받길 바랄 뿐이다. 대신 "항상 기분이 그랬니?"나 "그만둔다는 게 무슨 뜻이니?"라고 질문을 던지도록 애를 써보라. 아이의 그런 태도를 고쳐야 할 문제가 아닌 대화가 필요하다는 신호로 받아들이도록 노력해보라.

다시 말하지만, 문제에 대한 해답은 상대의 내면에 이미 잠재되어 있는 경우가 많다. 따라서 상대방의 말에 가만히 귀를 기울이기만 해도 당신은 그들 스스로 문제를 다루는 최선의 방법을 찾아내도록 도울 수 있다. 밴더빌트 대학교의 연구자들은 아이들이 패턴 인지 문제에 대한 해결책을 설명하는 동안 어머니들이 아이의 말에 가만히 귀를 기울이기만 해도 아이의 문제해결 능력이 크게 향상된다는 점을 밝혀냈다.[16] 이 경우 아이들의 문제해결 능력은 문제의 해답을 자기 자신에게 설명하거나 머릿속에서만 반복했을 때보다 더 크게 향상된 것으로 드러났다. 또한 이전에 수행된 다른 연구는 듣기 능력이 훌륭한 사람과 함께 시간을 보낸 성인들이 그렇지 않은 사람들보다 더 상세하고 풍부한 해결책을 제시했다는 점을 보여준다.[17]

상대가 당신의 아이이든 연인이든 친구이든 고용자이든, 개방적이고 정직한 질문을 던진 뒤 상대의 답변에 주의 깊게 귀를 기울인다면, 당신은 상대방에게 '난 당신의 말을 더 듣고 싶어, 난 당신의 기분을 존중해'라는 메시지를 전달하게 될 것이다. 하지만 만일 불필요하게 나서서 교정하고 충고하고 가르치려 든다면, 당신은 상대방에게 '당신은 이 문제를 해결할 능력이 없어. 내 도움이 필요해'라는 메시지만 전달하게 될 것이다. 이런 태도를 취하는 건 "우리 사이에 솔직한 감정이 끼어들 틈 같은 건 없어"라고 말하는 거나 다름없다. 물론 먼저 질문을 던지고 상대의 답변에 주의 깊게 관심을 기울이다 보면, 상대가 당신의 경험으로부터 도움을 얻기 위해 다시 당신에게 질문을 던질 수도 있다. 이런 상황에서라면 해결책을 제시해주어도 문제될 것이 아무것도 없다. 상대가 먼저 조언과 도움, 위로를 요청해온 것이기 때문이다. 이런 조건하에서 당신이 제시하는 경험담이나 충고 등은 상대에게 진정으로 도움이 될 가능성이 높다.

시애틀 지역의 열정 넘치는 간호사인 줄리 메츠거Julie Metzger는 서로의 말에 귀를 기울이도록 부모와 청소년들을 격려하는 일을 도맡아 해왔다. 그녀가 창설한 비영리 단체 '위대한 대화Great Conversations'는 거의 30년에 달하는 기간 동안 부모와 십대 청소년들이 성관계를 비롯한 다른 민감한 문제들에 대해 대화를 나눌 수 있도록 자리를 마련해왔다.[18] 민망한 주제를 다룸에도 불구하고 그녀의 강좌는 항상 사람들로 가득하다. 그건 부분적으로는 메츠거의 유머감각 덕분이기도 하지만, 가족관계의 본성을 꿰뚫어 보는 그녀의 탁월한 능력 덕분이기도 하다. 특히 그녀는 가족들이 서로에게 친밀감이 아닌 필요에서 비롯된 질문을 던지는 경향이 있다는 점을 잘 알고 있었다.

아이가 학교에서 돌아왔을 때를 생각해보라. 당신은 아마도 다음과 같은 질문들을 연달아 던질 것이다. "학교 어땠니?", "밥은 먹었고?", "숙제 많니?", "프랑스어 시험은 잘 봤고?", "도시락 통 잊어버린 거 아니지?" 이와 마찬가지로, 배우자와 인사를 나눌 때도 당신은 이런 질문들을 던질 것이다. "일은 어땠어?", "보고서는 끝냈어?", "금요일 저녁에 머리 부부를 초대할까?", "드라이클리닝 할 옷 있어?" 얼핏 보면 친근하고 호기심 어린 질문들 같지만, 메츠거는 "그건 사실 현 상태를 점검하고 다음에 무슨 일을 해야 할지 파악하기 위해 체크리스트를 나열하는 것에 불과해요. 그건 진정한 대화도 아니고, 상대에게 귀를 기울이는 것도 아니에요"라고 말했다.

현실적인 질문을 던지지 말아야 한다는 말이 아니다. 물론 그런 질문들도 필요하다. 하지만 당신이 던지는 질문이 그런 질문들뿐이라면, 가족관계에 문제가 생기기 쉬울 것이다. 귀 기울여 듣는 태도를 바탕으로 개방적이고 정직하고 호기심 어린 질문을 던진다면 상대의 마음을 더 분명히 파악할 수 있을 뿐 아니라, 상대를 향한 친밀감을 다질 수 있을 것이다. 이런 질문은 "오늘 뭐 배웠니?"처럼 단순한 것이 될 수도 있다. "오늘 하루 제일 좋았던 일과 제일 나빴던 일이 뭔지 말해줄 수 있어?"도 아주 좋은 질문이다.

상대가 사랑하는 사람이든 낯선 사람이든, 그 상대방의 배경을 더 잘 이해하면 할수록 당신은 그 사람을 더 가깝게 느끼게 된다. 뉴욕 주립대학교 심리학과 교수인 아서 에런Arthur Aron은 서로 초면인 학생들끼리 짝을 지은 뒤 서로에게 다음과 같은 네 가지 질문을 던지도록 했다.

- 전화를 걸기 전에 말할 내용을 미리 연습해보는가? 그렇다면 왜 그렇게 하는가?
- 당신에게 '완벽한' 하루란 어떤 것인가?
- 최근 혼자 흥얼거리거나 다른 사람 앞에서 노래를 불러본 적이 있는가?
- 90세까지 살 수 있고, 몸의 기능과 마음의 기능 중 어느 하나를 30대처럼 유지할 수 있다고 한다면, 당신은 어느 쪽을 택하겠는가?

서로에게 귀를 기울이는 이 훈련을 하고 난 후, 학생들은 과제를 수행하거나 문제를 해결한 다른 학생들보다 훨씬 더 강력한 유대감을 느끼게 되었다고 한다.[19] 실제로 이 실험에 참가한 피험자들 중 두 쌍은 훗날 결혼까지 하게 되었다. 이 연구는 20년 전 출간 당시에는 거의 주목을 받지 못했지만, 2015년도 〈뉴욕타임스〉에 '누군가와 사랑에 빠지고 싶다면 이렇게 해보라To Fall in Love with Anyone, Do This'라는 제목으로 실리면서 엄청난 관심을 받게 되었다.[20] 훗날 '사랑으로 이끄는 36가지 질문들'이라 불리게 된 에런의 질문들은 인터넷에 급속도로 확산했고, 사람들은 지금까지도 이 질문들을 새 연인을 찾거나 기존 연인과의 관계를 다지기 위한 수단으로 활용하고 있다.

들기 능력이 훌륭한 사람들은 동시에 훌륭한 질문자들이기도 하다. 질문은 듣기를 뒷받침하고 듣기는 다시 질문을 뒷받침한다. 적절하고 유의미한 질문을 던지려면 먼저 들어야 하며, 또한 질문을 던진 뒤에는 답변을 듣는 데 관심을 가질 수밖에 없다. 이뿐만 아니라 호기심에서 우러나온 개방적 질문들은, 오해를 줄여주는 것은 물론, 대화 자체를 더 의미 깊고 충실하게 만들어준다. 이는 다시 두 사람 간의 이야기를 더 흥미롭고 매력적이고 우호적으로 만들어주는데, 이런 분위기는 신실하고 안정적인 관계를 형성하는 토대가 된다.

그 이야기가 그 사람의 배경에 대한 것이든 꿈에 대한 것이든 일을 하게 된 동기에 대한 것이든 물방울무늬를 두려워하게 된 계기에 대한 것이든, 사람들의 이야기에 귀를 기울이지 않으면 사람들과 의미 있는 대화를 나눌 수도 관계를 형성할 수도 없다. 상대방에게 귀를 기울이면서 끊임없이 펼쳐지는 상대의 이야기의 일부가 되길 원하는 것, 그것이 사랑이 아니라면 무엇이 사랑이겠는가? 이는 모든 다른 관계에서도 마찬가지이다. 그리고 낯선 사람에게 귀를 기울이는 건 우리가 할 수 있는 매우 친절하고 매우 관대한 일들 가운데 하나이다.

귀를 기울이기 위해 애를 쓰는 사람들(그리고 전환반응보다는 지지반응에 중점을 두는 사람들)은 우표나 조개껍데기, 동전 등을 모으는 수집가처럼 자연스럽게 이야기들을 모아들인다. 그 결과 그들은 누구와 어떤 대화를 나누든 항상 흥미로운 이야깃거리를 제공해줄 수 있게 된다. 내가 만난 최상의 이야기꾼과 재담가들은 하나같이 가장 기민하게 질문하고 동시에 가장 주의 깊게 들어주는 사람들이었다. 이 책에 묘사된 비범한 듣기 능력을 갖춘 사람들은 그들의 이야기로 내 마음을 끊임없이 사로잡았다. 그건 부분적으로는 그들이 무수한 이야기들을 수집해왔기 때문이기도 했지만, 다른 한편으로는 상대방의 관심을 끄는 억양이나 어조, 리듬 등을 의식적으로든 무의식적으로든 습득했기 때문이기도 했다.

톰 울프Tom Wolfe와 존 맥피John McPhee, 리처드 프라이스Richard Price를 비롯한 수많은 유명 작가는 듣기가 그들 작업의 원천이라고 말해왔다.[21] 퓰리처상을 수상한 작가 엘리자베스 스트라우트Elizabeth Strout 역시 나와의 인터뷰에서 "저는 평생 동안 듣기를 실천해왔어요. 저는 듣고, 듣고, 또 듣는답니다"라고 말한 바 있다. 그녀의 소설 《버지스 형제》에 등장하는 짐 버지스라는 캐릭터는 "사람들은 너에게 항상 자신이 누구인지 이야기하지"라고 말한다.[22] 스트라우트는 버지스에게 이 대사를 부여한 것이 너무나도 마음에 든다고 말했다. 사람들은 정말로 무심결에 우리에게 자신이 누구인지 끊임없이 이야기를 하기 때문이다. "주의 깊게 귀를 기울이면 상대방과 관련된 엄청나게 많은 사실을 알아낼 수 있어요." 그녀가 말했다. "제 생각에 대부분의 사람들은 그 정도로 귀를 기울이지 않는 것 같아요."[23]

우리가 살면서 수집하는 이야기들은 자기 자신을 정의하는 삶의 발판들이라 할 수 있다. 가족과 친구, 동료들은 서로 유대감을 느끼는 이야기들을 지니고 있고, 라이벌과 적들은 서로 갈라설 수밖에 없는 사연들을 지니고 있다. 우리 주변에는 사람들의 일화와 신화, 악담, 미담 등이 넘쳐난다. 듣기는 허구로부터 사실을 분류하고, 살면서 마주치는 복잡한 상황과 인물들을 심도 깊게 이해하도록 우리를 도와준다. 우리가 어떤 사회적 환경에 속해 있든, 우리는 듣기를 통해 집단에 소속되고, 정보를 습득하며, 주변 사람들과 유대를 맺는다.

13장

듣기와 몸

귀가 두 개인 진짜 이유

휴스턴 국제공항의 탑승구역은 극도로 혼란스러웠다. 경찰들은 고함을 지르고 호루라기를 불면서 공사구역 주변부로 교통을 우회시키고 있었고, 안전모와 오렌지색 조끼를 착용한 노동자들은 드릴로 콘크리트를 부수고 있었다. 굴착기는 재투성이의 돌무더기를 우르릉거리는 덤프트럭 뒤에 요란하게 쏟아냈다. 셔틀버스들은 느릿느릿 움직였고, 뒤에 있는 자동차들은 경적을 울려댔다. 운전자들은 창문을 내리고 욕설을 퍼부었다.

교통 체증에 갇힌 내 차에서 100미터쯤 떨어진 곳에서 아버지가 터미널 밖으로 빠져나오는 모습을 볼 수 있었다. 아버지는 땅에서 먹이를 쪼던 비둘기들을 날려 보내며 여행가방을 끌고 나왔다.

자동차 발판 위에 서서 "아빠!" 하고 소리를 질렀지만 내 목소리는 주변의 소음에 묻혀버리고 말았다. 하지만 그럼에도 아버지는 내 쪽으로 고개를 휙 돌렸다. 아버지는 손을 흔들며 내 차 쪽으로 성큼성큼 걸어왔다. "우리 강아지들 목소리는 어디서든 들을 수 있지." 아버지가 말했다.

분명 인간보다 청각이 뛰어난 동물들은 존재한다. 예를 들어, 개는 자기 새끼가 낑낑거리는 소리를 우리 아버지보다 훨씬 먼 곳에서도 들을 수 있다. 코끼리의 청각 역시 먹구름이 몰려드는 소리를 감지할 수 있을 정도로 민감하다.[1] 하지만 인간은 소리들을 구분하고 분류하는 능력이 고도로 발달되어 있을 뿐 아니라, 들은 소리에 의미까지도 부여할 수 있다.

아버지가 공항을 빠져나왔을 때, 아버지는 사실상 다양한 형태로 요동치는 음파의 바닷속으로 뛰어든 거나 다름없었다. 하지만 내 목소리에 내포된 고유한 특징들은 아버지의 주의를 끌었다. 내 목소리는 아버지의 신체적·정서적·인지적 반응을 연쇄적으로 촉발시켜 아버지가 나를 알아차리고 반응하도록 했다. 청각정보를 이런 식으로 처리하는 능력은 특별하지 않다. 우리는 매일같이 그렇게 하고 있기 때문이다. 하지만 그건 그 특수성과 복합성을 감안해볼 때 실로 놀라운 능력이 아닐 수 없다.

지난 수년에 걸쳐 청각정보를 이해하는 두뇌 영역을 찾아내기 위한 연구들이 광범위하게 이루어졌다. 소리의 인식 및 해석 과정에 대한 연구가 원숭이, 생쥐, 토끼, 하피 독수리, 바다사자, 개 등 다양한 생물종을 대상으로 다양하게 수행된 만큼, 우리는 청각신호가 전달되는 경로나 자극에 따른 유전자의 반응방식 등에 대해 다룬 수백 편의 논문을 읽어볼 수 있다. 하지만 우리가 대화 도중에 서로에게 귀를 기울이며 교감을 나누는 방식에 대해서는 아직까지 알려진 바가 거의 없다. 사실 상대가 한 말을 처리하는 건 두뇌가 하는 일들 가운데 매우 복잡하고 힘든 일 중 하나이다.

현재 우리가 아는 건 두뇌 양옆에 청각피질auditory cortex이 자리 잡고 있다는 사실뿐이다. 이 부분이 손상되거나 제거되면 소리에 반사적으로 반응할 수는 있어도 소리 자체를 알아차릴 수는 없게 된다.[2] '쿵' 하는 천둥소리에 움찔할 수는 있어도 자신이 왜 그랬는지 제대로 이해하지는 못하는 것이다. 좌뇌에 위치한 베르니케 영역Wernicke's area은 언어를 이해하는 데 핵심적인 역할을 담당하는 곳으로, 독일의 신경학자 카를 베르니케Carl Wernicke의 이름을 따서 그렇게 불리게 되었다.[3] 1874년 베르니케는 그 부위에 병변이 있는 뇌졸중 환자들이 소리를 듣고 말을 할 수 있어도 들은 말을 이해하지는 못한다는 사실을 발견했다. 하지만 두뇌에서 언어 이해에 동원되는 다른 영역들이 얼마나 되는지, 그리고 그 영역들이 사람들 간에 어느 정도 차이가 있는지 등에 대해서는 알려진 것이 아무것도 없다. 대화의 모든 뉘앙스를 포착해내는 데 탁월한 사람이 흘려듣는 사람보다 두뇌의 더 많은 부분에서 더 많은 신경세포를 활성화시킬 것이라는 사실 정도만 추측할 따름이다.

하지만 다른 사람의 말을 들을 때 우리 두뇌가 처리하는 것이

비단 단어들뿐만은 아니다. 두뇌는 말의 억양과 크기, 어조, 그리고 '운율'이라 불리는 음색의 흐름 등도 처리해낸다. 사실 인간은 메시지의 감정적 측면을 꽤나 정확하게 포착해낼 수 있다. "좋아"라는 말을 하는 다양한 방식을 떠올려보라. 상대의 요청에 기꺼이 응할 때 우리는 높은 음조의 활기찬 목소리로 "좋아!"라고 말한다. 반면 상대의 요청이 그다지 내키지 않거나 어떻게 해야 할지 아직 확신이 잘 서지 않을 때는 주저하는 듯한 길고 낮은 음조의 목소리로 "조, 좋아"라고 말한다. 또한 상대의 요청에 조건을 달고자 할 때, 우리는 "하지만"이라고 말하기에 앞서 짧고 단조로운 어조의 목소리로 "좋아"라고 말하기도 한다.

최근에서야 연구자들은 신경세포가 모여 있는 두뇌의 특정 부위가 억양과 어조의 미묘한 차이를 탐지해내는 역할을 담당한다는 사실을 밝혀내기 시작했다.[4] 듣기 연습을 더 많이 하면 할수록, 이 신경세포들은 말의 함의와 감정적 측면을 실어 나르는 음색의 차이를 더 잘 감지할 수 있게 된다. 예를 들어, 음감이나 음조의 차이를 식별하는 걸 중시하는 음악가들은 일반인보다 말에 섞인 감정적 측면들을 더 쉽게 감지해내는 경향이 있다.[5] 흔히 말하듯, 음악가들의 영혼이 더 섬세한 것이다. 어찌 보면 당연한 일이지만, 음악가들은 중국어에 익숙하지 않더라도 의미 전체에 영향을 미치는 중국어의 미묘한 억양 차이를 일반인보다 훨씬 잘 식별한다고 한다.[6]

소리를 해석하는 방식에 따라 사용하는 두뇌의 영역이 달라진다는 연구 결과들도 있다. 이해가 촉발될 때 화자와 청자의 뇌파가 공명한다는 사실을 보여준 신경과학자 우리 해슨은 프린스턴 대학교 연구실에 있는 자기공명영상 기기를 활용하여 해로운 정보가 우리 마음에 어떤 영향을 미치는지를 보여주는 흥미로운 연구를 진행하기도 했다.[7] 그와 그의 동료들은 피험자들에게 제롬 데이비드 샐린저Jarome David Salinger의 단편 〈예쁜 입과 초록빛 나의 눈동자Pretty Mouth and Green My Eyes〉에 실린 이야기 하나를 들려주었다.[8] 아서와 리 사이의 전화통화 내용을 묘사하는 장면이었다. 여기서 아서는 리에게 자기 아내가 바람을 피우는 것 같다고 말하는데, 침대 위에 있는 리의 옆에는 신원을 알 수 없는 한 여성이 누워 있다. 이 이야기를 듣기 전 피험자의 절반 정도는 침대 위에 있는 여성이 아서의 아내라는 말을 들었고, 다른 절반은 아서가 편집증 환자이고 그 여성은 리의 여자 친구일 뿐이라는 말을 들었다.

이 간단한 정보는 이야기를 듣는 피험자들의 두뇌 패턴을 크게 바꿔놓았고, 따라서 해슨은 어떤 피험자가 아서의 아내를 배신자로 여기는지 쉽게 알아볼 수 있었다. 이런 단편적인 정보만으로도 사람들의 두뇌 반응을 바꿔놓을 수 있다면, 습관적으로 폭스 뉴스Fox News를 듣는 사람과 매일같이 CNN을 듣는 사람의 두뇌에 무슨 일이 벌어질지 한번 상상해보라. 이 두 부류의 사람에게 똑같은 이야기를 들려준다 해도 그들의 두뇌는 완전히 다르게 받아들일 것이다. 지금까지 어떤 이야기를 들어왔는지에 따라 신호가 전달되는 경로도 달라질 것이기 때문이다. "우리가 듣는 정보가 우리의 뇌를 주조해냅니다." 해슨이 내게 말했다. "그 정보는 결국 듣는 방식에까지 영향을 미치죠." 따라서 두뇌를 최대한 기민한 상태로 유지하길 바란다면, 가능한 많은 종류의 정보에 귀를 기울여야 한다. 그렇지 않으면 당신의 두뇌는 일부 실린더만 연소시키는 자동차 엔진이나 제한된 경로로만 전기신호를 보내는 컴퓨터 회로처럼 되고말 것이다.

청각정보의 처리 과정과 관련된 또 다른 흥미로운 점은 우리의 오른쪽 귀와 연관되어 있다.[9] 일반적으로 언어는 왼쪽 귀보다 오른쪽 귀로 들었을 때 더 빠르고 정확하게 이해된다고 한다. 오른쪽 귀로 들은 말은 일차적으로 베르니케 영역이 위치한 좌뇌로 전송되기 때문이다. 한편, 말의 정서적 측면을 인식하거나 음악과 자연의 소리를 감상하는 일에 관한 한 왼쪽 귀가 더 큰 능력을 발휘한다고 한다.[10, 11] 아마도 뇌의 구성이 정반대인 일부 왼손잡이들에게는 그 반대가 진실일 것이다.[12]

이처럼 어느 쪽 귀를 사용하느냐에 따라, 우리는 말에 내재된 의미와 말의 정서적 느낌 중 어느 한쪽을 더 잘 포착할 수 있다. 이 결론은 헤드폰의 어느 한쪽으로만 목소리를 들은 피험자들을 대상으로 한 연구와 두뇌의 한쪽 반구에 손상을 입은 환자들을 대상으로 한 연구들로부터 도출해낸 것이다.[13] 예컨대, 우뇌가 손상된 환자들은 감정을 식별해내는 데 엄청난 어려움을 겪었다고 한다.

이탈리아의 연구자들에 의해 수행된 한 독창적인 연구에 따르면, 시끄러운 클럽 안에서는 사람들이 자기에게 이야기를 하려는 사람에게 왼쪽 귀보다는 오른쪽 귀를 더 많이 내주었고, 또한 왼쪽 귀보다 오른쪽 귀에 대고 담배를 요구한 사람에게 더 기꺼이 담배를 건네주려 했다고 한다.[14] 이는 일상적 상황에서 오른쪽 귀의 언어적 우위를 증명하는 탁월한 방법이었다. 어느 한쪽 귀에만 대고 말하면서 이상한 사람으로 취급 받지 않을 수 있는 상황은 그리 많지 않기 때문이다.

이 연구 결과는 어느 쪽 귀를 화자에게 향하게 할지 판단하거나 전화통화 시 어느 쪽 귀를 사용할지 결정하는 데 도움이 될 수도 있을 것이다. 예컨대, 상사와 이야기를 나눌 때는 고개를 왼쪽으로 돌려 오른쪽 귀를 앞으로 내밀면 좋을 것이다. 또한 연인이 화가 났을까 봐 걱정이 된다면 왼쪽 귀로 전화를 받으면 될 것이다. 왼손잡이라면 이와 반대로 하면 된다. 그렇지만 어쩌면 당신은 자기도 모르게 이미 이 방식을 적용하고 있을지도 모른다. 예를 들어, 휴스턴의 남성 중심적인 석유 회사에서 일하는 어느 왼손잡이 여성 임원은 자신은 전화기를 항상 왼쪽 귀에 가져다 댄다고 말했다. 왼손잡이에게 왼쪽 귀는 감정을 절제하고 더 논리적으로 들을 수 있는 귀에 해당한다. "오른쪽 귀에 전화기를 대면 상대의 말이 귀에 잘 안 들어오는 느낌이에요." 그녀가 말했다. "물론 정말로 안 들린다는 건 아니지만, 그렇게 느껴진다는 말이지요."

표적 집단 중재자 나오미 헨더슨은 사람들이 머리를 오른쪽으로 기울여 왼쪽 귀가 위로 가게 하는 건 자기 마음의 감정적인 부분을 사용하는 중이란 신호나 다름없다고 말했다. 물론 이런 감정적인 내용이 담긴 정보는 그녀의 고객들에게 가장 가치 있는 정보이다. 따라서 그녀는 누군가가 머리를 오른쪽으로 기울이는 것을 볼 때마다 가까이 다가가서 현재 논의 중인 주제가 어떤 기억이나 이미지를 환기시키는지 물어보곤 한다. 그녀는 과학 실험이 아닌 경험을 통해 이 사실을 깨닫게 되었지만, 왼쪽 귀가 감정 처리를 주로 담당한다는 점을 고려할 때 그녀의 이런 접근법은 꽤나 정확한 것이다.

전화로 이야기를 할 때 어느 쪽 귀를 사용하는가? 무언가에 귀를 기울일 때 어느 쪽 귀를 앞으로 내미는가? 혹시 상황이나 상대방에 따라 주로 사용하는 귀도 달라지는 건 아닌가? 이런 점에 관심을 기울여본다면 당면한 상황에서 자신이 정보의 어떤 측면을 더 중시하는지 파악할 수 있을 것이다. 이와 마찬가지로, 대화 상대가 당신에게 어느 쪽 귀를 내미는지, 그리고 대화 주제에 따라 귀의 방향이 바뀌는 건 아닌지 관찰해보는 것도 흥미로운 일일 것이다.

듣기의 과학

이쯤에서 잠시 듣기를 작동시키는 청취의 메커니즘에 대해 이야기를 하고 넘어가는 게 좋을 것 같다. 지금까지는 주로 두뇌 속에서 청각정보가 처리되는 방식에 대해서 이야기했지만, 그 정보가 어떻게 두뇌까지 도달하는지 알아보는 것도 좋을 것이다. 그러니 잠시 멈춰서, 소리의 청취는 물론 신체의 균형 유지까지 가능케 하는 우리 귀의 놀라운 기능에 대해 살펴보자. 사실 우리의 귀는 신체적 측면과 정서적 측면 모두에서 우리의 적응을 돕는다.

초기 척추동물들은 내이를 지니고 있었고, 이것은 원시적인 형태의 전정계vestibular system로서 균형을 유지하는 역할을 했다.[15] 현기증을 앓아본 사람이라면 전정계가 얼마나 중요한지 잘 알 것이다. 전정계는 우리 몸의 속도와 방향을 감지한 뒤 근골격계에 신호를 보내 몸을 똑바로 유지하도록 한다. 우리 선조들의 원시적 전정계는 높낮이를 감지했을 뿐 아니라 압력에 반응해 진동할 수도 있었다.[16] 이 기능이 청각의 시초가 되었는데, 음파는 공기의 압축과 같은 의미이기 때문이다. 바흐의 소나타나 쓰레기차의 소음이나 모기의 윙윙거림이나, 이들 모두는 마치 자벌레가 몸을 구부렸다 펴면서 움직이듯, 규칙적인 간격으로 울룩불룩 요동치는 보이지 않는 공기 입자들이다.

음파가 귀에 도달하는 순간 그 공기의 압력은 귓바퀴를 따라 흘러들며, 외이도에 도달할 때까지 최대 20데시벨까지 증폭된다.[17] 외이도를 향해 뻗어 있는 신경들은 그 밀도가 엄청나다. 밴더빌트 대학교의 청각신경학 교수 데이비드 헤인즈David Haynes는 면적당 신경 다발의 수가 귀보다 많은 신체부위는 없다고 말했다. "방어를 할 수 있도록 오랜 세월에 걸쳐 진화를 거듭한 결과입니다. 귀야말로 생존에 필수적인 기관인 것이지요." 그가 말했다. 게다가 그 감각신경들은 장기와 성감대를 포함하는 몸 전체의 감각들과 연관될 수 있는데, 해로울 수 있다는 의사들의 경고에도 불구하고 사람들이 계속해서 귓속에 면봉을 집어넣는 건 바로 이 때문이다. 면봉으로 귓속을 자극하는 느낌은 정말 너무나도 좋다.[18] 사람들이 괜히 '귀르가즘eargasm'이란 용어를 사용하는 게 아니다.[19]

일단 외이도의 안쪽 끝부분에 도달한 음파가 고막을 때리면, 고막은 망치뼈, 모루뼈, 등자뼈를 차례로 진동시킨다.[20] 그 지점부터 음파는 림프액이 채워져 있는 달팽이관을 따라 안쪽으로 흘러드는데, 달팽이관은 각기 다른 주파수에 맞춰져 있는 작은 유모세포들hair cell과 연결되어 있다. 의사소통과 협력이 우리 종의 생존에 얼마나 중요한 역할을 했는지 고려할 때 인간의 목소리에 맞게 조율된 유모세포가 가장 민감하다는 사실이 전혀 놀랍지 않다.

각각의 유모세포에는 한 가닥의 두께가 가시광선의 파장 너비 정도밖에 안 되는 부동섬모stereocilia가 돌출되어 있다. 음파가 이 섬모들을 앞뒤로 건드리면, 그 섬모는 신경의 말단부를 간질이면서 온갖 종류의 인지적·정서적 반응들을 촉발시킨다. 시끌벅적한 공항 한가운데서 우리 아버지가 내 목소리를 알아차리고 반응할 수 있었던 것도 결국 극도로 섬세한 변화들까지 감지해내는 이 극미한 유모세포들 덕분이었다.

대부분의 청력 상실은 큰 소리에 의한 유모세포의 손상으로부터 비롯된다.[21] 전자현미경으로 보면, 건강한 부동섬모는 대형을 맞춰 차려 자세로 서 있는 군인들처럼 보인다. 하지만 앰뷸런스의 사이렌 소리처럼 큰 소리에 노출될 때는 공격을 받은 군인들처럼 이리저리 휘청이며 쓰러지는 모습으로 나타난다.

우리의 유모세포들은 소음이 너무 크지 않고 오래 지속되지만 않는다면 다시 회복될 수 있다. 전형적인 대화는 60데시벨 정도에서 이루어지는 만큼 청각에 손상을 일으키지 않지만, 이어폰을 낀 상태에서 100데시벨 정도의 큰 음량으로 15분 이상 음악을 들으면 청력이 영구적으로 손상될 수 있다. 음량을 88데시벨 정도로 조정한다 하더라도 음악을 4시간 이상 계속 듣는다면 마찬가지로 청력이 손상되기 쉽다. 드릴이나 제트엔진 소리 같은 커다란 소음은 단 30초 만에 청각을 손상시킬 수 있다.

드라이기와 믹서기, 진공청소기 등을 사용하거나 락 콘서트와 영화관, 시끄러운 음식점에 가는 등 수많은 일상적 활동 역시 우리의 소중한 부동섬모에 손상을 가할 수 있다.[22] 오랜 시간에 걸쳐 이런 소음들에 계속 노출되면 청력이 심각하게 저하될 수 있다. 이렇게 되면 듣기 능력이 제한되어 세상으로부터 더욱 단절되기 쉽다. 하지만 청각학자들은 시끄러운 환경 속에서 스펀지로 된 저렴한 귀마개를 끼우기만 해도 청력을 보호하는 데 커다란 도움이 된다고 말한다.

5만 원에서 20만 원 정도만 투자하면 자신의 귀 모양에 꼭 맞는 귀마개를 주문 제작할 수도 있다. 고가의 제품들에는 같은 소리를 더 적은 음량으로 더 명료하게 들을 수 있게 하는 소음제거 장치까지 내장되어 있다. 이런 종류의 귀마개는 음악가나 비행기 조종사, 치과 의사, 공장 노동자, 컴퓨터 기술자처럼 소음에 노출되기 쉬운 직업을 가진 사람들이 주로 사용한다. 하지만 소음제거 장치가 달린 귀마개는 청력을 손상시키지 않고 콘서트나 영화를 즐기길 원하는 사람들에게도 권할 만하다. 스마트폰으로 소음측정 앱을 다운받아서 직접 측정해보면, 소음 수준이 미국 질병통제예방센터 산하 국립산업안전보건연구원NIOSH의 권장 수치를 훨씬 초과하는 영화들이 많다는 사실을 발견하게 될 것이다.

전문가들은 요즘 십대들을 '귀머거리 세대Generation Deaf'라고 부르기 시작했다. 습관적으로 이어폰과 헤드폰을 사용해 청취 능력이 심각하게 저하된 상태이기 때문이다. 세계보건기구는 11억 명에 달하는 젊은이들이 이어폰의 남용으로 청각 상실의 위험에 처해 있다고 경고해왔다.[23] 아이들이 청각을 손상시키고 있는지 알아내는 훌륭한 방법 중 하나는 끼고 있는 이어폰이나 헤드폰에서 나는 소음이 바깥까지 들리는지 확인해보는 것이다. 밖으로 소리가 새어나오지 않는다면 음량 수준이 적당한 것으로 보아도 좋다. 하지만 물론 이건 젊은이들만의 문제가 아니다. 성인들 역시 주변이 너무 시끄럽거나 스마트폰의 연결 상태가 좋지 않을 때마다 볼륨을 크게 높이곤 하기 때문이다.

미국 인구의 15퍼센트에 해당하는 약 4800만 명은 청력이 손상된 상태인데, 그들 중 65퍼센트 정도가 65세 이하이다.[24, 25] 그런만큼 청력 손실은 주된 공중보건 문제로 간주되어왔고, 가장 흔한 만성 신체질환 리스트에서 고혈압과 관절염 다음가는 자리를 차지하고 있다.[26]

많은 사람은 사태가 심각해질 때까지 자신의 청력이 손상되고 있다는 사실을 제대로 자각하지 못한다. 청력의 손상 정도가 약할 때는 우리 두뇌가 듣지 못한 단어들을 기억 속에서 찾아 메워넣기 때문이다. 문제는 두뇌가 항상 정확하지는 못하다는 것이다. 두뇌는 종종 실수를 범한다. 우리의 두뇌는 실제로 들은 말보다 듣기를 기대하는 말을 받아들이며, 때로는 아무 소리도 안 났을 때조차 무언가를 듣는다. 우리가 환청에 취약하다는 사실은 이미 1890년대에 입증되었다. 연구자들은 특정한 소리를 번쩍이는 불빛 같은 자극들과 짝을 지어 얼마간 반복해 노출시켰다.[27] 이후 피험자들은 빛만 번쩍였는데도 그 소리를 '듣기' 시작했다. 아마 당신도 한번쯤은 울리지 않은 휴대전화 벨소리나 진동소리를 들어본 경험이 있을 것이다.

신경학자 올리버 색스는 세상을 뜨기 전, 청각이 쇠퇴해가는 동안 들은 환청들을 노트에 기록했다.[28] 그는 잘못 들은 말은 빨간색으로, 제대로 들은 말은 녹색으로 적었고, 여기서 비롯된 오해들은 보라색으로 적었다. 그는 "척추 지압사chiropractor"를 "성가대 연습choir practice"으로 듣기도 했고, "홍보 담당자publicist"를 "오징어cuttle fish"로 잘못 듣기도 했다고 한다. 시트콤에나 나올 법한 일화이다. 나도 개인적으로 이와 관련된 재미있는 경험을 한 적이 있다. 내가 친구에게 정원에서 씨 없는seedless 아기 수박을 기르는 중이라고 말했을 때, 그는 "아기 예수jesus 수박이라고? 그런 거라면 말구유에서 길러야 하는 거 아냐?"라고 답했다.

이런 실수는 노래 가사가 잘 이해 가지 않는 상황에서 우리 두뇌가 말이 되도록 적당한 단어를 대체해 넣을 때 주로 발생한다. 대표적인 예는 지미 헨드릭스Jimi Hendrix의 "퍼플 헤이즈Purple Haze"라는 곡에 나오는 "내가 하늘the sky에 키스하는 걸 이해해줘요"라는 가사를 "내가 이 녀석this guy에게 키스하는 걸 이해해줘요"로 잘못 듣는 경우이다. 이 현상에는 '몬더그린mondegreen'이라는 이름까지 붙어 있다. 1954년 미국 작가 실비아 라이트Sylvia Wright는 "그를 잔디 위에 뉘였어요laid him on the green"라는 가사를 "레이디 몬더그린"으로 잘못 들은 소녀 시절의 경험을 묘사하면서 이 용어를 처음으로 사용했다.[29]

부분적으로 이런 실수는 서로 모순되는 시각자극과 청각자극을 접한 사람에게 일어나는 맥거크 효과McGurk effect 때문이기도 하다.[30] 예를 들어, 들리는 소리는 '바바ba-ba'인데 입술 모양은 '가가ga-ga'인 경우 우리는 그 소리를 '다다da-da'로 인식하게 된다.

이 모든 사례에서 이끌어낼 수 있는 교훈은 흘려듣는 사람들 중 상당수가 실제로 나쁜 청력을 지닌 사람일 수 있다는 것이다. 그들이 부주의하게 듣게 된 건 두뇌가 그들의 나쁜 청력을 보완하기 위해 이상한 방식으로 작동했기 때문이다. 이런 실수들 중 일부는 우스꽝스러운 것일 수도 있지만, 장기적으로 보면 청력 손상은 다음과 같은 수많은 정서적·사회적 문제들을 초래할 수 있다.[31]

- 과민성, 소극성, 화, 피로, 긴장, 스트레스, 우울감
- 인간관계를 회피하거나 거부하는 성향
- 사회적 거부와 거기서 비롯되는 외로움

- 직무 능력 및 수입의 감소
- 심리적·신체적 건강의 약화

이런 증상들은 물론 청력 손상 자체의 결과라기보다는 청력 손상으로 인해 인간관계 능력이 저하된 데서 비롯된 결과라고 봐야 할 것이다. 그렇지만 어쨌든 이 모든 장애가 청력 손상과 연관되어 있는 만큼 청력을 보호하는 건 엄청나게 중요한 일이다. 따라서 음악을 들을 때는 반드시 적정 음량(최대 음량의 60퍼센트 이하)을 유지하고, 시끄러운 곳에 갈 때는 귀마개를 착용하는 것을 고려해봐야 한다.[32] 그리고 듣기 상황에서 겪는 어려움이 신체적 문제와 연관되어 있다고 느껴진다면 이비인후과에 가서 진단을 받아봐야 한다. 사실 귀지가 쌓이는 것만으로도 청력 손상이 일어나기 쉽다.[33] 그러니 가능하다면 1년에 한두 번 정도 이비인후과에 가서 귀 청소를 한번 받아보라. 아마 향상된 청력에 놀라게 될 것이다.

바디랭귀지, 표정, 입 모양 읽기

귀가 듣기에 필수적이란 건 두말할 필요도 없는 사실이지만, 듣기가 청각뿐 아니라 시각에도 의존한다는 사실 역시 강조해둘 필요가 있다.[34] 언어처리 기능을 담당하는 베르니케 영역이 시각피질과 청각피질 사이에 위치해 있는 건 아마도 우연이 아닐 것이다.[35] 아주 잘 들리는 상태로 대화를 하는 도중에도 입술 읽기lipreading는 전체 의미의 무려 20퍼센트 정도를 처리하는 것으로 알려져 있다.[36] 게다가 말에 담긴 정서적 내용의 최소 55퍼센트 정도는 비언어적인 방식으로 전달된다고 한다.[37] 따라서 귀에 아무런 이상이 없다 하더라도 대화 도중에 스마트폰을 보거나 창밖을 내다본다면, 상대가 전하는 의미들 가운데 상당수를 놓치게 될 것이다.

우리는 상대방에게 자기 자신을 얼마나 내보일지 통제할 수 있다고 생각하지만, 표정이나 호흡, 몸짓, 자세, 등 수많은 신체언어는 종종 우리의 속마음을 그대로 드러낸다. 지크문트 프로이트는 이렇게 말한 바 있다. "그 누구도 비밀을 숨길 수 없다. 입술이 침묵을 지키면 손가락이 재잘거린다. 비밀은 땀구멍 하나하나를 통해 당사자의 몸 밖으로 새어나온다."[38] 듣기 능력이 훌륭한 사람들은 다른 사람들이 놓치는 그 미묘한 신호들을 포착해낼 수 있다.

진정으로 감정을 느낄 때 사람들은 대부분 비슷한 표정을 짓는다. 예컨대, 자존심이 상했을 때는 미간을 찡그리고 입술을 오므리면서 턱을 끌어올리며, 기쁨을 느낄 때는 눈 주위에 잔잔한 주름을 일으키면서 입꼬리를 살짝 치켜올린다. 우리는 미소, 찡그리기, 놀랐을 때 눈썹 치켜 올리기 등 영장류와 수많은 표정을 공유하는데, 이는 우리의 표정이 언어 이전의 본능적 표현 수단이라는 점을 드러내준다.[39]

찰스 다윈은 "위험!"이나 "건드리지 마!", "짝짓기 하자!"라는 의사를 전달할 수 있는 능력이 언어가 발달하기 이전 인류의 생존에 핵심적인 역할을 담당했다고 믿었다. 또한 연구자들은 사람들이 표정을 지을 때 얼굴 근육이 수축되는 정도를 측정한 결과, 그와 같은 표정 변화가 글이나 말로 표현된 문장에 포함된 관련 단어들과 완전히 똑같은 빈도로 발생한다는 점을 발견했다. 학자들은 이 현상을 표정의 '문법화grammaticalization'라고 부른다.[40]

진정 어린 감정 표현은 억지로 '짓는' 표정과 크게 다르다. 진정한 표정은 의식적으로 통제하기 힘든 눈과 입 주변의 근육들이 섬세하고 복합적으로 수축된 결과이다. 우리는 거짓 미소를 지을 수 있고 놀람이나 용맹을 가장할 수도 있지만, 그런 표정들은 진정한 감정에서 우러나온 표정과 결코 같을 수 없다.

사람들은 보통 상대방의 진정한 감정을 읽어내는 데 능할 뿐 아니라, 가식적인 표정을 구분하는 능력 또한 꽤나 뛰어난 편이다. 하지만 정서적으로 무미건조한 부모나 항상 화를 내고 우울해하는 부모 밑에서 자란 사람들은 상대방의 표정을 읽는 데 어려움을 겪는 경향이 있다.[41] 어떤 연구들은 영상물을 과도하게 시청하는 사람들 역시 이와 비슷한 성향을 나타낸다는 점을 입증했다.[42]

하지만 듣기를 훈련할 기회를 찾아다니면서 다양한 사람과 접촉을 시도하면 달라질 수 있다. 예를 들어 아이들을 대상으로 한 어떤 연구는 스마트폰이나 태블릿 없이 야외 캠프에서 친구들과 교감하며 5일을 보낸 아이들이, 그렇지 않은 아이들보다 사진과 비디오 화면에 나타난 사람들의 감정 상태와 표정을 훨씬 더 잘 읽는다는 점을 보여준다.[43]

얼굴은 감정에 반응해 표정을 나타낼 뿐 아니라 그 색깔까지도 바꿀 수 있다. 당혹감을 느낄 때 붉은색으로 변하고 충격을 받았을 때 창백해지는 것은 물론, 각각의 감정 상태에 맞는 미묘한 색조를 나타내 보일 수도 있다. 얼굴색이 변하는 건 코와 눈썹, 뺨, 턱 부위의 혈류량이 미묘하게 달라지기 때문이다. 게다가 각각의 감정 상태를 반영하는 색의 구성이나 비율은 성별이나 인종, 피부색 등에 관계없이 완전히 똑같다. 주의 깊게 듣는 사람들은 그런 변화들을 직감적으로 감지해낼 수 있다.

오하이오 주립대학교의 연구자들은 중립적인 표정을 한 얼굴 위에 다양한 감정 상태를 반영하는 색깔들을 덧입혀보았는데, 피험자들은 74퍼센트의 정확도로 그 사람이 느끼는 감정을 알아맞힐 수 있었다.[44] 사실 우리 얼굴의 피부 표면에는 다른 어떤 신체 부위보다도 혈관이 많이 분포되어 있다. 이는 자신의 내면을 표출하는 것이 진화상의 이점을 준다는 것을 암시한다. 하지만 모든 감각을 동원해 귀를 기울이지 않는다면 이런 신호들을 알아차리지 못할 것이다.

상대방에게 귀를 기울일 때 우리는 무수한 신호들을 받아들이게 된다. 신호들 중 상당수는 우리의 의식적인 자각을 벗어나지만, 그럼에도 그 신호들은 우리에게 상대방에 대한 인상을 전해준다. 그렇지만 무겁거나 심각한 주제에 대해 대화를 나눌 때는 흘러드는 모든 정보를 감당하기가 어려울 수도 있다. 가끔씩 사람들이 운전이나 요리처럼 상대를 똑바로 쳐다볼 필요가 없는 일을 할 때 감정적 문제와 연관된 진지한 이야기를 꺼내곤 하는 건 바로 정보 처리의 부담을 줄이기 위해서이다. 이와 마찬가지로 연인들도 주로 어두운 침실에 나란히 누워있을 때 진지한 대화를 나누곤 한다. 시각적 단서가 줄어들어 감각에 과부하가 걸릴 위험성이 사라졌기 때문이다.

〈프레시 에어〉의 진행자 테리 그로스를 비롯한 많은 저널리스트는 대면 인터뷰보다 전화 인터뷰를 선호한다. 상대의 외모나 비언어적 단서들 때문에 상대에 대해 선입견을 갖거나 주의가 산만해지는 걸 막을 수 있기 때문이다. 또한 그들은 그들 자신의 신체언어나 노트 필기 따위로 상대방에게 영향력을 행사하는 것도 꺼린다. 로마 가톨릭교회의 고해실에 사제와 신도 사이를 가로막는 차단막이 존재하는 것도 바로 이 같은 사정 때문이다. 언어 이외의 모든 정보를 차단하는 그 막 덕분에 마음을 놓고 더 솔직하게 속내를 털어놓게 되는 것이다.

그렇지만 역시나 여기서도 중요한 것은 균형이다. 비언어적 신호는 보통 메시지에 담긴 정서적 내용의 55퍼센트를 전달하는 만큼, 이것을 제거하면 엄청난 양의 정보를 잃어버리게 된다. 하지만 때로는 비언어적 신호가 메시지 전달을 방해하거나 메시지의 정확도를 떨어뜨리기도 한다. 이런 경우에는 시각 신호를 차단하는 것을 고려해봐야 한다.

먼 거리에 있는 누군가의 말을 들어야 하는 상황이라면, 전화를 사용하는 것이 문자메시지나 이메일을 사용하는 것보다 더 낫다. 느낌과 태도의 38퍼센트 정도는 어조를 통해 전달되기 때문이다. 이는 문자로 대화를 나누는 많은 상황에서 우리가 실제 의미의 고

작 7퍼센트 정도만을 받아들인다는 사실을 의미한다.[45] "좋아"라는 단순한 말 속에 흔쾌한 수락과 망설임, 내키지 않음 등과 같은 다양한 의미가 내포되어 있을 수 있다고 한 말을 떠올려보기 바란다. 반면 '좋아'라는 단어의 글자체는 어떤 경우에든 똑같이 나타난다.

물론 전화통화 도중 억양을 제대로 감지하려면 통신의 연결 상태가 좋아야 하는데, 양질의 통화를 하는 것이 그리 쉬운 일만은 아니다. 테리 그로스는 최고 수준의 음질을 제공하는 종합정보통신망ISDN을 통해 사람들과 이야기를 나눌 수 있었다. 하지만 휴대전화로 통화하는 사람들은 잡음과 통화 지연, 갑작스런 끊김 등으로 인해 상대의 어조를 제대로 포착하는 데 어려움을 겪기도 한다.

캘리포니아 대학교의 뛰어난 교수이자 전기공학자인 제리 깁슨Jerry Gibson은 "휴대전화로 양질의 통화를 하는 것이 그토록 힘든 이유는 서비스 제공자들이 음성통화를 그다지 중요시하지 않기 때문"이라고 말한다. 동영상과 데이터 용량 수요가 더 높기 때문에 통신 회사들이 음성통화의 대역폭이나 비트 전송 수준을 낮게 잡았다는 것이다. 그 결과 우리는 상대적으로 잘 끊기지는 않지만 질은 낮은 음성통화 서비스를 이용할 수밖에 없다.

"통신 회사들은 소비자들이 통화가 끊기는 것보다는 통화의 질이 낮은 쪽을 더 선호할 것이라고 생각합니다." 깁슨이 말했다. 그는 이동통신 분야의 전문가로 《정보이론과 용량왜곡이론Information Theory and Rate Distortion Theory for Communications and Compression》을 비롯해 관련 분야의 책을 여러 권 저술했다. 그는 전화로 이야기하는 것을 꺼리게 만드는 데는 기술적 이유가 있다고 주장하면서 이렇게 말했다.[46] "휴대전화는 대역폭이 낮고 잡음까지 섞여 들리는 데다가 소리의 질도 별로 좋지 않지요. 사람들이 문자 메시지를 선호하는 것도 놀랄 일이 아니에요."

디지털 신호로 사람의 목소리를 전송하는 데 사용되는 기술도 복잡하긴 하지만, 그건 상대의 목소리를 인지하고 처리하여 의미를 이끌어내는 인식 과정 자체의 복잡성에 비하면 아무것도 아니다. 과학은 아직 그 해답을 찾아내지 못했다. 그렇지만 듣기가 여러 감각을 복합적으로 동원하는 매우 정교한 과정이라는 점만큼은 널리 알려져 있다. 또한 우리는 듣기에 동원되는 신체 기관들(우리 귓속의 조직들)이 손상되기 쉽고, 따라서 보호를 필요로 한다는 점도 잘 안다. 그리고 마지막으로, 너무나도 다행스럽게도, 우리의 듣기 능력이 훈련과 연습을 통해 향상될 수 있다는 사실도 알게 되었다.

14장

전자기기와 소음

도저히 집중할 수 없는 시대

한때 사람들은 심심하거나 초조한 순간이 올 때마다 담배를 꺼내 물곤 했다. 사람들은 문제를 앞에 두고 안달하거나, 커피를 한잔 마시거나, 친구를 기다리거나, 차를 운전하거나, 섹스 후 긴장을 푸는 동안 담배에 불을 지피곤 했다. 그렇지만 요즘 사람들은 그런 상황에 처할 때마다 습관적으로 스마트폰을 향해 손을 뻗는다. 담배를 찾기 위해 초조하게 호주머니를 더듬는 흡연자들처럼, 요즘 사람들은 스마트폰이 없으면 도무지 마음을 놓질 못한다. 실제로, 정신 건강 전문가들은 전자기기 중독에서 약물중독의 경우와 같은 심리적·신경생물학적 요인들을 다수 찾아볼 수 있다고 말한다.[1]

스마트폰은 비록 제대로 된 대화를 방해하긴 하지만("이제 들려?

지금은?"), 우리가 원하는 거의 모든 것을 제공하는 것처럼 보인다. 소셜미디어, 게임, 뉴스, 지도, 요리법, 비디오, 음악, 영화, 팟캐스트, 쇼핑 등이 그것이다. 그렇지만 이들 중 어느 것도 실제 사람과 교감을 나눌 때와 같은 정서적 만족감이나 행복감을 안겨주지 못한다. 그럼에도 우리는 다른 중독자들과 마찬가지로 계속해서 스마트폰을 두드리고, 스크롤하고, 만지작거린다. 마침내 잭팟이 터지기를 기대하면서 끊임없이 슬롯머신의 레버를 잡아당기는 도박꾼들처럼 말이다.

정보를 놓칠 것에 대한 두려움에서 비롯되는 이런 강박 성향은 한 가지에 지속적으로 주의를 기울이는 것을 방해함으로써 듣기(또는 사고를 요구하는 다른 모든 일)를 어렵게 만든다. 가상 세계에서 일어나는 일에 사로잡혀 있을 때는 실제 세계에서 일어나는 일들에 집중하기가 힘들다. 전문가들은 우리가 공상하는 능력마저 잃어가고 있다며 우려를 표명해왔다.[2] 공상에 빠지는 것도 약간의 주의력을 요하는 활동이기 때문이다. 사실 과학과 예술, 문학 분야의 위대한 성취들 중 상당수는 공상에서 비롯되었다.[3, 4] 알베르트 아인슈타인Albert Einstein과 알렉산더 그레이엄 벨Alexander Graham Bell, 찰스 다윈, 프리드리히 니체Friedrich Nietzsche, T. S. 엘리엇, 루이스 캐럴Lewis Carroll, 이들 모두는 자신들의 재능이 장기간에 걸친 자유로운 공상에서 비롯된 것이라고 고백한 바 있다. 그렇다면 당신은 스마트폰을 한 시간 동안이라도 치워놓을 수 있는가? 아니면 30분이나 단 5분이라도?

마이크로소프트Microsoft의 연구자들은 2000년 이후 사람들의 평균적인 집중 시간이 12초에서 8초로 떨어졌다는 사실을 발견했다.[5] 그 연구에 따르면, 금붕어의 집중 시간이 약 9초라고 한다. 그 이후로 저널리스트와 심리학자, 신경과학자들은 집중력을 측정하는 올바른 방법과 앞의 연구가 정말 집중력 감퇴를 반영하는 것인지에 대해 논쟁해왔다.[6] 그렇지만 어쨌든 광고주와 미디어 기업들은 사람들의 관심을 끄는 것이 그 어느 때보다도 힘든 환경 속에서 어렵게 사업을 이끌어나가고 있다.[7]

〈뉴욕타임스〉의 온라인 사이트가 머리기사에 대한 소개문을 한 단락 분량의 산문에서 (시각 자료와 비디오가 동반되는) 한두 문장의 글귀로 대체한 건 바로 이 같은 사정 때문이다. 웹사이트 분석 전문가들에 따르면, 인터넷 사용자들의 대다수는 온라인 기사를 15초 정도 훑어본 뒤 계속 읽을지 말지를 결정하며, 사이트 로딩 시간이 단 3초만 넘어가도 짜증을 내면서 다른 곳으로 가버린다고 한다.[8] 또한 영국의 광고업자에 의해 수행된 한 연구는 집에 있을 때 사람들이 평균적으로 1시간에 스물한 번씩 사용기기(스마트폰, 태블릿, 노트북 등)를 바꾼다는 점을 드러냈다.[9] 텔레비전을 배경처럼 틀어 놓은 상태로 말이다. 따라서 당신이 이 책을 여전히 붙잡고 있다면, 그것만으로도 나는 너무나도 행복하고 감사하다.

시카고 세컨드시티의 무대 위에서 열리는 단편극은 공연 시간이 15분에서 5분으로 단축되었다. 청중의 집중력이 감소되었다는 사실을 잘 아는 감독들은 조명을 더 적극적으로 활용하는 것은 물론(이동, 반짝임, 회전 등), 공연이 진행되는 속도까지 높여야 했다고 털어놓았다. 큰 웃음과 만족감을 누리려면 농담이 서서히 무르익도록 내버려두어야 한다는 사실을 이해하는 사람은 더 이상 없는 것 같다. 감독과 연기자들은 웃음 포인트에 미처 도달하기도 전에 사람들이 스마트폰을 계속해서 확인한다며 불평을 했다.

웹사이트와 모바일 앱, 비디오 게임, 소셜미디어 플랫폼들은 사용자들의 관심을 계속해서 사로잡도록 디자인되었다.[10] 페이스북과 구글, 에픽 게임즈Epic Games 같은 회사들은 컴퓨터과학과 신경과학, 심리학 등을 총동원해 사용자를 끌어들일 전략을 짜는데, 때로는 이 목적을 위해 사용자들의 사회적 불안이나 허영, 탐욕 등을 이용하기도 한다. 그들이 그렇게 하는 건 사용자들이 클릭과 터치, 스크롤 등을 해야만 회사가 유지될 수 있기 때문이다. 좋든 싫든 우리는 주목 경제attention economy 환경에 참여하고 있다. 이런 환경에서 광고주들은 우리가 집중하길 바라는 대상으로부터 우리의 주의를 이탈시키기 위해 미디어 기업들에 수십억 원씩 투자한다. 이제 주의력은 사고팔 수 있는 일용품처럼 되었고, 입찰은 스마트폰이나 웹 브라우저를 통해 제공되는 정보를 토대로 실시간으로 일어난다.[11] 사용자들이 기울이는 관심의 질은 아무런 문제도 안 된다. 사실 사용자의 관심이 분산될수록 설득을 하기도 더 수월해지고, '바로 구매하기Buy Now'를 유도하기도 더 쉬워진다.

우리의 두뇌에는 이 같은 정보의 폭격에 대한 대비책이 갖추어져 있지 않다. 아이다호주의 가정주부는 이렇게 말했다. "예전에

는 귀에 들어오는 것이 주변 사람들의 이야기들뿐이었지만, 이제
는 전 세계로부터 초 단위로 정보가 쏟아져 들어오고 있어요. 세상
이 우리에게 정보를 강요하는 느낌이에요. 우리는 트럼프 대통령
이 방금 뭘 했는지, 아시아 지역에서 태풍이 몇 명의 목숨을 앗아갔
는지 등을 알려주는 정보들에 의해 끊임없이 방해를 받죠. 항상 정
보에 휩쓸려 다니는 느낌이에요. 우리는 최신 정보를 따라잡기 위
해 더 바쁘게 움직이지만, 이런 태도는 사실 무언가 의미 있는 일을
하는 걸 가로막을 뿐이에요."

지난 세기에 걸쳐 전자기기들이 우리 관심을 사로잡기 위해 경
쟁을 벌이는 동안, 사람들이 서로의 말에 귀를 기울이는 데 들이
는 시간은 깨어 있는 시간의 42퍼센트에서 24퍼센트로 거의 절
반가량 줄어들었다.[12] 게다가 요즘에는 '빠르게 듣기speed-listening'
가 유행처럼 번지면서 녹음된 목소리에 귀를 기울이는 데 들이는
시간마저도 줄어들고 있다.[13] 요즘 사람들은 정상 속도의 2배속으
로 오디오북을 들으면서 종종 운동이나 운전 같은 다른 일들을 병
행하기까지 한다. 오버캐스트Overcast 앱을 활용하면 2배속이나 3
배속으로 팟캐스트를 들을 수 있는데, 이런 듣기 활동을 (팟캐스팅
podcasting에 빗대어) 보통 '팟패스팅podfasting'이라 부른다. 그리고 오
디오북 플랫폼 오더블Audible에는 로맨스 소설에서 가장 에로틱한
부분으로 건너뛰는 기능까지 갖추어져 있다.

비록 직접 사람을 만나 개인적으로 이야기를 듣는 것이 훨씬 더
흥미롭긴 하지만, 스마트폰으로 오디오북을 빠르게 듣는 데 익숙

해진 사람들에게는 정상 속도로 이야기를 듣는 것이 견디기 힘든 일일 것이다.[14] 실제로 여러 연구에 따르면, 정기적으로 '빠르게 듣기'를 하는 사람들은 정상 속도로 이야기하는 사람의 말에 제대로 집중을 못 했다고 한다. 그들은 아마도 고속도로에서 빠져나와 어린이 보호구역을 통과하는 듯한 기분을 느꼈을 것이다. 게다가 '빠르게 듣기'를 하면 당신은 대화의 뉘앙스를 감지하고 인식하는 능력마저 잃어버리게 된다. 2배속으로 들을 때는 억양이나 어조, 미묘한 한숨, 강세, 목소리의 특징 같은 것들이 귀에 거의 안 들어오기 때문이다.

이제 대화 상대는 필요할 때만 잠깐씩 관심을 기울이는 또 다른 기기로 전락해버리고 말았다. 사람들은 말하는 사람에게 온전히 주의를 기울이지 않고 습관적으로 스마트폰을 들여다본다. 하지만 이런 태도는 지루하고 맥 빠지는 대화를 나눌 가능성을 더 높일 뿐이다. 에식스 대학교의 심리학자들에 의해 수행된 어느 연구는 탁자 위에 스마트폰이 그냥 놓여 있기만 해도 당사자들이 상대와 더 거리감을 느끼게 된다는 점을 발견해냈다.[15] 피험자들은 스마트폰에 의해 자신의 이야기가 방해받을지도 모른다는 생각에, 중요하거나 의미 있는 이야기를 꺼내는 것조차 꺼렸다. 탁자 위에 놓인 스마트폰이 별로 들을 가치가 없는 이야기를 나누는 환경을 조성하면, 이런 환경이 다시 대화보다는 스마트폰에 관심을 기울이도록 조장하는 것이다.

놀이터나 패스트푸드 음식점 같은 공공장소에서 보호자와 아이가 나누는 교감에 대해 연구한 다수의 연구는, 대다수의 보호자들이 스마트폰을 들여다보느라 아이를 소홀히 한다는 점을 보여준다.[16] 아동 전문가들은 그런 행동이 부모의 관심에 크게 의존하는, 아이의 성장과 발달에 악영향을 미친다고 입을 모은다. 앞서 말했듯이, 우리는 어린 시절에 관심을 받은 만큼 주변 사람들에게 관심을 기울이는 경향이 있다. 이는 현재 성년에 접어든 '스크린 세대 screen generation'가 다른 사람들과 교감을 나누는 데 더 큰 어려움을 겪을지도 모른다는 사실을 암시한다.

듣기를 위한 환경 만들기

그렇지만 듣기를 방해하는 것이 모바일 기기와 거기 연결된 온라인 사이트들뿐만은 아니다. 우리 스스로 창조해낸 현대적 청각 환경 역시 듣기를 저해하고 있다. 예를 들어, 신생 기업에서부터 대기업에 이르는, 오늘날의 회사들은 대부분 벽이 거의 없는 '개방형 사무실' 디자인을 채택하고 있기 때문에, 전화벨 소리와 키보드 소리, 점심 식사 후의 트림 소리가 한데 뒤섞이면서 사무 공간 전체가 잡음으로 가득 차게 되었다. 이런 환경에서는 차분히 생각에 잠기는 것은 물론, 중요한 이야기를 건네는 사람의 말에 온전히 주의를 기울이기도 힘들다.

식당에서 조용히 대화를 나누는 건 그보다도 훨씬 더 힘든 일이다. 여러 언론매체에 의해 수행된 식품산업 조사 보고서에 따르면, 미국 식당의 평균적인 소음 수치는 80데시벨가량 된다고 한다

(평균적인 대화의 수치가 60데시벨 정도라는 점을 기억해보라).[17] 가장 유명하고 인기 있는 식당들의 소음 수치는 90데시벨을 넘어섰는데, 이건 디저트를 먹기도 전에 청각에 손상을 입을 수 있는 수치이다. 실제로, 가장 최근에 수행된 저갯 식사 트렌드 서베이Zagat Dining Trends Survey는 고객들이 식당에서 나는 소음을 가장 불만스러워한다는 점을 발견해냈다.[18] 식당의 소음이 과식을 자극하고 건강하지 못한 음식의 선택을 조장한다는 연구들도 있다.[19]

아베크롬비앤피치Abercrombie & Fitch나 에이치앤엠H&M, 자라Zara 같은 의류 매장들의 소음 수치는 80데시벨 후반에서 90데시벨 초반 정도로 나타났다. 이와 마찬가지로, 당신은 카페나 식료품점, 자동차 영업소 같은 곳을 방문할 때마다 시끄러운 음악에 노출되어야 한다. 이런 음악들은 설령 음량이 낮다 하더라도 우리의 주의를 분산시킴으로써 대화에 온전히 집중하는 것을 힘들게 한다. 이런 산만한 분위기는 고객들을 강매에 취약하게 만들 뿐 아니라 고객들의 충동구매 성향을 부추긴다.[20] 나 역시 경험을 통해, 자동차 전시실 안에 서바이버Survivor의 곡 〈아이 오브 더 타이거Eye of the Tiger〉가 요란하게 울려 퍼지는 동안에는 자동차 가격을 제대로 흥정하기가 힘들다는 사실을 깨달았다.

집 역시 조용한 안식처와는 거리가 멀다. 텔레비전은 거의 항상 켜져 있고, 스피커에서는 뉴스와 재방송, 기상예보 등이 계속해서 흘러나온다. 또한 요즘에는 대부분의 사람들이, 비록 그것이 아이폰에 연결된 작은 휴대용 스피커라 할지라도, 어떤 형태로든 음향

기기를 보유하고 있다. 애플뮤직Apple Music과 판도라Pandora, 스포티파이Spotify 같은 스트리밍 서비스들은 음반을 많이 보유하지 않은 사람들도 끊임없이 음악에 노출될 수 있도록 만들었다. 음악은 분위기를 조성하는 데는 도움이 되지만, 가족이나 친구들의 말에 귀를 기울고자 할 때는 방해만 될 것이다.

당신은 이런 소음들을 무시하는 것이 가능하다고 생각할지도 모른다. 하지만 전문가들은 그런 생각이 잘못된 것이라는 사실을 끊임없이 입증해왔다.[21] 사실 멀티태스킹을 할 수 있다는 생각은 환상에 불과하다. 각각의 활동은 그 활동의 정도만큼 당사자로부터 주의력을 앗아가기 때문이다. 심리학자 대니얼 카너먼은 다음과 같은 인상적인 글귀를 남겼다. "흔히 사용되는 '주의를 지불하다pay attention'는 표현은 현실을 아주 잘 반영한다.[22] 실제로 당신이 각각의 활동에 할당하는 주의력의 총량은 한정되어 있기 때문에, 그 양을 넘어서려 하면 반드시 문제가 생긴다."

이 모든 사실이 의미하는 바는 '진정으로 듣기를 바란다면 적절한 환경을 구축해야 한다'는 것이다. 여기서 말하는 '적절한 환경'에는 수용적인 마음 상태는 물론 수용적인 물리 공간까지도 포함된다. 당신에게는 고요함과 방해받지 않을 자유가 필요하다. 모바일 기기의 성가신 알림음은 물론 배경소음도 있어서는 안 된다. 이건 자명해 보인다. 하지만 우리는 과연 그런 환경을 조성하기 위해 얼마나 많은 노력을 기울이는가?

한적하거나 방음이 된 공간에서만 사람들과 효과적으로 의미 있는 교감을 나눌 수 있다는 말은 아니다. 그런 환경을 조성하는 건 불가능하다. 하지만 당신은 대화 상대를 사무실 안으로 불러들일 수 있고, 컴퓨터를 휴면 상태로 전환할 수도 있다. 조용한 식당을 고를 수 있고, 스마트폰을 눈에 안 보이게 치워둘 수도 있다. 또한 이야기를 나누기 위해 조용한 거리를 산책할 수도, 주요 도로에서 떨어진 벤치나 건물 내부로 상대를 데려갈 수도 있다. 이 모두는 상대방에게 이야기를 들을 준비가 되었다는 신호를 보내는 다양한 방식이다. 대화의 길이나 주제, 성격이 어떻든 상관없이, 조용한 환경을 조성한다면 당신은 그 사람과 더 깊은 대화를 나누면서 그를 더 잘 이해할 기회를 창조하게 될 것이다.

2010년 하버드 대학교의 어느 연구 공동체에서 '패밀리 디너 프로젝트Family Dinner Project'라 불리는 프로그램을 제작한 적이 있다. 이 프로그램은 전자기기를 사용하지 않고 서로의 말에 귀를 기울이는 가족식사를 장려하기 위한 목적으로 기획된 것이었다. 연구자들의 동기를 자극한 건 지난 15년간 진행된 수많은 선행 연구였다. 이 연구들은 함께 식사를 하며 이야기를 나누는 가족식사 시간이 약물남용과 우울증, 십대 임신의 비중을 낮추어주었을 뿐 아니라, 아이들의 어휘력과 성적, 자존감 또한 향상시켰다는 점을 보여주었다.[23]

매사추세츠주 케임브리지시 부근의 15개 가구를 대상으로 시작된 이 프로젝트는 이후 전국 규모의 사업으로까지 확장되었고, 현재는 미국 전역의 가족들에게 식사를 하면서 자유롭게 대화를 나누는 방법에 관한 강의와 교육 자료 등을 제공하고 있다. "아마도 당신은 '세상에나, 그걸 위해 따로 교육까지 받아야 돼?'라고 생각할 것입니다." 패밀리 디너 프로젝트의 초기 담당자였던 존 사루프 John Sarrouf가 말했다. "하지만 우리는 정말로 그런 지경에까지 이르렀어요."●

패밀리 디너 프로젝트 팀이 대화 도입부에 활용할 수 있도록 추천한 질문들 중에는 "지금까지 받아본 것 중 가장 마음에 드는 선물은?"이나 "100년이나 200년 전으로 거슬러 올라가 세 종류의 물건을 가져올 수 있다면 뭘 가져올 것인가?" 같은 질문들도 포함된다. 앞서 언급한 '사랑으로 이끄는 36가지 질문들'과 마찬가지로, 이런 질문들에는 상대에 대한 평가가 아닌 호기심이 담겨 있다. 상대가 이룩한 성과를 탐색하는 질문이 아니라 상대가 누구인지 진정으로 알기 위한 질문들인 것이다. 여기서 볼 수 있듯이 그저 함께 식사를 하는 것만으로는 유익한 효과를 얻어낼 수 없다. 긴장감 가득한 가족식사 시간을 경험해본 사람이라면 이 점을 잘 알 것이다. 관계를 개선하고 건강한 분위기를 만드는 것은 그 식사 시간을 서로에게 질문을 던지고 열린 마음으로 귀를 기울일 기회로 활용하는 것에서부터 시작할 수 있다.

로널드 샤프Ronald Sharp에 따르면, 가족 식사나 사교 모임에서

● 현재 사루프는 7장에 언급된 갈등 중재 조직 중 하나인 에센셜 파트너스의 공동 책임자이다.

상대방에게 온전히 주의를 기울이는 건 환대의 한 형태다. 문학평론가인 그는 유도라 웰티와 함께 우정의 중요성과 의미에 관한 이야기 모음집인 《우정의 책The Norton Book of Friendship》을 펴낸 바 있다.[24] 샤프는 말한다. "주의를 기울이는 건 상대의 말과 느낌을 환영하는 것입니다. 상대가 경계를 넘어와서 당신 세계에 자리를 잡도록 허용하는 것이지요."

웰티는 누구보다도 이런 유형의 환대에 뛰어났다. 샤프는 웰티야말로 지금까지 만나본 사람 중 가장 주의 깊게 듣는 사람이라고 말했다. 웰티의 이런 태도는 그녀의 글에 잘 나타나 있는 지성과 유머의 기반이 되어주었을 뿐 아니라, 친구관계를 맺는 그녀의 능력을 뒷받침해주기도 했다. "수많은 사람이 그녀를 가장 놀라운 친구로 생각하지요." 샤프가 말했다. 샤프는 웰티가 자신에게 진정한 관심을 표명하면서 자신을 위해 시간을 내준 일들을 상기하면서, 그녀와 가까운 다른 사람들의 평가에 힘을 실어주었다. "그녀는 재촉을 하지도, 말을 끊지도 않아요." 그가 말했다. "그녀는 저 자신만의 이야기를 할 수 있도록 저를 초대해주고, 실제로 이야기를 할 수 있도록 격려까지 해줍니다."

이와 같은 초대는 훗날까지 지속적인 영향력을 행사할 수 있다. 대표적인 예로는 댈러스의 경찰소장이었던 데이비드 브라운David Brown을 들 수 있다. 그는 인종주의적인 공권력 행사에 대항하는 시위를 진압하다 경찰관 다섯 명이 총상을 입는 사건이 벌어진 2016년 당시, 전 국민적인 관심을 받은 바 있다. 아프리카계 미국인인 브라운은 당시에 거리와 온라인에서 시위를 벌이는 대신 앉아서 서로의 이야기들 들어보자고 사람들을 설득함으로써 엄청난 찬사를 받았다. 그는 경찰이 되어 함께 의미 있는 변화를 만들어보자고 시위자들을 초대하기까지 했다.[25] 전국에 이 기자회견이 방영된 이후 댈러스 경찰서에는 지원자가 폭주했다.

훗날 브라운은 한 인터뷰에서 자신은 열한 살 때 백인 친구의 저녁 식사 초대를 받았을 때 그 친구가 자신에게 해준 대로 한 것뿐이라고 말했다. 친구의 집이 가까워짐에 따라 브라운은 자신이 영화 〈초대받지 않은 손님Guess Who's Coming to Dinner〉의 주인공인 시드니 포이티어가 된 것 같은 기분이 들었다고 말했다. 친구의 부모가 자신이 흑인이라는 것을 알고 초대를 취소할까 봐 걱정을 한 것이다. 하지만 그들은 그를 환영했고, 포트 파이를 대접했으며, 그의 이야기에 관심도 보였다. "왜 우리는 6학년 아이들만도 못한 걸까요? 왜 우리는 이 문제를 해결하지 못할까요?"[26] 브라운이 말했다. "수많은 사람이 모여 앉아 고함을 지를 필요는 없어요. 그냥 같이 앉아 서로의 말에 귀를 기울이고 서로를 저녁 식사에 초대하기만 하면 되는 거예요."

어린 시절 브라운 서장이 친구와 함께 저녁 식사를 할 때는 탁자 위에 스마트폰이 놓여 있지 않았다. 그 누구도 음식을 먹으며 뉴스를 확인하지 않았고, 인스타그램에 올리기 위해 포트 파이를 사진으로 찍지도 않았다. 샤프가 웰티를 방문했을 때도 그녀는 텔레비전이나 노트북 같은 전자기기들을 전부 꺼놓은 상태였다. 두 경우 모두 주의를 분산시키는 요인은 전혀 존재하지 않았다. 집중력은 살아 있었고 관심은 온전히 손님에게로 향했다. 이 간단한 배려는 두 남성에게 잊지 못할 인상을 심어주었다. 그들은 수십 년이 지난 후에도 자신에게 귀를 기울여준 사람들에게 고마움과 애정을 느꼈다.

4부

어떻게
관계 맺을 것인가

YOU'RE NOT LISTENING

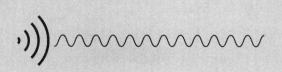

침묵이 대화를 이끈다

어떤 영업사원의 성공 비밀

휴일 쇼핑 기간에, 나는 텍사스주 휴스턴의 '갤러리 가구점Gallery Furniture'에 있는 고급 체리우드 탁자에 앉아 있었다. 옆에는 연 매출이 2,000억 원에 달하는 이 초대형 가구점의 판매 담당자 그레그 호프Greg Hopf가 앉아 있었다. 우리 앞쪽에는 76세의 호튼 여사가 어정쩡한 자세로 의자에 엉덩이를 걸치고 있었고, 그녀의 뒤에는 83세의 호튼 씨가 워크 부츠를 신은 채 발을 구르고 있었다. 그들은 부엌에 놓을 식탁을 고르는 중이었는데, 호프가 전에 보여준 책상도 구매할까 고민하고 있었다.

망설이는 기색이 역력했던 이 부부는 5분에서 10분 동안 아무 말도 하지 않았다. 침묵은 갈수록 숨이 막혔고 나는 초조해서 견딜 수가 없었다. 나는 그저 구경꾼에 불과했지만, 거래를 망칠 만한 말을 하거나 몸짓을 내보이지 않도록 극도로 조심해야 했다. 호프는 하루 동안의 판매실적에 따라 봉급을 받고 있었다. 나는 그가 정문으로 쏟아져 들어오는 다른 잠재 고객들을 놓치고 있다는 사실을 잘 알고 있었다.

하지만 호프의 표정은 바람이 없는 호수의 표면처럼 잔잔하기만 했다. 그는 진정 어린 관심이 담긴 눈빛으로 그 부부를 바라보았다. 그의 맑은 눈동자는 커다란 안경 속에서 확대되어 더욱 이해심 있어 보였다. 호튼 여사가 우리에게 다리가 부러진 뒤 6년이 지났는데 여전히 아프다고 말할 때도 그의 표정은 변함이 없었다. 호튼 씨가 6·25 전쟁에 참전해 도보 순찰을 한 이야기를 할 때도 마찬가지였다. "진흙이 여기까지 올라왔어." 그가 자신의 허벅지를 가리키며 말했다. "게다가 비까지 내려서 얼어 죽을 지경이었지."

내가 이 두 사람은 아무것도 안 살 것 같다고 생각하면서 어색한 침묵에 진저리를 내기 시작할 무렵, 호튼 여사가 입을 열었다. 그녀는 탁자와 의자는 물론 책상까지 사겠다고 했고, 기왕 사는 김에 텔레비전 장식장까지 구매하겠다고 말했다. 나는 어안이 벙벙해졌다. 하지만 30년 동안 이 일을 해온 호프는 조금도 동요하지 않았다. "저는 침묵을 지키는 법을 배워왔습니다." 부부를 계산대로 안내한 후 그가 말했다. "장담하건대 저 탁자에 앉아 있는 동안 제가 무언가 말을 꺼냈다면 부부는 책상만 사거나 아무것도 안 샀을 겁니다."

호프는 갤러리 가구점의 활력 넘치는 분위기와 그리 잘 어울리는 사람은 아니었다. 가구점 안에는 앵무새와 원숭이가 돌아다니는 우리도 있었고, 케이크와 사탕도 무료로 제공되었으며, 아이들이 뛰어놀 수 있도록 커다란 매트리스까지 마련되어 있었다. 갤러리 가구점의 소유주로, '매트리스 맥Mattress Mack'이라 불리기도 하는 짐 매킹베일Jim McIngvale 씨는 양손에 현금을 가득 쥔 채 매트리스 위를 펄쩍펄쩍 뛰면서 "갤러리 가구점에 오면 돈이 절약돼요!"라고 소리를 지르는 텔레비전 광고를 찍기도 했다.

반면 차분한 사람이었던 호프는 고객들을 매장의 조용한 구석으로 데려간 뒤 가만히 귀를 기울이곤 했다. 그는 고객의 말을 가로막거나 교정하지 않았고, 고객의 비위를 맞추거나 참견을 하려 들지도 않았다. 고객이 곁길로 빠지더라도 그저 듣기만 하면서 차분히 정보를 모아들였다. 예컨대, 한 노인이 자신은 세상을 망치는 컴퓨터 같은 기기는 거들떠보지도 않는다고 말했을 때, 호프는 그에게 복잡한 HD 텔레비전을 보여주는 것이 무의미한 일이라는 걸 알게 됐다. 또한 한 젊은 어머니가 숨을 헐떡이며 네 살 먹은 아이를 할머니 댁에 데려다주는 동안 차가 막혀 혼났다고 불평하는 것을 듣고는, 그녀를 때가 타지 않도록 덮개를 씌워둔 소파 쪽으로 안내하기도 했다.

"고객들에게 마음껏 말할 기회를 제공하면 시간이 더 오래 걸릴 것 같지만, 사실 그렇게 하는 게 더 빠르고 쉬워요. 게다가 실수도 덜하게 되지요." 호프가 말했다. 내가 보기에도 고객들의 이야기에 기꺼이 귀를 기울이는 그의 태도는 고객들에게 신뢰를 주어 무장해제 하도록 만드는 것 같았다. 이건 억지 추정이 아니다. 호프는 "사람들의 이야기를 듣다 보면 그들을 양심적으로 대하게 돼요"라고 말한 바 있다.

침묵을 견디는 능력

호프의 가장 놀라운 점은 호튼 부부 같은 고객들이 침묵을 지키더라도 조금도 동요하지 않고 그 침묵을 견뎌낸다는 사실이었다. 이는 보기 드문 자질로, 대화가 중단되는 걸 극도로 꺼리는 서양 문화권에서는 더더욱 그렇다. 우리는 망설임이나 침묵이 불러일으키는 어색함을 좀처럼 견디지 못하는 경향이 있다. 그래서인지 사람들은 상대의 말이 잦아들 기미가 보이기만 하면 즉시 끼어들 태세부터 갖춘다. 이야기가 채 끝나기도 전에 말이다.

연구자들이 대화 중 화자와 청자의 역할이 뒤바뀌는 5만여 개의 구간을 분석하여 도식화한 결과, 그들은 -1초와 1초 사이(마이너스 표시는 사람들이 상대의 말이 끝나기도 전에 이야기를 시작했다는 걸 의미한다)의 구간에서 그래프가 극적으로 치솟는다는 사실을 발견해냈다.[1] 그래프가 가장 높이 솟아오른 순간은 0~200밀리세컨드 사이의 구간이었다. 이는 대화가 중단되는 시간이 전무했거나, 아니면 눈 깜짝할 정도의 틈밖에 존재하지 않았다는 걸 의미한다. 네덜란드와 독일에서 수행된 연구들에서도 비슷한 결과가 도출됐다.[2]

반면 일본의 경우에는 대화가 중단된 시간이 좀 더 길었다.[3] 연구 결과들은 일본인 사업가가 침묵을 견디는 시간이 미국인 사업가들보다 두 배 정도 길다는 점을 드러낸다(일본인은 8.2초, 미국인은 4.6초).[4] 일본인은 의사와 환자 간의 대화 상황에서도 미국인들보다 침묵을 더 많이 허용하는 경향이 있었다(일본인은 전체 대화 시간의 30퍼센트, 미국인은 8퍼센트).[5] 또한 미국인들은 보통 "우는 아이에게 젖 준다"라고 생각하지만, 일본인들은 "조용한 사람이 존중받는다"는 인식을 품고 있었다.[6]

핀란드 같은 북유럽 국가의 사람들 역시 침묵을 좀 더 편안하게 받아들였다. 일본인과 마찬가지로, 핀란드 사람은 듣기와 겸손, 사생활 같은 가치를 미국이나 서유럽 사람보다 훨씬 더 중요시했다.[7] 핀란드인에 관한 잘 알려진 농담에는 약간의 진실이 깃들어 있다. 핀란드인 한 명이 일을 하러 가면서 "내가 칼을 잃어버린 게 바로 여기야"라고 말하자 다른 한 명이 저녁에 귀가하면서 "뭐 칼을 잃어버렸다고?"라고 말했다고 한다. 핀란드에서는 상대가 말을 마친 후 너무 빨리 말을 시작하는 것을 무례하거나 거만한 행동으로 간주한다고 한다. 침묵이 용인되는 것은 물론 기본적인 예절로 존중까지 받는 것이다. 하지만 일부 연구자들은 조용한 문화권에 속한 사람들이 체면을 잃거나 망신당하는 것을 훨씬 더 두려워하기 때문에 말을 자제하는 것뿐이라고 주장하기도 한다.

그렇지만 어쨌든, 침묵을 견디는 능력이 문화권에 따라 차이가 난다 하더라도 불과 몇 초에 지나지 않는다. 사람들은 대화의 흐름이 끊기는 것을 별로 좋아하지 않는다. 침묵이 통상적으로 용인되는 것보다 길어지면 사람들은 불편함을 느끼기 시작하며, 특히나 상대가 낯선 사람일 경우에는 더더욱 그렇다. 하지만 대화 상대에게 느끼는 친밀감이나 신뢰가 크면 클수록, 대화의 진행이 느려질 때 그 대화에 다시 활력을 불어넣을 필요성을 덜 느끼게 된다. 아무 말도 하지 않고 편안하게 앉아 있는 시간이야말로 안정적인 관계의 표식이라는 연구 결과들도 있다.[8] 지위가 높은 사람들 역시 대화 도중 발생한 침묵의 영향을 덜 받는 경향이 있다. 아마 자신의 지위에 그만큼 안정감을 느끼기 때문일 것이다.[9]

서양 문화권에 속한 사람들은 0.5초 이상 지속되는 침묵을 반감이나 거부, 외면으로 해석하기 때문에 자신의 입지를 회복하기 위해 서둘러 말을 쏟아내는 경향이 있다.[10] 침묵이 단 4초 동안만 지속돼도 사람들은 그 침묵을 자신의 견해에 대한 경계로 간주하고는 기존의 견해를 수정하거나 누그러뜨리곤 한다.[11] 커리어 코치 겸 저자로 애플에서 임원을 지낸 킴 스콧Kim Scott은 애플의 최고경영자 팀 쿡Tim Cook에 대해 이런 글을 남긴 바 있다.[12] "한 친구가 '팀은 대화 사이사이에 침묵을 끼워넣는 경향이 있으니, 그 침묵 때문에 불안해하거나 조마조마해해서는 안 된다'고 충고해주었다. 이 경고에도 불구하고 나는 첫 인터뷰 시간 동안 그의 침묵을 견디지 못하고 쉴 새 없이 말을 쏟아냈고, 그러다가 의도했던 것과 다르게 내가 저지른 실수에 대해서 훨씬 더 많은 말을 하고 말았다."

네덜란드의 한 연구는 말을 주고받는 사이에 시간 간극이 발생하도록 프로그램된 비디오 채팅을 하는 동안 사람들의 소속감과 만족감이 떨어졌다는 점을 보여준다.[13] 이는 피험자들에게 기술적 문제 때문에 대화의 흐름이 원활하지 못할 것이라고 미리 말을 해 둔 경우에도 마찬가지였다. 이 연구를 주도한 사회심리학자 남키에 카우덴부르크Namkje Koudenburg에 따르면, 사람들은 통화 도중 상대의 답변이 지연되거나 상대가 문자메시지에 바로 답하지 않을 때도 이와 비슷한 불안감을 느낀다.

침묵이 분명 거절을 의미할 때도 있다. 부적절한 농담을 던진 뒤 이어지는 기나긴 침묵이 그 예이다. 하지만 대화 상대를 '향해' 침묵을 지키는 것과 대화 상대와 '함께' 침묵에 머무는 것 사이에는 커다란 차이가 있다. 평범한 대화 도중 침묵이 발생하는 건 대부분 무슨 말을 할지 심사숙고하거나 말을 잇기 전에 숨부터 돌리기 때문이다. 사람들은 보통 무엇을 얼마나 말해야 할지 생각하거나 감정을 적절히 다스리기 위해 침묵을 활용한다. 작곡가 구스타프 말러Gustav Mahler는 "음악에서 가장 중요한 것은 악보에 기록되어 있지 않다"고 말한 바 있다.[14] 그것은 소리가 희미해지거나 사라지는 때를 말한다. 이와 마찬가지로 대화 상황에서도 우리는 말이 아닌 침묵에 의해서만 드러나는 의미에 주의를 기울일 필요가 있다.[15]

훌륭한 듣기 능력을 갖추려면 침묵의 순간들을 수용할 줄 알아야 한다. 대화의 공백을 너무 성급하게 채워 넣으면 상대가 표현하려 애쓰는 의미가 전달되는 것을 가로막을 수 있기 때문이다. 그런 태도는 상세한 설명을 억누르고 중요한 문제가 표면화되는 것을 방해할 뿐이다. 그러니 단지 기다리기만 하라. 상대방에게 못 다한 말을 마무리 지을 기회를 주어라. 저널리스트인 나는 수많은 시행착오를 거듭한 뒤에야 비로소 대화를 계속 이어나가기 위해 내가 무슨 말을 해야 하는 건 아니라는 사실을 깨달았다. 매우 흥미롭고 가치 있는 이야기들 중 일부는 내 질문이 아닌 침묵에서 비롯되었다. 상대방에게 생각을 정리할 시간을 허용해야 대화로부터 더 많은 것을 이끌어낼 수 있는 것이다.

기독교와 유대교, 이슬람교는 물론, 바하이교Bahai에서 선불교에 이르는 세상의 거의 모든 종교는 보다 높은 원리나 신자 자신의 내면에 귀를 기울이는 특정한 형태의 명상적 침묵을 활용해왔다. 예컨대, 트라피스트Trappist의 수도사들은 침묵이 성령 영감을 향해 마음을 열어젖혀준다고 믿는다. 또한 《탈무드》에는 '단어가 동전 한 개의 가치가 있다면 침묵은 동전 두 개의 가치가 있다'고 말하는 가르침이 포함되어 있다.

퀘이커교Quakers에는 '기다림 예배waiting worship'라 불리는 의식이 마련되어 있는데, 의식에 참여하는 신도들은 한자리에 조용히 모여 앉아 신성한 통찰을 받을 수 있도록 마음을 열어놓는다. 하지만 퀘이커 교도들조차 침묵을 불편해하곤 한다. 인디애나주 리치몬드에 위치한 퀘이커 교회의 한 신도는 "기다림 예배가 열리는 매월 첫째 주 일요일에는 자리 걱정을 할 필요가 없다"고 말했다. 침묵을 불편해하는 수많은 신도가 예배에 불참하기 때문이다.

침묵을 불편해하는 성향으로 인해 서양인 사업가들은 상대적으로 말수가 적은 동양인 사업가들과 거래를 할 때 종종 실수를 한다고 한다. 미국 상공회의소Chamber of Commerce의 수석 부회장인 찰스 프리먼Charles Freeman은 서양인, 특히 미국인이 동양인만큼 침묵을 잘 받아들이지 못하는 것 같다고 말했다. 그는 미국인이 동양인과 무역 협상을 하는 동안 불리한 계약을 자초하는 광경을 수없이 목격했다고 털어놓았다.

"미국인은 마치 침묵이 나쁜 것이라도 되는 양 침묵을 메우기 위해 말을 합니다. 하지만 아시아인은 아주 다르지요." 프리먼이 내게 말했다. "협상을 할 때 아시아인은 조용히 앉아 공손하게 귀를 기울이면서 수많은 정보를 받아들입니다. 그런 태도는 그들에게 엄청난 혜택을 가져다주지요." 그는 침묵을 유지하며 가만히 귀를 기울이다 보면, 상대방의 기분과 의도, 태도 변화 등에 대해 많은 것을 배울 수 있게 된다고 덧붙여 말했다. "협상을 하면서 귀를 기울이지 않는 건 일을 망치는 지름길입니다." 그가 말했다.

캐나다에서 작곡가이자 음악 교사로 활동하고 있는 머리 셰이퍼R. Murray Schafer는 침묵을 "가능성이 담긴 주머니pocket of possibility"라고 부른다.[16] 그는 이 점을 가르치기 위해 가끔씩 학생들에게 하루 동안 침묵 상태에 머물러보라고 요구하곤 한다. 학생들은 처음에는 그 과제를 별로 좋아하지 않았다. 침묵이 생각을 더 크고 요란하게 만들어놓았기 때문이다. 일부 학생들은 스스로에게 귀를 기울이는 동안 공허함이 밀려들었다고 고백하기도 했다. 하지만 많은 학생은 하루가 끝날 무렵에 감각이 더 섬세해진 걸 느꼈다고 보고했다. 그들은 스프가 부글거리며 끓는 소리나 잔디용 스프링클러가 쉭쉭거리는 소리를 더 깊이 음미하게 되었을 뿐 아니라, 평소 같았더라면 놓치고 말았을 대화의 미묘한 뉘앙스 또한 포착할 수 있었다고 말했다.

로스앤젤레스의 어떤 가수 지망생 역시 성대 수술을 한 후 6주에 걸쳐 침묵을 지키는 동안 비슷한 경험을 한 적이 있다고 털어놓았다. 당시 그녀는 "안녕. 난 성대를 쉬게 해야 해"라고 적힌 화이트보드를 들고 돌아다녀야 했다. 그녀는 이 강요된 침묵을 통해 자신이 그동안 상대의 말을 귀 기울여 들어주지 못했다는 사실을 깨닫게 되었다고 한다. "상대의 말을 진정으로 듣는 대신, 우리는 자신의 주장을 갈고닦는 데만 신경을 쓰는 것 같아요." 그녀가 말했다. "제 의견을 말할 기회가 없어서인지, 저는 사람들을 더 잘 이해하기 시작했습니다. 사람들의 말에 귀를 기울이다 보니 타인에 대해 더 포용적인 태도를 취하게 되었어요." 셰이퍼와 마찬가지로 그녀도 하루 동안 '가능성이 담긴 주머니' 속으로 뛰어들어보라고 권유했다. "그 상태로 24시간만 견딜 수 있다면, 당신은 더 잘 들어주는 법을 배우게 될 겁니다." 그녀가 말했다. "당신은 자신이 하는 말의 하찮음과 다른 사람들이 하는 말의 중요성을 배우게 될 거예요."

하루 동안 침묵을 지키는 게 벅차 보인다면, 한 번의 대화에서만이라도 침묵을 지키려 애써보라. 질문 받지 않은 것에 대해서는 아무 말도 하지 말고 무슨 일이 벌어지는지 그저 지켜보기만 하라. 바텐더처럼 되어야 한다. 바텐더들은 조용한 밤 시간대에 고객이 수 시간 동안 이야기를 늘어놓더라도 단 한마디 말도 하지 않고 그의 말을 들어줄 수 있다. "맥주에 취했기 때문에 쉴 새 없이 말을 쏟아내는 거라고 생각할 수도 있을 겁니다." 뉴올리언스에서 오래도록 술집을 운영해온 한 바텐더가 말했다. "하지만 저는 평소 말을 들어줄 사람이 없었기 때문에 그렇게 행동하는 거라고 생각해요. 그래서 부모나 친구들에게조차 하지 않던 이야기들을 낯선 사람에게 털어놓는 거지요."

내가 인터뷰한 바텐더들은 손님이 많은 밤에는 고객들이 서로 "에게" 이야기를 하기보다 서로에 "대고" 이야기를 한다고 말하기도 했다. 상대가 하는 말은 물론 자기가 하는 말에도 별 신경을 쓰지 않는다는 것이다. 한때 제본업에 종사했던 노스캐롤라이나주 애슈빌 지역의 한 바텐더는 이렇게 말했다. "사람들은 종종 자신과 상대방 사이에 놓인 빈 공간을 채우기 위해 말을 합니다. 그들은 아직 시작되지 않았거나 별로 깊지 않은 관계의 진공 상태를 소음으로 채워 넣으려 애를 쓰지요." 그녀는 이렇게 덧붙였다. "침묵을 편안히 받아들일 수 있는 사람은 자신의 모습을 있는 그대로 인정할 수 있는 사람뿐입니다."

자기 홍보를 중시하는 미국 문화권에서는 인간관계가 말로 맺어지는 게 아니라는 사실을 망각하기 쉽다. 수다스러움은 어색함을 메워주긴 하지만, 우리 자신과 다른 사람들 사이에 말로 벽을 세워 관계의 가능성을 차단해버리는 경향이 있다. 하지만 침묵은 상대방이 우리에게 다가올 수 있도록 공간을 마련한다. 침묵 자체에

너그러움이 담겨 있는 것이다. 하지만 그 속에는 분명한 혜택 또한 내포되어 있다. 즉, 침묵을 편안하게 받아들이는 사람들은 불필요한 말을 자제하면서 상대로부터 더 많은 정보를 얻어내곤 한다. 실제로 끼어들고자 하는 충동만 자제해도, 우리는 대화로부터 훨씬 더 많은 통찰과 이해를 이끌어낼 수 있다. 만일 당신이 갤러리 가구점의 그렉 호프 같은 판매원이라면, 그 누구보다도 많은 판매 실적을 올릴 수 있을 것이다.

16장

뒷담화 주고받기

타인의 성공과 실패에서 배운다

훌륭한 뒷담화에서는 버번bourbon 향기가 난다. 텍사스주 갤버스턴에 있는 종조모의 집에서는 칵테일파티가 열릴 때마다 뒷담화와 버번이 모두 제공되었다. 사람들은 칵테일파티에 초대받기를 원하는 만큼이나 그곳에서 오가는 정감 어린 농담을 열망했다. 종조모가 97세로 세상을 떠날 때까지 그녀와 나는 수많은 시간을 함께 보냈다. 우리는 멕시코 만에 가서 낚시를 즐기기도 했고, 그녀의 강청색 올즈모빌 자동차 지붕을 열고 드라이브하며 놀러 다녔으며 스위트피sweet peas를 따면서 그녀의 정원을 돌아다니기도 했다. 그녀는 분명 우리의 대화를 '뒷담화'라고 부르는 데 화를 내겠지만, 우리가 나눈 대화는 어쨌든 다른 누군가의 좋은 점과 싫은 점에 대한 것이었다.

뒷담화는 종종 부정적인 것으로 간주되지만, 긍정적인 사회적 기능을 수행하기도 한다. 성인들이 나누는 대화의 무려 3분의 2가 제3자에 대해 이야기를 나누는 수다, 즉 뒷담화로 구성되어 있는 건 바로 이 때문이다.[1] 남성들도 여성만큼이나 뒷담화에 능하며, 아이들도 다섯 살쯤 되면 뒷담화에 능숙해진다.[2,3] 사실 우리 모두가 뒷담화를 즐긴다(비록 내 종조모만큼 뛰어날 수는 없겠지만).[4] 뒷담화는 믿을 만한 사람이 누구이고 본받을 가치가 있는 사람이 누구인지, 그리고 동료가 누구이고 적이 누구인지 판단할 수 있게 해주기 때문이다. 이런 식으로 뒷담화는 우리가 도덕적이고 윤리적인 사회 구성원으로 성장할 수 있도록 돕는다.

우리는 가족이나 친구, 동료, 선생님, 종교 지도자 등에게 듣는 뒷담화를 통해 사회화된다. 어떻게 보면 예수의 우화나 부처의 이야기들도 기록된 뒷담화로 볼 수 있다. 네덜란드의 연구자들이 수행한 연구에 따르면, 긍정적인 뒷담화를 들은 사람들은 그 사람과 비슷한 행동을 하도록 자극을 받고, 부정적인 뒷담화를 들은 사람들은 자기 자신에 대해 더 좋은 느낌을 품게 되었다고 한다.[5] 또 다른 연구는 뒷담화 내용에 충격을 받거나 기분이 상하는 정도가 크면 클수록, 그 경험으로부터 배움을 얻을 가능성도 그만큼 더 높아진다는 점을 보여준다. 물론 이 경우에는 뒷담화의 대상이 된 사람역시 기존의 행동을 교정하도록 압력을 받을 것이다.[6]

스탠퍼드 대학교와 캘리포니아 대학교 버클리 캠퍼스의 연구자들은 피험자들이 기회가 될 때마다 금융 게임에서 신뢰도가 떨어지는 다른 사람들에 대해 거리낌 없이 뒷말을 늘어놓도록 했는데, 이 뒷담화가 다시 그 대상자에게 영향을 미쳐 그가 기존의 행실을 바로잡도록 만들었다는 것을 확인했다.[7] 이 연구의 결론은, 구성원들에게 뒷담화를 허용하는 조직이 그렇지 않은 조직보다 더 협동적이고 이타적인 조직 문화를 형성해내는 경향이 있다는 것이었다.

이는 뒷담화의 내용이 정확하지 못할 때조차 마찬가지였다. 호주와 영국의 사회심리학자와 경제연구가들은 공동으로 진행한 한 연구를 통해, 정확하거나 정확하지 못한 모든 뒷담화가 '좋은 평판'을 추구하는 분위기를 조성한다는 점을 입증했다.[8] 연구자들은 피험자들을 서로에 대한 신뢰를 토대로 하는 게임에 참여시킨 뒤, 일부 집단에게만 서로에 대한 뒷담화를 허용했다. 그 결과 동료의 진실성을 칭찬하거나 그에 대해 의문을 제기하도록 허용한 집단의 사람들이 그렇지 않은 집단의 사람들보다 더 효율적이고 올바른 방식으로 게임을 진행한 것으로 드러났다. 이는 칭찬이나 비난이 과장된 경우에도 마찬가지였다. 연구자들에 따르면, 이처럼 정확하지 못한 뒷담화는 주로 나쁜 행동을 한 사람을 더 가혹하게 벌하고자 하는 욕구에서 비롯된다고 한다(사람들은 속임수를 쓴 참가자를 실제보다 더 낮게 평가하곤 했다). 한편, 일부 연구자들은 사람들이 다른 사람에 대해 어떻게 이야기하는지 들어보면, 그 뒷담화 대상에 대해 알게 되는 것만큼이나 뒷담화 당사자들 자신에 대해서도 알게 된다고 주장하기도 했다.

잘 알다시피, 뒷담화를 나누는 사람들은 보통 서로를 향해 고개를 숙이면서 속삭이듯이 목소리를 낮추곤 한다. 종조모와 나 역시, 주변에 아무도 없어도 특별히 민감한 이야기를 나눌 때는 이마가 닿을 정도로 서로를 마주하고 고개를 숙이곤 했다. 하지만 뒷담화는 부끄러운 활동이 아니다. 실제로, 지금까지 수행된 수많은 연구는 뒷담화를 사소하거나 피상적이거나 단세포적인 활동으로 치부하기보다 적응에 필수적인 지적 활동으로 간주해왔다. 뒷담화를 연구하는 학자들(생각보다 많다) 역시 다른 사람에 대해 이야기를 나누는 건 타인의 승리와 고난으로부터 배움을 얻는 관찰 학습의 연장이라고 주장해왔다.[9]

4장에서 이미 언급한 바 있는 영국의 인류학자이자 진화심리학자 로빈 던바는 우정에 대한 연구를 진행하는 동안 뒷담화에도 관심을 갖게 되었다. 그는 뒷담화가 대부분 악의적이라는 통념과는 달리 진정으로 악의적인 뒷담화는 전체의 3~4퍼센트에 지나지 않는다고 말했다.[10] "뒷담화는 일상 도처에 널려 있습니다." 그가 말했다. "대부분의 뒷담화는 자기 자신과 다른 사람 사이에 발생한 어려움에 대한 것이지만, 그것은 동시에 사회 공동체 내에서 벌어지고 있는 지위 변화에 대한 것이기도 합니다."

사회 조직의 내적 구성은 빠른 속도로 변하는 데다 놀라울 정도로 복잡하기까지 하다. 인간관계와 연관된 모든 결정과 행동은 특정한 순간에 특정한 관계 당사자들을 중심으로 수많은 요인이 한

데 모인 결과이다. 사람들 사이에서 일어나는 하나의 동일한 상호 작용은 작용하는 변수들의 수에 따라 사소한 것이 될 수도, 완전히 통제 불가능한 것이 될 수도 있다. 이 복잡한 관계망을 이해하는 건 결코 쉬운 일이 아니다. 던바는 우리가 가능한 많은 사례에 관심을 갖고 귀를 기울이는 이유가 바로 여기에 있다고 말했다. 그래야 주변 상황이 어떻게 돌아가는지 이해하고 상황을 유리하게 이끌어나갈 수 있기 때문이다. 종조모의 집에서 열린 칵테일파티에 참석한 사람들이 얻고자 한 것도 바로 그런 지식이었다. 갤버스턴은 비록 한적한 탄광촌이긴 하지만, 그곳에서는 흥미롭고 비밀스런 작은 사건들이 무수히 벌어졌고 지금도 벌어지고 있다.

던바에 따르면, 뒷담화의 기원을 이해하기 위해 우리가 할 일은 원숭이들의 털 고르기grooming 행위를 관찰하는 것뿐이다.[11] 원시 인류는 원숭이들처럼 서로 털 고르기를 해주는 행위를 통해 사회적 유대감을 형성하고 유지한 것으로 알려져 있다. 서로의 털을 쓰다듬으며 이물질을 제거하는 행위가 서로를 향한 호감을 자극해 훗날 바나나를 나눠 먹거나 위험에 처한 상대를 보호하도록 만들었다는 것이다. 하지만 점차 지성이 발달하고 활동의 복잡성과 공동체의 규모가 증대함에 따라 언어가(좀 더 구체적으로 말하자면 뒷담화가) 털 고르기 행위를 대신하게 되었다고 한다.

뒷담화의 상대적인 이점에 대해 던바는 "뒷담화는 사회적 유대와 사회적 학습에 효과적인 수단입니다"라고 말했다. 털 고르기는 시간이 많이 걸리는 데다 일대일로 할 수밖에 없지만, 뒷담화는 시간도 더 적게 들고 최대 네 명까지(화자 한 명과 청자 세 명) 참여할 수 있다는 것이다.[12] 집단의 규모가 이보다 더 커지면 사람들은 더 작은 집단으로 스스로를 분산시키는 경향이 있다고 한다. 아마 당신도 큰 규모의 연회 장소에 모인 사람들이 두 명에서 네 명 정도의 사람들로 구성된 소집단을 형성하는 광경을 목격한 경험이 있을 것이다.

던바의 주장은 사람들이 소셜미디어에 매혹되는 이유 또한 설명해준다. 아마도 소셜미디어가 그토록 큰 인기를 끄는 건 소셜미디어를 통해 공유되는 뒷담화의 양과 온라인 특유의 접근성 때문일 것이다. 소셜미디어는 두 측면 모두에서 실제 인간관계 상황을 무한히 능가한다. 따라서 사람들은 계속해서 소셜미디어를 들락거리면서 집단 구성원들이 자신을 어떻게 인식하는지 확인한다. 하지만 모든 정보를 다 확인하는 건 불가능하다. 게다가 돌아다니는 이야기들이 워낙 많고 해석도 다양하기 때문에 정보의 가치와 질은 현저히 낮아질 수밖에 없다.

타자를 경험하는 것

사회과학 문헌들은 종종 경제적인 관점에서 뒷담화를 다루곤 한다.[13] 예컨대 그 관점에 따르면, 종조모가 개인적인 자리에서 내게 은밀히 건넨 이야기는 시끌벅적한 칵테일파티 장소에서 한 이야기보다 훨씬 더 가치 있다. 아마도 당신은 경제학자들이 인터넷상에 떠도는 기사를 얼마나 무가치하게 여길지 짐작해볼 수 있을 것이다. 정보의 가치는 그 정보의 접근성 및 보편성과 반비례 관계인 것이다.

시카고 대학교의 사회학자 피터 미카엘 블라우Peter Michael Blau는 1960년대에 사회교환이론social exchange theory을 창안했다.[14] 이 이론은 정보의 교환을 포함하는 사회적 상호작용의 상황 속으로 경제학을 끌어들인다. 표적 집단의 창시자 로버트 머튼의 제자였던 블라우는 사람들의 이야기를 듣는 것이 특권이라고 주장하기도 했다. 그에 따르면, 사람들은 그다지 민감하지 않은 정보를 교환하는 작은 대화를 나누면서 관계를 맺기 시작한다. 이 시점에서는 정보가 새어나가도 별 문제가 되지 않는다. 하지만 양측 당사자가 서로에게 주의와 관심을 기울여 상호 간에 신뢰가 형성되면, 관계가 깊어지면서 더 중요하고 은밀한 정보를 교환하게 된다고 한다.

따라서 블라우에 따르면, 듣기는 단지 미덕을 갖춘 사회 구성원이 되기 위한 수단이 아니라, 그 자체로 하나의 미덕이다. 듣기는 우리에게 가장 가치 있는 정보를 받아들일 자격을 부여하기 때문이다. 프랑스의 철학자 에마뉘엘 레비나스Emmanuel Levinas는 사람들 사이의 상호작용이야말로 개인적 윤리의 기반이라고 강조하면서, 상호작용이 촉발시키는 듣기와 이해, 공감이 우리 삶에 의미와 방향성을 준다고 주장했다. 유대인 출신으로 제2차 세계대전 기간 동안 수용소 생활을 한 레비나스는 '타자'를 경험하는 것의 중요성을 강조하기도 했다.[15] 여기서 타자를 경험하는 것이란 다른 사람들을 직접 만나 대화를 나누면서, 서로의 이야기가 엄청나게 달라도 근본적인 정서의 차원에서 보면 결국 같다는 사실을 배우는 것을 의미한다. '타자'를 배우는 이 행위는 우리 모두가 지닌 인간적 취약성을 상기시켜 주며, 이를 통해 누구에게도 해를 끼치지 말아야 할 윤리적 필요성과 의무를 부과한다.

진실성과 인격은 타고나는 것이 아니다. 이런 자질들은 매일같이 결정을 내리면서 형성되고 발달되는 것이다. 이 같은 결정에는 누구에게 얼마나 귀를 기울일지 선택하는 것도 포함된다. 또한 윤리적인 행동은 자신의 말과 행동이 다른 사람들에게 어떤 영향을 미치는지 고려하는 것을 필요로 하는데, 여기에 듣기가 필수적이다. 순전히 실용적이고 진화론적인 관점에서 보자면, 우리는 채집과 사냥을 하는 동안 동료들과 협력함으로써 종으로서 생존할 수 있었다. 초기 인류는 서로에게 귀를 기울이며 협력을 하지 않으면 죽음을 면할 수 없었다. 행동 규범과 사회 규칙들은 초기의 공동 활동들로부터 비롯되었으며, 이는 훗날 도덕성이란 개념에까지 영향을 미쳤다.[16]

프랑스의 현대철학자 파스칼 브루크너Pascal Bruckner는《순진함의 유혹》이라는 책에서 현대의 개인주의가 우리를 퇴보시키고 있는 것인지도 모른다고 주장했다. 그는 이렇게 썼다. "개인의 의무가 자기 자신으로만 국한되면 사회적 차원의 의무감이 존재할 수 없다. 이런 상황에 처한 개인은 오직 자기 이해의 불빛만을 따라가기 때문에, 장소와 질서, 규율 등이 제공해주던 모든 안정감을 잃어버리게 된다. 그가 자유를 얻었는지는 모르지만, 그는 어쨌든 마음의 안정을 잃고 말았다."[17] 자립성을 중시하는 사회에 속한 우리들은 스스로 자기 자신의 행복과 번영에 대해 책임을 져야 한다고 믿는다. 브루크너가 말했듯이, "모든 사람은 받아들여지기 위해 자기 자신을 판매해야만 한다." 하지만 이와 같은 끊임없는 자기 홍보와 이미지 관리에는 대가가 따르기 마련이다. 즉, 우리는 다른 사람들과의 접촉을 상실하며, 궁극적으로는 기본적인 소속감과 유대감마저 잃는다. 그와 같은 교감이야말로 우리가 진정으로 원한 모든 것임에도 말이다.

현대적 자아는 말은 더 많이 하지만 듣기는 더 적게 한다. 서로의 이야기와 아이디어, 걱정거리 등을 이해하고 거기에 반응하는 능력이야말로 매머드 사냥에서부터 달 착륙에까지 이르는 그 모든 성취의 기본 바탕임에도 불구하고 말이다. 서로에게 귀를 기울이지 않는 태도는 우리가 성취할 수 있는 것들을 제한한다는 점에서 도덕적인 문제로 간주할 수도 있다. 그런 태도를 취할 때 우리는 서로를 실망시킬 뿐 아니라 집단적 차원의 번영까지도 가로막게 된다.

게다가 자기 자신을 판매해야 한다는 압박감에 내몰릴 때 사람들은 스스로를 과장하게 되는데, 이 같은 과장은 대화의 수준을 낮추고 냉소주의를 조장할 뿐이다. 아이큐가 몇이냐는 질문을 받았을 때 천체물리학자 스티븐 호킹Stephen Hawking은 "저도 잘 모릅니다. 자기 아이큐를 자랑하는 사람은 루저에 불과하죠"라고 말했다.[18] 세상에서 매우 똑똑한 사람 중 한 명으로 인정받는 남자가 이런 말을 한 것이다. 종조모 역시 자기자랑을 많이 하는 사람일수록 이룬 것이 적은 경우가 많다고 했다. 이 점을 기억해두고 눈앞에 있는 상대방의 뛰어난 점을 찾는 대신 스스로를 자랑하려는 충동에 휩쓸리는 자신을 발견할 때마다 떠올리기를 바란다.

사람들은 무언가를 듣지 않은 것을 들은 것보다, 무언가를 말한 것을 말하지 않은 것보다 후회하는 경향이 있다. 그러고 보면 다른 사람에게 자신의 기분을 솔직하게 드러내는 것이 반드시 좋은 것만은 아닌 듯하다. 자신의 기분을 표현하고 싶은 충동이 항상 도움이 되는 건 아니다. 어쩌면 당신은 타인의 취약성보다 자신의 자아를 우선시하고 있는 건지도 모른다. 물론 그렇다고 부정직하거나 소심하게 행동하라는 말은 아니지만, 당신은 상대가 당신의 말을 들을 준비가 되어 있는지 알 수 있을 만큼 충분히 귀를 기울일 필요가 있다. 사실 당신이 느끼는 모든 것을 다 말해야 하는 건 아니다. 때로는 그 강력한 느낌이 가라앉을 때까지 기다리는 편이 더 나을 수도 있다.

이 책을 위해 인터뷰를 진행하는 동안, 사람들은 후회되는 일들을 내게 털어놓곤 했다. 엄청나게 많은 사람이 삶의 중요한 시점에 상대에게 귀를 기울이지 않은 것을 깊이 후회하고 있었다. 일부는 '자기만의 진실'을 말하고 싶은 충동에 휩싸인 나머지 자신의 말이 상대방에게 미칠 영향을 간과했다고 고백했다. 떠나간 사람들과 잃어버린 직업, 다시 되돌아가 바로잡고 싶은 말다툼의 순간들을 떠올리면서 한탄을 쏟아내는 사람들도 있었다.

오하이오주 마이애미 대학교의 '후회 연구소Regret Lab' 소장이자 심리학자인 에이미 서머빌Amy Summerville에 따르면, 인간관계와 연관되어 있는 사회적 후회가 학교의 선택이나 투자 대상의 선정 등에서 비롯되는 비사회적 후회보다 훨씬 강도가 세다고 한다.[19] 또한 얼마든지 다르게 처리했을 수도 있지만 되돌아가 바로잡을 수는 없는 종류의 일들이 가장 큰 후회를 불러일으킨다고 한다.[20] 그런데 귀를 기울이지 않는 태도는 이런 후회를 초래할 가능성이 매우 높다. 일단 상대방의 이야기를 들을 수 있는 기회를 흘려보내고 나면 그 순간을 결코 재창조해낼 수 없을 뿐 아니라, 기회를 놓쳤다는 사실을 종종 뒤늦게 깨닫기 때문이다.

"귀를 기울이지 않은 순간이 나중에 후회라는 감정을 불러일으키는 가장 정확한 지점입니다." 서머빌이 말했다. "듣기는 인간관계의 필수 요소이지요. 우리는 듣기를 통제하는 것이 얼마든지 가능하다는 점을 쉽게 인식할 수 있어요." 그녀에 따르면, 후회는 사랑 다음으로 흔한 감정 상태로, 사랑과 아주 밀접하게 연관되어 있다고 한다.[21] 가장 강렬한 후회는 보통 사랑하는 사람들을 소홀히 대한 데서 비롯되기 때문이다. 관계가 틀어지는 주된 이유도 이 같은 소홀함 때문인데, 가장 근본적인 유형의 소홀함이 바로 상대에게 관심을 기울이지 않는 태도이다. 진화론적 생존전략으로 보든 기본적인 미덕으로 보든 사랑하는 사람들을 향한 의무로 보든, 듣기는 우리를 인간적으로 연결시켜 주는 핵심 요인이다.

이 이야기를 하다 보니 종조모와 나눈 대화 하나가 떠오른다. 우리는 마호가니로 된 종조모의 식당 테이블 한쪽 끝에 걸터앉아 단둘이 아침 식사를 하고 있었다. 당시는 봄이었던 만큼, 등나무 향기가 열린 창문을 통해 흘러들어왔다. 우리는 자신이 저지른 일을 뼈저리게 후회하면서 살다 간 누군가에 대해 이야기를 나누고 있었다. 나는 당시 90대였던 종조모에게 그런 사람을 가까이한 게 후회되지는 않는지 물어보았다. 그러자 그녀는 이렇게 대답했다. "후회한다고 해서 달라질 게 뭐 있겠니?"

최고의 듣기를 위해서

그라이스의 법칙

몇 년 전, 나는 〈타임Time〉에 거짓 웃음에 대한 글을 기고하기 위해 자료를 준비하고 있었다.[1] 우습지도 않은 상황에서 억지로 웃는 이유가 궁금했던 나는, 웃음을 연구하는 한 심리학 교수에게 전화를 걸었다. 그는 몇 가지 농담을 던지며 대화를 시작했다. 직업적으로 웃음을 연구하는 사람이니 그럴 수도 있겠다고 생각했지만, 그 농담들은 전혀 재미있지 않았다. 분위기를 썰렁하게 만들 뿐이었다. 하지만 나는 예의를 갖추기 위해 억지로 "아하하" 하고 소리를 냈다. 거짓 웃음을 연출한 것이다.

그러고 나서 그 교수는 인간의 웃음이 원숭이들의 헐떡임으로부터 진화해온 과정을 장황하게 설명하기 시작했다. 그런 뒤 그는 "아마 질문에 대한 답이 되었을 겁니다"라고 말했다. 나는 "글쎄……. 아직 의문점이 남아 있는데요"라고 말한 뒤, 내가 쓰고자 하는 글은 불편한 상황에서 주로 발견되는 거짓 웃음에 대한 것이란 점을 전달하기 위해 애를 썼다. 그러자 그는 내 말을 정정하면서 웃음을 가장하는 건 불가능한 일이라고 말했다. "당신은 이 대화를 하는 동안 계속 웃었습니다. 그건 진정한 웃음이고 좋은 웃음이지요. 안 그런가요?" 그가 말했다. 내 웃음의 진정성을 의심하지 않은 것이 분명했다. 그는 계속해서 이렇게 말했다. "남성은 다른 사람을 웃게 만드는 능력이 뛰어납니다. 이건 성차별적인 발언이 아니라, 단지 여성이 다른 사람들의 웃음을 이끌어내는 데 상대적으로 어려움을 겪는다는 걸 말하려는 것뿐이에요. 아주 잘 웃기는 코미디언들은 주로 남성들이죠. 남성은 어떤 환경에서든 다른 사람들의 웃음을 이끌어낼 수 있습니다. 답변이 되었나요?"

나는 끝내 제대로 된 답변을 받지 못했지만, 어쨌든 시간을 내준 데 대해 진심으로 감사를 표했다. 이 통화가 시간 낭비였다는 말은 아니다. 그는 거짓 웃음에 대한 내 가설을 완벽하게 입증한 셈이었다. 하지만 이제는 그에게 귀를 기울이는 걸 중단할 시간이었다. 이후 심리학자 네 명과 신경과학자 세 명, 유머 전문가 한 명을 인터뷰하면서, 나는 우리가 웃음을 터뜨리거나 가장하는 이유와 그 둘을 구분하는 방법에 대해 새로운 통찰들을 얻어낼 수 있었다(힌트: 거짓 웃음에는 "아하하"나 "에헤헤"나 "티히히" 같은 소리가 들어 있다). 또한 나는 유머 감각에 성별 차이는 없지만 여성들이, 내가 입증해 보였듯이, 거짓 웃음을 더 많이 짓는다는 사실도 배울 수 있었다.

하지만 내가 여기서 말하고자 하는 요점은, 때로는 듣기를 멈추기로 결심할 줄도 알아야 한다는 것이다. 모든 사람에게는 배울 점이 있지만, 그렇다고 해서 모든 사람의 말에 다 귀를 기울여야 하는 것은 아니다. 그렇게 하는 건 불가능하다. 조지 엘리엇George Eliot 역시 소설《미들마치》에서 이렇게 말한 바 있다.[2] "만일 우리의 감각이 평범한 사람의 삶을 전부 들여다볼 수 있을 정도로 민감하다면, 그건 마치 잔디가 자라는 소리와 다람쥐의 심장박동 소리를 전부 다 듣는 것과도 같을 것이다. 우리는 침묵의 다른 쪽 극단인 그 굉음에 놀라 죽고 말 것이다." 게다가 우리가 이용할 수 있는 시간에는 한계가 있다. 따라서 우리는 의식적으로든 무의식적으로는 누구에게 우리의 시간과 관심을 내어줄지 선택을 내린다.

영국의 언어철학자 폴 그라이스Paul Grice에 따르면, 인간은 은연중에 대화에 기대를 품고 있는데, 그 기대가 무너지면(내가 그 재미없는 웃음 전문가에게 느낀 것처럼) 상대의 말을 듣고 싶은 의욕을 잃는다.[3] 우리가 이런 태도를 취하는 건 의사소통이 본질적으로 협동 작업이기 때문이다. 상대가 제 역할을 다하지 못한다는 사실을 인지했기 때문에 속았다는 느낌을 품고 관계를 등지게 되는 것이다. 그라이스는 우리가 대화 상황에서 품는 기대를 다음과 같은 네 가지 법칙으로 요약했다.

1. 질의 법칙 - 우리는 진실을 기대한다.
2. 양의 법칙 - 우리가 아직 잘 모르는 정보를 부담되지 않을 만큼 얻게 되리라 기대한다.
3. 관련성의 법칙 - 대화가 일관성 있고 논리적인 방식으로 진행되리라 기대한다.
4. 태도의 법칙 - 화자가 내용을 간략하고 질서 있으며 모호하지 않은 방식으로 전달할 것이라고 기대한다.

일부 학자들은 정중함이나 공정함 같은 특성들도 포함시켜야 한다고 주장했지만, 그라이스가 제시한 이 네 가지 법칙은 문명사회에 속한 대부분의 사람들에게 적용 가능한 것으로 널리 인정받아왔다.[4] 이 법칙들은 치매나 정신질환으로 고통받는 사람들과 대화를 나누는 것이 왜 그토록 힘든지를 설명해준다. 그들은 현실과 사회적 규범에 더 이상 얽매이지 않는 만큼, 환상적이거나 불규칙하거나 모호하거나 두서없는 생각들을 쏟아내곤 한다. 또한 이 법칙들은 서비스 센터에 전화를 거는 사람들이 왜 그토록 좌절감을 느끼는지 이해할 수 있게 한다.[5] 대본을 읽는 듯한 상담원들의 응답은 고객이 던진 질문과 별다른 연관성을 지니지 못할 때가 많으며, 때로는 고객에게 너무 많거나 적은 정보를 제공한다. 그들은 종종 이렇게 말한다. "기기를 고객님이 가지고 계셔서 저희로서는 확인해드릴 길이 없습니다."
그라이스의 법칙들에 내재되어 있는 사회계약은, 그 대화가 우호적이든 적대적이든 상관없이 모든 문화권에 적용될 수 있다. 대화 당사자들이 서로에게 화가 나 있는 경우라 하더라도, 그들은 생산적인 논쟁을 위해 이 규칙들을 따른다. 이처럼 그라이스의 법칙들은 매우 보편적이다. 하지만 동시에 매우 빈번히 무시를 당하기도 한다. 이는 아마도 사람들이 진실성이나 일관성, 간결성, 질서정연함, 명료함 같은 개념들에 대해 품는 생각이 서로 다르기 때문일 것이다. 그렇지만 어쨌든 우리가 대화에서 기대하는 건 바로 이런 법칙과 개념들이다. 대화가 이런 조건들을 제대로 충족시키지 못할 때, 그리고 상대가 불합리한 추론을 일삼거나 관심도 없는 세부 사항에 대해 길게 이야기를 늘어놓기 시작할 때, 우리는 짜증을 내면서 귀를 닫아버린다.

잘 듣는 사람이 말도 잘하는 이유

이상하게 들릴지도 모르지만, 그라이스의 법칙을 위반하는 대부분의 사람들은 나쁜 화자라기보다는 나쁜 청자에 더 가깝다. 최고의 이야기꾼은 대상이 대중이든 개인이든 상관없이 예전부터 상대방의 말을 잘 들어왔고, 현재 순간에도 잘 들으려 애를 쓰는 사람들인 경우가 대부분이다. 그들은 일단 청중의 분위기부터 감지한 후 그에 맞게 이야기의 주제나 전달 방식 등을 선택하기 때문에, 사람들에게 몰입감과 재미, 영감을 선사해줄 수 있다.

또한 그들은 말하는 동안에도 청중과 계속해서 보조를 맞춘다. 방 안의 분위기는 물론 언어적·비언어적 실마리까지 주의를 기울이면서, 사람들이 자신의 이야기에 관심을 갖고 잘 따라오고 있는지 확인을 하는 것이다. 그건 마치 할머니와 여자 친구를 다르게 대하고, 동료와 고객에게 다른 태도를 취하며, 정치적으로 진보적인 친구와 보수적인 친구에게 다른 방식으로 말을 건네는 것과도 비슷하다.

이처럼 당신이 건네는 이야기의 종류와 그 이야기를 전달하는 방식은 청중이 누구냐에 따라 달라져야 한다. 설령 당신이 확고한 가치관과 신념을 지니고 있다 하더라도, 당신 앞에 누가 있는지 제대로 고려하지 않는다면 당신의 견해를 설득력 있고 명료하게 전달할 수 없을 것이다. 사람마다 관심사와 감수성, 이해력이 다르다. 따라서 이런 차이를 존중하고 식별하려는 노력을 하지 않는다면, 당신은 결국 사람들을 지루하게 하거나 짜증나게 만들고 말 것이다.

듣기는 단순히 다른 누군가가 말할 때 취해야 할 하나의 태도에 불과한 것이 아니다. 그것은 당신이 말하는 '동안' 반드시 해야 할 일이다. 당신은 스스로에게 이런 질문들을 던져봐야 한다. '상대가 내 아이의 오보에 연주회 이야기를 더 듣고 싶어 하는 어떤 신호가 감지되는가?', '내가 정치 이야기를 꺼낸 순간 상대가 몸을 멈칫했는가?', '내가 "요컨대……"라고 말했을 때 상대가 내보인 반응이 혹시 안도의 한숨인가?' 말하는 동안 상대방의 반응을 읽는 것이 아직 어색하게 느껴진다면 상대에게 이런 질문들을 한번 던져보라. "내 말이 너무 빠른가?", "내가 좀 너무 나갔나?", "넌 어떻게 생각하니?", "내 말 듣고 있니?", "지루하니?", "이해가 가니?", "내가 말을 너무 많이 했나?"

최상의 대화는 듣기를 통해 말의 내용과 말하는 방식을 끊임없이 조율하는 과정이다. 랠프 월도 에머슨Ralph Waldo Emerson도 "좋은 독자가 좋은 책을 만든다"라고 말한 바 있다.[6] 이와 마찬가지로, 훌륭한 대화를 만드는 건 다름 아닌 귀 기울여 잘 들어주는 사람이다. 두 사람이 관심을 갖고 대화에 몰두할 때, 누가 말하든 상관없이 서로에게 깊이 귀를 기울이는 모습은 두 사람이 환상적인 춤을 추는 것과 같다. 연구들에 따르면, 이런 순간에는 뇌파가 공명할 뿐 아니라(우리 해슨과 그의 동료들이 발견했듯이), 몸의 태도와 어조까지도 조화를 이루기 시작한다고 한다. 자기도 모르게 상대의 어투나 자세, 시선, 몸동작 등을 따라하게 되는 것이다.[7]

제대로 귀를 기울이지 않는 사람(상대의 말을 듣지 않거나 말할 때 상대의 기분을 고려하지 않는 사람)과 대화를 나누는 것은, 다른 음악에 보조를 맞추거나 아예 음악을 듣지 않는 사람과 춤을 추는 것과도 같다. 이럴 때는 발을 밟히지 않도록 조심해야 한다. 그 사람이 가치 있는 말을 할지는 모르지만, 그 말을 듣고 이해하려면 훨씬 더 많은 에너지를 투자해야 할 것이다.

비록 드문 경우이긴 하지만, 어쩌면 상대가 자기 자신만 아는 사람일 수도 있다. 그들의 자기중심적인 화법은 종종 깊은 불안함과 근심으로부터 비롯된다. 따라서 때로는 단순히 그들에게 귀를 기울이기만 해도 그들의 태도가 변하는 걸 목격할 수 있을 것이다. 그들은 당신은 물론 그들 자신에게까지 귀를 기울이기 시작할 것이다. 그럴 때 대화는 한층 더 일관성 있고 의미 있고 원활한 대화가 될 것이다. 잘 들어주는 사람의 힘은 대화 상대에게 관심을 얼마나 기울일지, 언제 듣기를 중단할지를 결정할 수 있다는 데 있다.

질 나쁜 데이트를 경험해본 사람이라면 가망 없을 정도로 말이 안 통하는 사람과 함께 시간을 보내는 것이 얼마나 힘든 일인지 잘 알 것이다. 감이 잘 잡히지 않는다면 〈세컨드 데이트 업데이트 Second Date Update〉라는 라디오 프로그램을 한번 들어보라. 들어보지 않은 사람들을 위해 말하자면, 이 프로그램은 아침 출근시간대에 팝과 컨츄리 음악 전문 채널에서 방송된다. 프로그램은 먼저 남녀가 첫 번째 데이트를 하며 즐거운 시간을 보냈지만, 상대가 두 번째 데이트 요청에 응답을 하지 않아 곤혹스러워하는 남성이나 여성이 방송국에 전화를 거는 것으로 시작된다. 그 후 진행자가 문제의 그 데이트 상대에게 전화를 걸어 무엇이 잘못된 건지 질문을 던진다. 두 번째 데이트를 고대하는 당사자와 대화를 엿듣는 수많은 통근자 앞에서 사태의 전모가 밝혀지는 것이다. 그 이야기는 매혹적인 동시에 처참하고, 우스꽝스러운 동시에 비극적이다. 교감을 그토록 원하는 사람들이 왜 그 욕망의 대상에게 귀를 기울이는 데 실패를 하고 마는지를 적나라하게 드러내기 때문이다.

몇 가지 사례를 소개하면 이렇다. 조나스는 메리와 첫 번째 데이트를 하는 동안 그녀에게 자신의 '작은 악당들 little bandits'을 소개해주었지만, 그녀가 느낀 불편함을 제대로 감지하지는 못했다. 여기서 작은 악당들이란 조나스가 손수 먹이를 주면서 뒤뜰에 마련한 라쿤 랜드에서 뛰놀도록 초대한 야생 너구리들을 말한다. 다른 사례로, 한나는 네이트의 초대로 참여하게 된 어린이 자선 행사장에서 명함을 건네고 방 안을 돌아다니면서 인적 네트워크 형성에 열을 올리느라, 자신의 행동에 대한 네이트의 반감을 감지해내지는 못했다. 데이트 상대에게 광견병을 옮기는 것으로 알려진 동물을 소개하거나 데이트에 나가 자기 홍보에 몰두하는 것이 과연 적절한 일인지 아닌지에 대해서는 논의의 여지가 있겠지만, 어쨌든 상대의 말과 행동에 주의를 기울이지 못하는 무능력이 문제가 된다는 사실만큼은 분명하다.

당사자들의 이런 무능력은 종종 〈세컨드 데이트 업데이트〉의 청취자들을 민망하게 만든다. 방송에 전화를 건 당사자들은 데이트를 하는 동안 상대에게 귀를 기울이지 않아 퇴짜를 맞은 사람들이다. 그럼에도 그들은 라디오 진행자에게 자기 이야기를 좀 들어달라고 요청을 하며, 데이트 상대의 설명을 듣는 도중에조차 오해를 한 건 상대방이라고 주장하면서 대화에 끼어들곤 한다. 폴란드 태생의 사회심리학자 로베르트 자욘스Robert Zajonc는 이렇게 말한 바 있다. "우리는 우리의 잘못을 기꺼이 인정할 수 있다. 하지만 우리가 좋아하는 것과 싫어하는 것을 잘못 판단한다는 건 있을 수 없는 일이다." 그러니 상대방의 잘못을 탓하기보다는 당신에게 애정을 느끼도록 상대의 기분에 귀를 기울여주는 편이 훨씬 낫다. 상대방에게 진정으로 귀를 기울이는 건 유대를 형성하는 가장 확실한 방법이기 때문이다.[8]

언제, 얼마나 귀를 기울여야 할까?

연인이든 친구든 마음이 통하는 대화 상대가 있다는 건 멋진 일이지만, 관계의 질이 항상 그대로 유지될 것이라고 기대해서는 안 된다. 성격과 기질, 동기가 어떻든 주의 깊은 듣기는 기력을 소모시킨다. 계속해서 그런 태도를 취하는 건 불가능한 일이다. 실제로, 항공 교통 관제소의 직원들은 1시간 30분~2시간마다 반드시 교대해야 한다. 새로 들어온 직원들은 아직 체력과 주의력을 충분히 기르지 못한 만큼 근무시간이 이보다 짧다. 항공 관제사들은 조종사의 요청에 귀를 기울인 뒤 다시 지시 사항을 전달해야 할 뿐 아니라, 조종사의 목소리에 묻어나오는 불편함이나 혼란 등도 감지할 줄 알아야 한다. 그래야 위험한 사고를 미연에 방지할 수 있기 때문이다.

"너무 오랫동안 귀를 기울이면 머리가 몽롱해지고 정신적으로 지칩니다." 댈러스 포트워스 지역에 근무하는 어떤 관제사가 말했다. "이런 증세를 느낄 때까지 걸리는 시간은 사람마다 다른 만큼 항상 조심해야 하지요." 그는 교대 근무를 마치고 난 후 듣기 능력이 완전히 다 소진된 것 같은 기분이 들 때가 많았다고 털어놓았다. "집으로 돌아왔을 때 가족들의 말을 듣고 싶지 않았던 적이 한두 번이 아닙니다." 그가 말했다. "저 때문에 가족들 모두 제 주위에만 오면 조심스러워지지요. 하지만 저는 피곤해서 더 이상 귀를 기울일 수가 없어요."

표적 집단 중재자 나오미 헨더슨은 "훌륭한 듣기 능력을 갖췄을 때의 문제는 고민을 상담해달라고 전화를 걸어오는 수많은 사람을 상대해야 한다는 것입니다"라고 말했다. 그래서인지 그녀는 가끔씩 전화기를 들고 현관으로 가 초인종을 누르면서 "집에 누가 왔네요. 이제 그만 가봐야겠어요"라고 말한다고 한다. 그렇게라도 하지 않으면 '숟가락을 든 사람들에게 에워싸인 초콜릿 무스'처럼 되기 때문이다. 사실 누군가에게 관심을 받는 느낌은 사랑과 너무나도 흡사하기 때문에, 일부 사람들은 그 차이를 제대로 구분하지 못하기도 한다. 하지만 진정으로 듣기 능력을 향상시키려면 자신의 한계를 알고 경계를 설정할 줄도 알아야 한다.

흘려듣는 사람들은 보통 상대에게 동의하지 않거나, 너무 자기 생각만 하거나, 상대가 할 말을 이미 안다고 생각하기 때문에 상대에게 귀를 기울이지 않는다. 하지만 더 이상 귀를 기울일 지적·정서적 에너지가 남아 있지 않아서 귀를 기울이지 않는 거라면 문제될 것이 아무것도 없다. 그럴 때는 일단 대화에서 물러났다가 나중에 돌아오는 것이 좋다. 그렇지 않고 상대에게 주의를 반만 기울이거나 건성으로 책을 훑어보듯이 귀를 기울인다면, 상대가 그 사실을 알아챌 것이다. 어린아이들이라 해도 당신이 자기 말을 듣지 않는다는 사실을 알 수 있다. 예컨대, 내 친구의 아이는 자기 부모의 휴대전화를 화장실에 계속해서 집어던지곤 했다. 다른 물건이 아니라 오직 휴대전화만. 엄마와 아빠가 자기 말을 듣지 않는 이유가 무엇인지 정확히 아는 것이다.

또한 아무리 노력해도 상대에게 주파수를 맞추기 힘들다는 사실을 인정해야만 할 때도 있다. 그건 당신 내면의 무언가가 듣기를 방해하고 있기 때문일 수도 있고, 상대가 방어적인 태도를 취하면서 의도적으로 말을 미루기 때문일 수도 있을 것이다. 어쩌면 단순히 상대가 해로운 사람이기 때문인지도 모른다. 그런 사람들은 자신에게 귀를 기울이는 상대방을 우울하게 만들기도 하고, 무가치하다고 느끼게 하고 괴롭게 한다. 그런 사람들에게 귀를 기울이는 건 보통 힘든 일이 아니다. 오리건 보건과학대학교 심리학과 교수인 캐스린 저브Kathryn Zerbe는 이렇게 말했다. "이 분야에는 치료가 불가능한 환자들이 존재합니다. 하지만 우리 주변에도 차마 귀를 기울이기 힘든 사람들이 있지요. 그게 우리들의 인간적인 한계이니 너무 신경 쓸 필요는 없어요." 내가 인터뷰한 다른 심리치료사들 역시 그녀와 비슷한 말을 했다.

문제는 우리가 너무 빨리 포기해버린다는 것이다. 그렇지만 처음부터 유창하게 말을 하는 사람은 극소수에 불과하며, 대부분의 사람들은 상대방에 대한 신뢰가 충분히 쌓인 후에야 비로소 자유롭게 속내를 털어놓는다. 당신이 귀를 기울이는 상대가 상사이든 동료이든 친구이든 연인이든 낯선 사람이든, 그들이 자기 목소리를 내기까지는 시간이 걸리기 마련이다. 그전까지 그들은 말을 빙빙 돌리거나 유머 뒤에 숨어버릴 것이고, 때로는 말을 너무 많이 하거나 적게 하기도 할 것이다. 심지어 진심이 아닌 말들을 늘어놓을 수도 있다. 이때 듣기 능력이 훌륭한 사람들은 충분한 시간의 여유를 두고 기다리면서 상대가 자신의 목소리를 찾을 수 있도록 도우며, 이를 통해 친밀감과 공감대를 이끌어내곤 한다. 상대방에게 지속적으로 주의를 기울임으로써 그 사람의 신뢰를 얻는 것이다. 사실, 진정으로 하고 싶은 말을 찾아내거나 끌어올릴 때까지 상대가 인내심 있게 기다려준다면, 그걸 싫어할 사람이 어디 있겠는가?

때로는 들은 내용을 제대로 이해하기 위해 여러 차례에 걸쳐 이야기를 해야 할 때도 있다. 나 역시 모든 것을 다 이해했다고 생각하면서 인터뷰 자리를 떠났다가, 한동안 그 대화에 대해 생각해본 후 다시 돌아가 추가로 질문한 적이 있다. 이처럼 듣기는 화자와 헤어지고 난 뒤 그가 한 말을 혼자서 숙고하며 이해를 심화하는 동안에도 일어날 수 있다. 그렇다고 해서 강박적으로 심사숙고를 하거나 대화의 내용을 조목조목 따져봐야 한다는 것은 아니다. 심리치료사인 저브는 이런 태도가 진지한 성찰보다는 불안함과 더 깊이 연관되어 있다고 했다. 상대가 왜 그런 말을 한 것인지 이해하려 하기보다, 상대가 한 말에 대해 느끼는 기분을 곱씹는 태도가 여기 해당된다.

《우리가 볼 수 없는 모든 빛》이란 책으로 퓰리처상을 수상한 앤서니 도어Anthony Doerr는 일기 쓰기를 깊이 있게 듣는 훈련을 위한 수단으로 삼고 있었다. 현재 47세인 그는 16세 때부터 꾸준히 일기를 썼다. "일기는 깊이 있게 보고 듣도록 자신을 훈련시키는 탁월한 수단입니다." 그가 말했다. "일기를 쓰다 보면, 마치 기도를 하듯이, 차분히 속도를 늦추고 커다란 혼돈의 세계에 귀를 기울이게 되지요." 훌륭한 저널리즘도 이와 비슷한 성질을 지니고 있다. 예를 들어, 〈뉴요커〉에 실리는 인물 소개는 그 사람과 나눈 대화에 대한 기자 자신의 사색으로 구성되어 있다. 그 기사는 인터뷰 상대의 발언 내용과 태도, 행실 등은 물론, 그 사람이 말하지 않은 것까지도 드러내준다. 질리언 토드 역시 하버드 대학교 법학전문대학원에서 협상 수업을 듣는 자신의 학생들에게 "마치 반대 의견을 지닌 사람에 대한 신문 기사를 쓰듯이 반대되는 관점에 귀를 기울이라"고 조언한다.

나 역시 상습적인 인용구 수집가이다. 나는 하루 동안 듣거나 엿듣는 말들 중 흥미롭거나 우스꽝스럽거나 의미심장한 말이 있으면 전부 다 기록을 해둔다. 나는 내 친구와 가족, 동료, 낯선 사람, 인터뷰 상대 등에게 전해 들은 간결하고 심오한 말들을 여러 권의 노트와 컴퓨터에 빼곡히 기록해두었다. 이처럼 사람들의 말에 관심을 기울이기 시작할 때, 당신은 기록할 가치가 있는 말들이 너무나도 많다는 사실에 놀라게 될 것이다. 그리고 인용구 모음집을 다시 읽어 내려가다 보면, 그 말을 한 사람은 물론 당신 자신에 대한 진실까지도 드러내주는 흥미로운 구절들을 발견하게 될 것이다.

상대가 한 말에 대해 깊이 생각할 때, 당신은 그 사람의 생각과 느낌이 당신 안에 자리 잡도록 허용하는 것이다. 이 과정은 듣기와 마찬가지로, 환대의 한 형태이다. 상대를 당신의 의식 속으로 초대해 들이는 행위이기 때문이다. 사실 당신이 소중히 여기는 대화는 어떤 형태로든 머릿속에 각인될 수밖에 없다. 프린스턴 대학교의 철학 교수이자 〈우정에 대하여On Friendship〉라는 논문의 저자 알렉산더 네하마스Alexander Nehamas는 말했다.[9] "다시 만났을 때 미처 끝

맺지 못한 대화가 즉시 떠오른다면 그 친구는 당신의 가장 소중한 친구입니다. 당신 스스로 그 대화를 항상 마음속에 간직해온 셈이니까요." 실제로 당신이 상대에게 건넬 수 있는 최상의 선물 중 하나는 "네가 한 말을 잊어본 적이 없어"라고 말하는 것이다. 이와 마찬가지로 가까운 친구들은, 문제 해결을 돕기 위해서든 단순히 농담을 하기 위해서든 상대가 지금 하는 말을 과거에 그 친구가 한 말과 연관 지을 수 있다.

어떻게 타인을 이해할 것인가

하지만 듣기가 하나의 짐처럼 간주되는 요즘 시대에 사람들은 종종 상대가 자신의 말을 기억하는 것은 물론 자신에게 귀를 기울이는 것조차 부담스러워한다. 그들은 인터넷이라는 디지털 블랙홀 속으로 영혼을 던져넣을 수는 있어도 같은 방 안에서 자신에게 온전히 관심을 기울이는 누군가에게 자기 자신을 드러내 보이지는 못한다. 에이미 블룸Amy Bloom은 《사랑이 우리를 만든다Love Invents Us》라는 책에서 이렇게 말했다. "그토록 길고 익숙한 외로움 뒤에 다른 사람들에게 알려지고 이해받는 것은 견디기 힘든 일인지도 모른다."[10]

뉴욕에서 일하는 미용사 제리 제이콥스Jerry Jacobs는 머리를 손질받는 동안 이야기를 한 것에 대해 사과하는 고객들이 많다고 말했다. "손님들은 말을 하는 게 잘못이라고 생각하는 것 같아요." 그가 말했다. "저는 걱정 말라고 말해줍니다. 사실 대화는 도움이 되지요. 저는 얼마든지 손님들의 걱정거리에 귀를 기울여줄 수 있어요." 그의 미용실을 방문해보면 사람들이 그에게 쌓아두었던 생각과 감정들을 쏟아내는 광경을 어렵지 않게 목격할 수 있다. 우선, 누군가가 바로 옆에 가까이 서서 머리를 만지는 상황은 친밀한 분위기를 조성한다. 게다가 제이콥스는 손님들에게 "외모에 자신감이 있으신가 봐요?"나 "어떤 스타일을 좋아하시나요?"같이 매우 개인적인 질문들을 던진다.

고객들은 거울을 앞에 둔 채 제이콥스와 자기 자신 모두에게 속내를 털어놓는 것 같다. "제가 느끼기에 손님들 중 다수는 평소에 대화를 나눌 상대가 마땅치 않은 것 같아요." 제이콥스가 말했다. 의자에 앉은 사람이 청록색 염색을 시도하는 젊은 여성이건 머리숱이 적은 부분을 가리길 원하는 중년 남성이건, 제이콥스와 손님 사이에는 틀어진 관계에 대한 고민이나 아이 문제, 건강 걱정, 돈 걱정 등 이야기가 바닥에 떨어지는 머리카락처럼 쌓여간다.

상대의 말을 가로막거나 방해하지 않고 이야기를 하도록 내버려두면, 사람들은 가끔씩 계획에 없던 말까지 무심코 쏟아내곤 한다. 이런 상황은 당황스러운 경험일 수 있는 만큼, 사람들은 때때로 말한 것을 후회하기도 한다. 나는 훗날에 가서 자신이 한 말들을 당혹스러워하거나, 그런 말을 한 적이 없다고 부인한 사람들을 인터뷰해보았다. 과거에 미리 허락을 받고 그 사람의 말을 다 녹음해두었음에도 말이다. 이와 마찬가지로, 일상에서도 사람들은 너무 많이 말을 한 것에 대해 사과를 하기도 하고, 자신의 비밀이 노출되었다는 생각에 불만을 품고 우리를 차갑게 대하기도 한다. 심리 치료사들은 상담 시간 동안 아주 민감한 정보를 털어놓은 환자들이 다음 상담 일정을 취소하거나 치료를 그만두는 건 드문 일이 아니라고 말했다. "그들은 치부를 들켰다고 느낍니다. 다시 연락을 못 받는 건 놀랄 일도 아니지요." 저브가 말했다.

신뢰를 지키는 것이 중요한 건 바로 이 같은 취약성 때문이다. 단순한 뒷담화(다른 사람의 행동을 지적하며 이야기를 하는 것)와 사적인 자리에서 들은 이야기를 폭로함으로써 상대의 신뢰를 저버리는 것 사이에는 엄청난 차이가 존재한다. 통신 프라이버시 관리 이론communication privacy management theory에 따르면, 사적인 정보는 돈이나 다름없다고 한다.[11] 만일 당신이 다른 사람들의 사적인 정보를 경솔하게 취급한다면, 그것은 허락도 받지 않고 그들의 돈을 소비하는 것이나 다름없다. 누구나 자기 자신에 관한 정보를 원하는 만큼만 노출할 수 있다. 자신의 돈을 원하는 대로 쓸 수 있는 것처럼 말이다. 하지만 다른 사람의 계정에서 정보를 끌어다 쓴다면 그 사람은 기분이 상할 수밖에 없을 것이다. 이는 스스로 그 정보가 이미 잘 알려져 있다고 믿었을 경우나, 곤란하거나 민감한 정보는 아니라고 판단한 경우에도 마찬가지이다. 그 정보는 어쨌든 사용하기 전에 반드시 허락을 받아야만 하는 다른 사람의 정보이기 때문이다. 요컨대 신뢰할 수 있는 사람이 되는 편이 훨씬 더 낫다. 그렇지 않으면 사람들은 당신에게 중요한 정보를 제공하는 걸 망설이게 될 것이고, 어쩌면 당신과 의사소통하는 것을 완전히 중단할 수도 있을 것이다.

잠재되어 있는 이 모든 위험을 고려해보면, 듣기의 중요성을 강조하는 것이 좀 부적절해 보이기도 한다. 일부 사람들은 실제로 이 위험을 제대로 감당해내지 못한다. 하지만 대부분의 경우 듣기는 사람들에게 매우 큰 보상을 가져다준다. 예컨대, 다른 사람들이 고난에 어떤 식으로 대처하는지 귀를 기울이면, 자기 자신의 문제에 대처하는 방법을 찾아내는 데 큰 도움을 받을 수 있다. 그들의 전략 중 일부를 채택할 수도 있고, 그들의 실수로부터 배움을 얻을 수도 있다. 그리고 듣기는 우리 모두가 사랑을 갈망하고, 목적을 추구하고, 죽음을 두려워하는 등 비슷한 문제에 직면한다는 사실을 알아차릴 수 있도록 도와준다. 자신이 혼자가 아니라는 사실을 배우는 것이다. 또한 듣기를 통해 바깥세상에서 벌어지는 일들을 이해하고 포용하게 되는데, 이는 내면세계를 이해하는 데도 큰 도움이 된다. 게다가 듣기는 일상의 다른 활동들과는 달리 우리 스스로 완전히 통제할 수 있다. 누구에게 귀를 기울일지를 선택하는 것은 온전히 당신의 몫이다. 듣기는 우리가 다른 사람들에게 선사하는 일종의 선물인 것이다.

하지만 타인에게 관심을 줄 때 신중하게 주의를 기울이듯 관심을 거둘 때도 신중을 기해야 한다. 물론 듣기를 중단하는 것이 정당화되는 상황들도 있지만, 그것이 일종의 거부라는 사실에는 변함이 없다. 의식적으로든 무의식적으로든 당신은 다른 누군가에게로 관심을 쏟기로 선택을 하게 되는데, 여기에는 눈앞에 있는 상대가 그 사람만큼 흥미롭지도, 중요하지도 않다는 의미가 내포되어 있다.

듣기를 중단하는 태도는 악의를 품지 않은 경우에도 상대에게 상처를 줄 수 있으며, 무기처럼 사용될 경우에는 상당히 잔인해질 수 있다. 경고도 설명도 없이 모든 소통을 차단해버리는 잠수 이별 ghosting이 그토록 큰 고통을 초래하는 건 바로 이 때문이다. 〈성격 연구저널Journal of Research in Personality〉에 실린 한 연구는 잠수 이별 (전문용어로는 '회피/철회 전략avoidance/withdrawal strategy')이 다른 이별 전략들보다 훨씬 더 큰 상처를 남기며, 상대방의 화와 분노를 자극하는 정도도 훨씬 크다는 점을 드러낸다.[12] 설명을 듣고 의사를 표시할 기회를 얻은 사람들은 화도 덜 내고 슬픔도 덜 겪은 것으로 드러났다.

사람들이 관심을 거두는 가장 흔한 이유는 바로 상대방의 비판 때문이다. 하지만 때로는 우리가 가장 듣고 싶어 하지 않는 말이 우리에게 가장 도움이 되는 말일 수 있다는 사실을 기억할 필요가 있다. 질책은 쓰라릴 수 있지만, 우리의 자아가 막아서는 대신 진정으로 상대의 말에 귀를 기울인다면, 당신은 아마도 자신의 부족한 점을 발견하게 될 것이다. 또는 비판이 부당하다고 느낀다면 상대의 말에 귀를 기울여 오해를 풀고 자신의 진의를 전달할 기회를 얻어야 한다. 듣기 능력이 훌륭한 사람들은 스스로를 다양한 생각과 견해에 노출시키는 만큼, 비판을 받았을 때 좀 더 유연하게 대응할 수 있다. 그들은 어느 한 사람의 견해가 완전히 옳거나 정확한 건 아니라는 사실을 잘 알기 때문이다.

귀를 기울이기 힘들었던 사람을 떠올린 뒤 왜 그랬는지 질문하는 연습을 해보는 것도 좋다. 이런 질문들을 한번 던져보라. 그 사람이 나를 판단했나? 똑같은 말을 반복했나? 말을 과장했나? 설명을 너무 자세하게 했나? 너무 자기 자랑만 늘어놓았나? 사실을 왜곡했나? 태도가 너무 부정적이고, 감상적이었나? 또는 피상적이거나 모욕적이었나? 내 생각에 반문했나? 나와 다른 의견을 표명했나? 내게 시기심을 불러일으켰나? 내가 잘 모르는 어휘를 사용했나? 그의 목소리가 짜증을 불러일으켰나? 사회적으로나 직업적으로 도움이 되는 사람이 아니었나? 그와 너무 친해지는 것이 두려웠나?

분명 당신만의 이유가 있을 것이다. 그 이유를 알고, 그것이 상대방과 자신에 대해 드러내는 바를 확인하라. 그리고 사람은 변하기 마련이라는 사실과, 진정으로 들을 경우 상대를 바라보는 당신의 시각에 변화가 생긴다는 사실을 기억하라. 관심을 끊기 전에 일단 귀부터 기울인다면 큰 도움을 얻게 될 것이다.

에필로그

우리가
타인에게 기대하는 것

텍사스주 샌환시의 고속도로를 따라 늘어서 있는 대형 광고판들 너머로 예수와 성모의 모습이 새겨진 반짝이는 모자이크 벽화가 눈에 들어온다면, 당신은 샌환 성모 마리아 국립 대성당에 도착한 것이다. 그곳에서는 교회 방향으로 줄지어 서 있는 수천 명의 사람들이 눈에 들어온다. 일부는 촛불을 밝히거나 헌금을 바치기 위한 줄이지만, 가장 긴 줄은 고백을 하기 위한 줄이다. 이 줄은 공항의 보안검사 줄처럼 S자 형태로 빽빽하게 밀집되어 있다. 성직자들은 여섯 개의 고해실을 3시간 단위로 드나들면서 하루 최대 12시간 동안 사람들의 말에 귀를 기울이며, 대화가 길어지면 시간을 더 연장하기도 한다.

젊고 얼굴이 둥근 호르헤 고메즈Jorge Gomez 신부는 기다리는 사람의 줄이 매주 더 길어지는 것 같다고 말했다. 가톨릭교회에서 벌어진 성 학대 스캔들로 인해 많은 신자의 믿음에 금이 갔음에도 말이다. 고메즈 신부는 성당을 찾는 사람이 도리어 더 늘어나는 이 현상을 어떻게 이해해야 할지 감을 못 잡고 있었다. 그렇지만 그는 우리가 죄가 더 많은 사회에 살고 있거나 사람들이 자신의 행동에 대해 더 죄책감을 느끼기 때문이라고는 생각하지 않았다. 실제로, 성당을 찾아온 사람들 중 다수는 죄에 대해 이야기하지 않았고, 일부는 가톨릭 신자조차 아니었다. "사람들은 마치 야전병원을 찾듯이 이곳을 방문합니다." 고메즈 신부가 말했다. "그들은 자기 말을 들어줄 사람을 절실히 필요로 하지요. 그건 상처 입은 사람이 치료약을 구하는 것과도 같습니다."

대화를 나누는 동안 우리는 성당 주변을 산책하고 있었다. 앞으로 발걸음을 내디딜 때마다 그의 검은 사제복이 물결쳤다. 멕시코 출신으로 열두 남매의 장남인 그는, 그 자신을 사제의 길로 이끈 어떤 의구심과 경이감을 계속해서 간직하고 있었다. 운동 경기장만 한 성당과 그 주위를 에워싼 거대한 녹지가 매주 2,000명 이상의 신자들을 끌어들이면서, 이곳은 미국에서 가장 인기 있는 가톨릭 성소 중 한 곳으로 자리 잡게 되었다. 사람들은 전 세계에서 모여들었지만 그들은, 워싱턴 D.C.의 국립 대성당Basilica of the National Shrine of the Immaculate Conception이나 뉴욕의 세인트패트릭 대성당Saint Patrick's Cathedral을 방문하는 많은 사람과는 달리 관광객들이 아니었다. 샌환 성모 마리아 대성당을 찾는 사람들은 기도를 하기 위해서, 아니 좀 더 정확히 말하자면, 자신의 말을 들어줄 누군가를 찾아서 이곳을 방문했다.

내가 방문했을 당시 줄을 서 있던 사람들은 인종과 연령대, 국적 등이 매우 다양했다. 하지만 여러 언어를 구사하는 사제들이 4개 국어로 고백을 소화해내고 있었다. 대기 행렬에 서 있는 일부 사람들은 마치 인근의 감귤 농장에서 일하는 노동자처럼 보였고 다른 일부는 꽉 끼는 셔츠를 입고 금색 버클이 달리 값비싼 이탈리아제 구두를 신은 채 힙스터의 분위기를 풍기고 있었다. 그들 대부분은 차례를 기다리는 동안 스마트폰을 들여다보았다.

"저는 얼마 전부터 미국 사회의 듣기 문화가 위기에 처해 있다고 생각하게 되었습니다." 고메즈 신부가 말했다. "말하고 싶어 하는 사람은 많지만 듣고 싶어 하는 사람은 적고, 이 때문에 많은 사람이 고통을 받아요. 저는 사람들이 말을 하도록 그냥 내버려둡니다. 고해가 마무리될 무렵 사람들은 대화가 즐거웠다고 말을 하곤 하지만, 저는 사실 아무 말도 하지 않았지요. 그저 시간을 내서 신자들의 말을 들어주기만 해도 그들의 갈증을 덜어주는 데 부족함이 없는 것 같습니다."

고메즈 신부에 따르면, 가톨릭 신학대학에서는 고해를 듣는 방법을 거의 훈련시키지 않는다고 한다. 그에게는 정기적으로 가서 고해를 한 자신의 경험이 가장 좋은 준비 작업이었다. "저는 겸허한 마음으로 다른 신부 앞에 앉아 저 자신의 죄를 고백해야 합니다. 이 경험은 제가 차단막 반대편에 있을 때 부드러운 태도를 취하게 하지요." 그가 말했다.

이런 종류의 공감은 우리에게도 중요하다. 사실 취약한 상태에 처했을 때 어떤 기분이 드는지 알지 못하면, 다른 사람들의 취약성을 섬세하게 존중하는 능력을 계발하기도 힘들다. 또한 피상적인 대화에만 집착하거나 계속해서 농담만 쏟아내는 사람들은 자신을 내어준다는 게 어떤 것인지 모르며, 따라서 상대방을 받아들이는 법을 배우는 데도 어려움을 겪는다.

누군가에게 개인적인 이야기를 건넸다가 무심하고 성의 없는 답변을 들어본 적이 있는 사람이라면, 그런 경험이 얼마나 사람을 움츠러들게 만드는지 잘 알 것이다. 대화 상대가 자신의 실수를 고백하든 아이디어를 제안하든 꿈을 공유하든 두려움을 드러내든 중요한 사건을 회상하든 간에, 그 사람은 자신의 속마음을 당신에게 내어준 것이다. 그런데도 당신이 속마음을 소홀히 대한다면, 그 사람은 '이 사람한테 진심을 드러내선 안 되겠어'라고 생각하면서 말을 가려서 하기 시작할 것이다.

누군가와 대화를 나눌 때 취하는 당신의 태도는 1) 당신의 이해를 돕거나 가로막기도 하고, 2) 관계를 심화시키거나 약화시키기도 한다. 두 경우 모두에서 듣기는 가장 도움이 되는 확실한 방책이다. 이 책에서 계속 말해왔듯이, 훈련을 통해 듣기 기술을 향상시키는 건 얼마든지 가능한 일이다. 그렇지만 집중력이나 인내심을 잃게 만드는 상황들은 여전히 발생하기 마련이다. 심지어는 고메즈 신부조차 가끔씩 멍해질 때가 있다고 털어놓았다. 듣기는 훈련을 통해 끊임없이 갈고닦을 수 있다는 점에서 스포츠나 악기 연주와 비슷하지만, 그 기술에 완벽히 통달하는 건 사실상 불가능한 일이다. 아마도 어떤 사람은 어느 정도 듣기 능력을 타고났을 것이고 다른 사람은 더 고되게 훈련을 해야겠지만, 어쨌든 모든 사람은 듣기 훈련으로부터 혜택을 받을 수 있다.

샌환 성모 마리아 대성당에 늘어선 긴 대기 행렬은 누군가에게 이해받길 바라는 인간의 근본적이고 절박한 욕구를 잘 드러낸다. 멋지거나 끔직한 일이 일어났을 때 당신이 느끼는 첫 번째 충동은 무엇인가? 아마도 당신은 누군가에게 그 일에 대해 이야기를 하고 싶어할 것이다. 우리는 우리의 걱정거리와 성취들을 낯선 사람이나 반려동물에게 이야기하며, 심지어 아무도 없을 때는 화분에다 말을 걸기도 한다. 듣고자 하는 욕구 역시 이런 충동과 긴밀히 연관되어 있는 매우 중요한 욕구이다. 우리는 말하기를 원하는 것만큼이나 듣기를 갈망한다. 그럼에도 바쁘다는 이유로 듣기를 외면하거나 스마트폰만 들여다보거나 성급하게 자신의 의견을 제시하는 데만 열을 올린다면, 우리는 다른 사람들의 진정한 생각과 감정이 표출되는 것을 가로막게 될 것이다. 그리고 이로 인해 우리는 상대방의 말에 귀를 기울였을 때보다 더 공허하고 외로운 처지에 놓이게 될 것이다.

듣기는 우리의 주의력을 고양시킴으로써 느끼는 감각을 섬세하게 만들어준다. 따라서 다른 사람들의 생각과 감정에 주의를 기울이면 기울일수록 당신은 더욱 더 생기를 띠게 되며 당신의 주변 세상 역시 그만큼 더 활력을 얻게 된다. 그렇지 않다면 삶은 견딜 수 없을 정도로 무미건조해질 것이다. 우리는 도전받지 않은 신념과 고정관념 속에 갇힌 채 일상을 영위하게 될 것이고, 주변 세상과 사람들이 끊임없이 변할 때조차 이미 아는 것 이상의 것을 받아들일 수 없게 될 것이다. 그건 안전할지는 몰라도 숨 막힐 정도로 지루한 삶이 될 것이다.

스위스의 심리학자 장 피아제Jean Piaget는 미취학 아동들의 '집단 독백collective monologue'에 대해 이야기한 바 있다.[1] 그에 따르면, 한자리에 모인 미취학 아동들은 서로를 향해 재잘거리기보다 혼잣말을 늘어놓는 경향이 있다고 한다. 오늘날 공적인 자리에서 이루어지는 미숙한 담화는 이런 초보적인 형태의 교감과 매우 유사하다. 담화가 이토록 미숙한데 정치적·경제적·사회적·심리적으로 고통을 받지 않는다면 그게 도리어 이상한 일일 것이다. 피아제가 "서로의 말을 듣고 반응하는 과정"이라고 정의한 '집단 대화dialogue'에 참여하는 것은 성숙의 한 징표로 볼 수 있다.

헨리 데이비드 소로Henry David Thoreau는 이렇게 말한 바 있다. "지인이 내 생각을 물은 뒤 내 답변에 귀를 기울여주었을 때, 나는 그때까지 받은 것 중 가장 큰 찬사를 받은 듯한 기분이었다."[2] 사실 누군가가 우리의 말을 들어주면 기분이 너무나도 좋다. 타인에게 귀를 기울일 줄 아는 소수의 사람들에게 이끌리는 건 바로 이런 이유 때문이다. 듣기는 하나의 예절인 동시에 존중의 표시이기도 하다. 상대를 존중한다는 사실을 설득해서 전달할 수는 없다. 그것은 듣기를 통해 입증해 보일 수 있다. 듣기는 상대에 대한 존중을 증명하는 가장 단순한 방법이다.

하지만 듣기는 쉬운 일이 아니다. 우리의 놀라운 두뇌가 상대의 말보다 훨씬 더 빠른 속도로 내달리면서 우리를 산만하게 만들어놓기 때문이다. 게다가 우리는 종종 거만한 태도를 취하면서 이미 다 아는 이야기라고 생각하기 때문에, 잘못 이해한 내용들을 제대로 알아차리지도 못한다. 또한 너무 주의 깊게 귀를 기울이면 우리 자신의 생각이 지닌 결점을 발견하게 되거나 상대의 감정을 감당할 수 없게 될까 봐 두려워하기도 한다. 그래서 우리는 머릿속으로 후퇴를 하거나, 말로 상대의 말을 뒤덮거나, 휴대전화를 향해 손을 뻗는다.

사실 기술은 듣기 자체를 방해한다기보다는 우리에게 듣기를 불필요한 것으로 간주하도록 만든다. 전자기기들은 우리가 가슴 저미도록 외로울 때조차 사회적 차원에서 연결되어 있다고 생각하도록 만들어 친밀감에 대한 우리의 두려움을 외면하게 한다. 우리는 동료 인간들의 불완전함과 너저분함을 피해 기기가 제공하는 안정감 있는 환경으로 도피하며, 그곳에서조차 마음에 안 드는 사람을 발견하면 즉시 삭제를 해버린다. 그 결과 우리는 사회적 상호작용의 풍부함과 뉘앙스를 상실한 채 고질적인 불만족감으로 고통받고 있다.

귀 기울여 듣는 사람이 없으면 담화의 수준은 떨어질 수밖에 없다. 사실 우리는 주의 깊은 청자 앞에서 큰 소리로 말하는 단어와, 머릿속으로 떠올리면서 트위터에 타이핑하는 단어를 완전히 다르게 평가하고 인식한다. 청자가 화자의 주의력에 영향력을 행사함으로써 대화의 질을 끌어올리는 것이다. 이는 청자를 앞에 둔 화자가 자기가 하는 말에 책임을 갖고 더 의식적으로 말을 하기 때문이다.

듣기가 친절함의 완벽한 본보기이긴 하지만, 그렇다고 해서 그걸 모든 사람에게 다 베풀어야 하는 것은 아니다. 그렇게 하는 것은 불가능하다. 호기심을 갖고 다양한 사람의 말에 귀를 기울이는 건 분명 도움이 되는 일이지만, 어쨌든 당신은 선을 언제 어디에 그을지 결정을 내려야만 한다. 듣기 능력이 훌륭한 사람은 바보들에게 무한정 시달리지 않는다. 사실 듣기는 바보들을 더 쉽게 식별하고 그들의 어리석음을 간파해내도록 돕는다. 그리고 무엇보다도 듣기는 당신 스스로 바보가 되지 않도록 당신을 지켜줄 것이다.

듣기는 종종 온순하고 수동적인 태도로 여겨지지만, 실은 말하기보다 더 강력하다. 듣기를 실천할 때 당신은 배우게 된다. 듣기는 진리를 꿰뚫어보고 속임수를 탐지하는 능력을 키워준다. 그리고 비록 듣기를 실천할 때는 다른 사람들이 말을 하도록 내버려두어야 하지만, 그렇다고 해서 당신이 영원히 침묵을 지켜야 한다는 건 아니다. 사실 상대방의 말을 대하는 태도는 듣기 능력이 훌륭한 사람을 가늠하는 척도인 동시에, 훌륭한 인물을 가늠하는 척도이기도 하다.

정신없이 바쁘게 돌아가는 우리 문화권에서 듣기는 하나의 방해물로 간주된다. 그렇지만 어쨌든 대화는 천천히 전개되며, 때로는 대화 내용을 다시 떠올려봐야 할 때도 있다. 듣기는 노력을 필요로 한다. 이해와 친밀감도 노력을 통해 획득되어야 하는 것이다. 사람들이 "지금은 대화할 수 없어"라고 말할 때 그들은 사실 "지금은 네 말을 들어줄 수 없어"라고 말하고 있는 것이다. 그런데 상당수의 사람들은 나중에 가서도 상대의 말을 들어주지 못하는 것 같다. 우리 모두가 삶에서 가장 원하는 것, 즉 누군가 자신의 말을 귀 기울여 들어주는 것(이해하고 이해받는 것)은, 오직 속도를 늦추고 따로 시간을 마련할 때만 일어날 수 있다.

참고문헌

프롤로그

1   "Meeting President and Mrs. Coolidge," America's Story from America's Library, Library of Congress, http://www.americaslibrary.gov/aa/keller/aa_keller_coolidge_1.html.

2   Crossley Hastings Crossley and Crossley Hastings, *The Golden Sayings of Epictetus, with the Hymns of Cleanthes* (Urbana, IL: Project Gutenberg, 2006), 256, http://www.gutenberg.org/ebooks/871.

1장 우리가 놓치고 있는 것들

1   Kate Murphy, "Oliver Sacks," *New York Times,* July 16, 2011, https://www.nytimes.com/2011/07/17/opinion/sunday/17download.html.

2   Oliver Sacks, "Face-Blind," *New Yorker,* August 30, 2010, http://www.newyorker.com/magazine/2010/08/30/face-blind.

3   Julianne Holt-Lunstad, Timothy B. Smith, and J. Bradley Laytong, "Social Relationships and Mortality Risk: A Meta-Analytic Review," *PLOS Medicine* 7, no. 7 (2010), https://doi.org/10.1371/journal.pmed.1000316; Julianne Holt-Lunstad, Timothy B. Smith, Mark Baker, Tyler Harris, and David Stephenson, "Loneliness and Social Isolation as Risk Factors for Mortality: A Meta-Analytic Review," *Perspectives*

on Psychological Science 10, no. 2 (2015): 227–237, https://doi.
org/10.1177/1745691614568352; Amy Novotney, "Social Isolation: It
Could Kill You," *Monitor on Psychology,* 50, no. 5, (May 2019), https://
www.apa.org/monitor/2019/05/ce-corner-isolation.

4   "i am lonely will anyone speak to me," Lounge, July 14, 2004, https://
www.loungeforums.com/on-topic/i-am-lonely-will-anyone-speak-
to-me-2420; Oliver Burkeman, "Anybody There?," *Guardian,* August
29, 2005, https://www.theguardian.com/technology/2005/aug/30/
g2.onlinesupplement; Robert Andrews, "Misery Loves (Cyber) Company,"
Wired, June, 30, 2005, https://www.wired.com/2005/06/misery-
loves-cyber-company; Tori Tefler, "'I Am Lonely, Will Anyone Speak to
Me': Inside the Saddest Thread on the Internet, Ten Years Later," *Salon,*
November 20, 2014, https://www.salon.com/2014/11/19/i am lonely
will anyone speak to me inside the_saddest thread on the internet ten
years later/.

5   "New Cigna Study Reveals Loneliness at Epidemic Levels in America,"
Newsroom, Cigna Corporation, May 1, 2018, https://www.cigna.com/
newsroom/news-releases/2018/new-cigna-study-reveals-loneliness-
at-epidemic-levels-in-america.

6   Vivek Murthy, "The Loneliness Epidemic," *Harvard Business Review,*
October 12, 2017, https://hbr.org/cover-story/2017/09/work-and-the-
loneliness-epidemic.

7   "Vital Signs: Trends in State Suicide Rates— United States, 1999–2016
and Circumstances Contributing to Suicide— 27 States, 2015," Centers
for Disease Control and Prevention, June 8, 2018, https://www.cdc.gov/
mmwr/volumes/67/wr/mm6722a1.htm?s_cid=mm6722a1_w; Sabrina
Tavernise, "U.S. Suicide Rate Surges to a 30-Year High," *New York
Times*, April 22, 2016, https://www.nytimes.com/2016/04/22/health/
us-suicide-rate-surges-to-a-30-year-high.html.

8   "Life Expectancy," Centers for Disease Control and Prevention, July 26,
2018, https://www.cdc.gov/nchs/data/nvsr/nvsr67/nvsr67 05.pdf; Anne
Case and Angus Deaton, "Mortality and Morbidity in the 21st Century,"

Brookings Papers on Economic Activity, https://www.brookings.edu/
wp-content/uploads/2017/08/casetextsp17bpea.pdf.

9   Ariel Stravynski and Richard Boyer, "Loneliness in Relation to Suicide
Ideation and Parasuicide: A Population-Wide Study," *Suicide and Life-
Threatening Behavior* 31, no. 1 (2001): 32–40; Rachel Wurzman, "How
isolation fuels opioid addiction," TEDxMidAtlantic, October 29, 2018,
https://www.ted.com/talks/rachel_wurzman_how_isolation_fuels_opioid
addiction/transcript?language=en; Andrew Solomon, "Suicide, a Crime
of Loneliness," *New Yorker,* August 14, 2014, https://www.newyorker.
com/culture/cultural-comment/suicide-crime-loneliness.

10 "Suicide: Key Facts," World Health Organization, August 24, 2018,
https://www.who.int/news-room/fact-sheets/detail/suicide; "Prevention
of Suicidal Behaviours: A Task for All," World Health Organization,
https://www.who.int/mental health/prevention/suicide/background/
en/.

11 Ceylan Yeginsu, "U.K. Appoints a Minster for Loneliness," *New York
Times,* January 17, 2018, https://www.nytimes.com/2018/01/17/world/
europe/uk-britain-loneliness.html.

12 "Jo Cox Commission on Loneliness," Age UK, https://www.ageuk.
org.uk/globalassets/age-uk/documents/reports-and-publications/
reports-and-briefings/active-communities/rb_dec17 jocox commission
finalreport.pdf.

13 Family Romance, http://family-romance.com/; Roc Morin, "How to
Hire Fake Friends and Family," *Atlantic,* November 7, 2017, https://
www.theatlantic.com/family/archive/2017/11/paying-for-fake-
friends-and-family/545060/; Elif Batuman, "Japan's Rent-a-Family
Industry," *New Yorker,* April 30, 2018, https://www.newyorker.com/
magazine/2018/04/30/japans-rent-a-family-industry.

14 "New Cigna Study Reveals Loneliness at Epidemic Levels in America,"
Cigna Corporation, May 1, 2018; 2018 CIGNA U.S. Loneliness Index,
https://www.multivu.com/players/English/8294451-cigna-us-
loneliness-survey/docs/IndexReport_1524069371598-173525450.pdf.

15   Gregory Plemmons, Matthew Hall, Stephanie Doupnik, James Gay, Charlotte Brown, Whitney Browning, Robert Casey et al. "Hospitalization for Suicide Ideation or Attempt: 2008-2015," *Pediatrics* 141, no. 6(2018): e20172426, https://doi.org/10.1542/peds.2017-2426.

16   Jean M. Twenge, "Have Smartphones Destroyed a Generation?," *Atlantic*, September 2017, https://www.theatlantic.com/magazine/archive/2017/09/has-the-smartphone-destroyed-a-generation/534198/; Jean Twenge and Heejung Park, "The Decline in Adult Activities Among US Adolescents, 1976-2016," *Child Development* 90, no. 2(2019): 638-654, https://doi.org/10.1111/cdev.12930; Jess Williams, "Are My Generation Really as Boring as Everyone Says?," *New Statesman America,* September 19, 2014, https://www.newstatesman.com/comment/2014/09/kids-are-alright-0; Stephanie Hanes, "Becoming an Adult: Why More Adolescents Now Say 'Don't Rush Me,'" *Christian Science Monitor,* January 14, 2019, https://www.csmonitor.com/USA/Society/2019/0114/ Becoming-an-adult-Why-more-adolescents-now-say-Don-t-rush-me; Tara Bahrampour, "Why Are Today's Teens Putting Off Sex, Driving, Dating and Drinking?," *Chicago Tribune,* September 19, 2017, https://www.chicagotribune.com/lifestyles/parenting/ct-teens-not-drinking-20170919-story.html.

17   Niko Männikkö, Heidi Ruotsalainen, Jouko Miettunen, Halley M. Pontes, and Maria Kääriäinen, "Problematic Gaming Behaviour and Health-Related Outcomes: A Systematic Review and Meta-Analysis," *Journal of Health Psychology,* December 1, 2017, https://doi.org/10.1177/1359105317740414.

18   "Sorkinisms—A Supercut," *YouTube video,* 7:21, posted by Kevin T. Porter, June 25, 2012, https://www.youtube.com/watch?v=S78RzZr3IwI.

19   "The Ten-Year Lunch: The Wit and Legend of the Algonquin Round Table," Vimeo video, 55:48, directed by Aviva Slesin, written by Peter Foges and Mary Jo Kaplan, aired September 28, 1987, on PBS, https://vimeo.com/100320182.

20   Carol Kort, *A to Z of American Women Writers* (New York: Facts on File, 2007), 245.

21 Richard Meryman, *Mank: The Wit, World, and Life of Herman Mankiewicz* (New York: Morrow, 1978), 97.

22 Aubrey Malone, *Writing Under the Influence: Alcohol and the Works of 13 American Authors* (Jefferson, NC: McFarland, 2017), 46–47.

23 "Female MPs Shunning PMQs, Says John Bercow," BBC, April 17, 2014, https://www.bbc.com/news/uk-politics-27062577.

24 Dan Cassino, "How Today's Political Polling Works," *Harvard Business Review,* August 1, 2016, https://hbr.org/2016/08/how-todays-political-polling-works.

25 Nicholas Confessore, Gabriel J. X. Dance, Richard Harris, and Mark Hansen, "The Follower Factory," *New York Times,* January 27, 2018, https://www.nytimes.com/interactive/2018/01/27/technology/social-media-bots.html; "A 'Dirty and Open Secret': Can Social Media Curb Fake Followers?," *Knowledge@Wharton* podcast, Wharton School of the University of Pennsylvania, February 2, 2018, http://knowledge.wharton.upenn.edu/article/twitter-and-the-bots/.

26 Janet Burns, "How Many Social Media Users Are Real People?," *Gizmodo,* June 4, 2018, https://gizmodo.com/how-many-social-media-users-are-real-people-1826447042; Onur Varol, Emilio Ferrara, Clayton A. Davis, Filippo Menczer, and Alessandro Flammini, "Online Human-Bot Interactions: Detection, Estimation, and Characterization," *International AAAI Conference on Web and Social Media (ICWSM),* March 27, 2017, https://arxiv.org/abs/1703.03107; Chengcheng Shao, Pik-Mai Hui, Lei Wang, Xinwen Jiang, Alessandro Flammini, Filippo Menczer, and Giovanni Luca Ciampaglia, "Anatomy of an Online Misinformation Network," *PLOS One* 13, no. 4 (2018): e0196087, https://doi.org/10.1371/journal.pone.0196087.

27 Alessandro Bessi and Emilio Ferrara, "Social Bots Distort the 2016 U.S. Presidential Election Online Discussion," *First Monday* 21, no. 11 (2016), http://dx.doi.org/10.5210/fm.v21i11.7090.

28 Shea Bennet, "67% of Taylor Swift's Twitter Followers are Bots, Says Study: An Audit of the Most Popular Musical Artists on Twitter

Suggests They're Mostly Followed by Non-Human Profiles," *Adweek,* February 4, 2015, https://www.adweek.com/digital/twitter-bots-problem/; "The World's Biggest Music Stars: Who's Faking It on Twitter?," *Music Business Worldwide,* January 31, 2015, https://www.musicbusinessworldwide.com/katy-perry-justin-bieber-and-lady-gaga-whos-faking-it-on-twitter/.

29   Trevor van Mierlo, "The 1% Rule in Four Digital Health Social Networks: An Observational Study," *Journal of Medical Internet Research* 16, no. 2 (2014), https://doi.org/10.2196/jmir.2966; Bradley Carron-Arthura, John A. Cunningham, and Kathleen M. Griffith, "Describing the Distribution of Engagement in an Internet Support Group by Post Frequency: A Comparison of the 90-9-1 Principle and Zipf's Law," *Internet Interventions* 1, no. 4 (2014): 165–168, https://doi.org/10.1016/j.invent.2014.09. 003; Ling Jiang, Kristijan Mirkovski, Jeffrey D. Wall, Christian Wagner, and Paul Benjamin Lowry, "Proposing the Core Contributor Withdrawal Theory (CCWT) to Understand Core Contributor Withdrawal from Online Peer-Production Communities," *Internet Research* 28, no. 4 (2018): 988–1028, https://doi.org/10.1108/IntR-05-2017-0215.

30   Bora Zivkovic, "Commenting Threads: Good, Bad, or Not At All," *A Blog Around the Clock* (blog), *Scientific American*, January 28, 2013, https://blogs.scientificamerican.com/a-blog-around-the-clock/commenting-threads-good-bad-or-not-at-all/; Nate Cohn and Kevin Quealy, "The Democratic Electorate on Twitter Is Not the Actual Democratic Electorate," *New York Times*, April 9, 2019, https://www.nytimes.com/interactive/2019/04/08/upshot/democratic-electorate-twitter-real-life.html.

31   Tom Toro, "Behold, as I Guide Our Conversation to My Narrow Area of Expertise," *New Yorker,* March 2, 2017, https://www.newyorker.com/cartoon/a20667.

1   Mark Zuckerberg's Facebook page, posted January 3, 2017, https://
     www.facebook.com/zuck/posts/10103385178272401.

2   Reid J. Epstein and Deepa Seetharaman, "Mark Zuckerberg Hits the Road
     to Meet Regular Folks— With a Few Conditions," *Wall Street Journal,*
     July 12, 2017, https://www.wsj.com/articles/mark-zuckerberg-hits-the-
     road-to-meet-regular-folkswith-a-few-conditions-1499873098.

3   Lynn Cooper and Trey Buchanan, "Taking Aim at Good Targets: Inter-
     Rater Agreement of Listening Competency," *International Journal of
     Listening* 17, no. 1 (2003): 88 – 114, https://doi.org/10.1080/10904018.2
     003.10499057.

4   Pascal Belin, Shirley Fecteau, and Catherine Bedard, "Thinking the
     Voice: Neural Correlates of Voice Perception," *Trends in Cognitive
     Sciences* 8, no. 3 (2004): 129 – 135, https://doi.org/10.1016/
     j.tics.2004.01.008; May Gratier and Gisèle Apter-Danon, "The
     Improvised Musicality of Belonging: Repetition and Variation in Mother-
     Infant Vocal Interaction," in *Communicative Musicality: Exploring the
     Basis of Human Companionship,* ed. Stephen Malloch and Colwyn
     Trevarthen (New York: Oxford University Press, 2009), 301 – 327; Ana Fló,
     Perrine Brusini, Francesco Macagno, Marina Nespor, Jacques Mehler,
     and Alissa L. Ferry, "Newborns Are Sensitive to Multiple Cues for Word
     Segmentation in Continuous Speech," *Developmental Science* (2019):
     e12802, https://doi.org/10.1111/desc.12802.

5   Viola Marx and Emese Nagy, "Fetal Behavioural Responses to Maternal
     Voice and Touch," *PLOS One* 10, no. 6 (2015): eO129118, https://doi.
     org/10.1371/journal.pone.0129118; "Fetal Development: The 2nd
     Trimester," Mayo Clinic, https://www.mayoclinic.org/healthy-life style/
     pregnancy-week-by-week/in-depth/fetal-development/art-20046151.

6   Eino Partanen, Teija Kujala, Risto Näätänen, Auli Liitola, Anke Sambeth,
     and Minna Huotilainen, "Learning-Induced Neural Plasticity of
     Speech Processing Before Birth," *PNAS* 110, no. 7 (2013), https://doi.

org/10.1073/pnas.1302159110.

7   J. P. Lecanuet, C. Granier-Deferre, and M. C. Busnel, "Fetal Cardiac
    and Motor Responses to Octave-Band Noises as a Function of
    Central Frequency, Intensity and Heart Rate Variability," *Early Human
    Development* 18, no. 2–3 (1988): 81–93, https://doi.org/10.1016/0378-
    3782(88)90045-X.

8   James Hallenbeck, *Palliative Care Perspectives* (New York: Oxford
    University Press, 2003), 220.

9   Anouk P. Netten, Carolien Rieffe, Stephanie C. P. M. Theunissen, Wim
    Soede, Evelien Dirks, Jeroen J. Briaire, and Johan H. M. Frijns, "Low
    Empathy in Deaf and Hard of Hearing (Pre) Adolescents Compared
    to Normal Hearing Controls," *PLOS One* 10, no. 4 (2015): e0124102,
    https://doi.org/10.1371/journal.pone.0124102.

10 Diane Ackerman, *A Natural History of the Senses* (New York: Vintage
    Books, 1991), 191.

11 A. Zadbood, J. Chen, Y. C. Leong, K. A. Norman, and U. Hasson, "How
    We Transmit Memories to Other Brains: Constructing Shared Neural
    Representations Via Communication," *Cerebral Cortex* 27, no. 10 (2017):
    4988–5000, https://doi.org/10.1093/cercor/bhx202.

12 Carolyn Parkinson, Adam M. Kleinbaum, and Thalia Wheatley, "Similar
    Neural Responses Predict Friendship," *Nature Communications* 9, no.
    332 (2018), https://doi.org/10.1038/s41467-017-02722-7.

13 Michael Lewis, *The Undoing Project* (New York: W. W. Norton, 2017).

14 Ibid., 238.

15 Ibid., 182.

16 Inge Bretheron, "The Origins of Attachment Theory: John Bowlby
    and Mary Ainsworth," *Developmental Psychology 28,* no. 5 (1992):
    759–775, http://dx.doi.org/10.1037/0012-1649.28.5.759; Mary D. Salter
    Ainsworth, Mary C. Blehar, Everett Waters, and Sally N. Wall, *Patterns
    of Attachment: A Psychological Study of the Strange Situation* (New
    York: Psychology Press, 2015); John Bowlby, *A Secure Base: Parent-
    Child Attachment and Healthy Human Development* (New York: Basic

Books, 1988); Kent Hoffman, Glen Cooper, Bert Powell, and Christine
M. Benton, *Raising a Secure Child: How Circle of Security Parenting
Can Help You Nurture Your Child's Attachment, Emotional
Resilience, and Freedom to Explore* (New York: Guilford Press, 2017);
Howard Steele and Miriam Steele, *Handbook of Attachment-Based
Interventions* (New York: Guilford Press, 2017); Jude Cassidy, *Handbook
of Attachment: Theory, Research, and Clinical Applications, 3rd ed.*
(New York: Guilford Press, 2018); Amir Levine and Rachel Heller, *Attached:
The New Science of Adult Attachment and How It Can Help You
Find— And Keep— Love* (New York: Tarcher Perigee, 2011).

17   Teresa Lind, Kristin Bernard, Emily Ross, and Mary Dozier, "Intervention
Effects on Negative Affect of CPS-Referred Children: Results of a
Randomized Clinical Trial," *Child Abuse & Neglect* 38, no. 9 (2014):
1459–1467, https://doi.org/10.1016/j.chiabu.2014.04.004; Anne P.
Murphy, Howard Steele, Jordan Bate, Adella Nikitiades, Brooke Allman,
Karen A. Bonuck, Paul Meissner, and Miriam Steele, "Group Attachment-
Based Intervention: Trauma-Informed Care for Families with Adverse
Childhood Experiences," *Family and Community Health* 38, no. 3
(2015): 268–279, https://doi.org/10.1097/FCH.0000000000000074;
Kristin Bernard, Mary Dozier, Johanna Bick, Erin Lewis-Morrarty, Oliver
Lindhiem, and Elizabeth Carlson, "Enhancing Attachment Organization
Among Maltreated Children: Results of a Randomized Clinical Trial,"
Child Development 83, no. 2 (2012): 623–636, https://doi.org/10.1111/
j.1467-8624.2011.01712.x.

18   Lesley Caldwell and Helen Taylor Robinson, eds., *The Collected Works
of D. W. Winnicott,* vol. 6 (New York: Oxford University Press, 2017), 529.

19   Amir Amedi, Gilad Jacobson, Talma Hendler, Rafael Malach, and Ehud
Zohary, "Convergence of Visual and Tactile Shape Processing in the
Human Lateral Occipital Complex," *Cerebral Cortex* 12, no. 11 (2002):
1202–1212, https://doi.org/10.1093/cercor/12.11.1202; Gary Chapman,
The 5 Love Languages (Chicago, IL: Northfield Publishing, 1992), 107–118;
Lisbeth Lipari, *Listening, Thinking, Being: Toward an Ethics of*

Attunement (University Park, PA: Pennsylvania State University Press, 2014), 9.

3장 호기심은 대화를 흥미롭게 한다

1   Charles R. Berger and Michael E. Roloff, eds., *The International Encyclopedia of Interpersonal Communication* (Malden, MA: Wiley Blackwell, 2016), https://onlinelibrary.wiley.com/browse/book/10.1002/9781118540190/title?pageSize=20&startPage=&alphabetRange=l.

2   Mark Knapp and John Daly, eds., *The SAGE Handbook of Interpersonal Communication,* 4th ed. (Thousand Oaks, CA: Sage, 2011), https://us.sagepub.com/en-us/nam/the-sage-handbook-of-interpersonal-communication/book234032.

3   Debra Worthington and Graham Bodie, "Defining Listening: A Historical, Theoretical, and Pragmatic Assessment," in *The Sourcebook of Listening Research: Methodology and Measures,* ed. Debra Worthington and Graham Bodie (New York: Wiley-Blackwell, 2017), 4.

4   Mario Mikulincer, "Adult Attachment Style and Information Processing: Individual Differences in Curiosity and Cognitive Closure," *Journal of Personality and Social Psychology* 72, no. 5 (1997): 1217–1230, http://dx.doi.org/10.1037/0022-3514.72.5.1217.

5   Studs Terkel, *Working: People Talk About What They Do All Day and How They Feel About What They Do* (New York: Ballantine, 1989).

6   *Studs Terkel: Listening to America,* directed by Eric Simonson (New York: HBO Documentary Films, 2009).

7   Studs Terkel, *Talking to Myself: A Memoir of My Times* (New York: Pantheon Books, 1977), 32.

8   Monisha Pasupathi and Jacob Billitteri, "Being and Becoming Through Being Heard: Listener Effects on Stories and Selves," *International Journal of Listening* 29, no. 2 (2015): 67–84, https://doi.org/10.1080/10904018.2015.1029363; Monisha Pasupathi, Lisa M. Stallworth, and Kyle

Murdoch, "How What We Tell Becomes What We Know: Listener Effects on Speakers' Long-Term Memory for Events," *Discourse Processes* 26, no. 1 (1998): 1–25, https://doi.org/10.1080/01638539809545035; Monisha Pasupathi and B. Rich, "Inattentive Listening Undermines Self-Verification in Personal Storytelling," *Journal of Personality* 73, no. 4 (2005), https://doi.org/10.1111/j.1467-6494.2005.00338.x.

9   Dale Carnegie, *How to Win Friends and Influence People, rev. ed.* (New York: Simon & Schuster, 1981), 44.

10   Robert D. McFadden, "Ingvar Kamprad, Founder of IKEA and Creator of a Global Empire, Dies at 91," *New York Times,* January 28, 2018, https://www.nytimes.com/2018/01/28/obituaries/ingvar-kamprad-dies.html.

11   Richard Heller, "The Billionaire Next Door," *Forbes,* August 7, 2000, https://www.forbes.com/global/2000/0807/0315036a.html#c9f65ef4b69d.

12   Todd B. Kashdan, Ryne A. Sherman, Jessica Yarbro, and David C. Funder, "How Are Curious People Viewed and How Do They Behave in Social Situations? From the Perspectives of Self, Friends, Parents, and Unacquainted Observers," *Journal of Personality* 81, no. 2 (2012), https://doi.org/10.1111/j.1467-6494.2012.00796.x.

13   Nicholas Epley and Juliana Schroeder, "Mistakenly Seeking Solitude," *Journal of Experimental Psychology* 143, no. 5 (2014): 1980–1999, http://dx.doi.org/10.1037/a0037323.

14   Colin G. DeYoung, "The Neuromodulator of Exploration: A Unifying Theory of the Role of Dopamine in Personality," *Frontiers in Human Neuroscience* 7, no. 762 (2013), https://doi.org/10.3389/fnhum.2013.00762.

15   Robert L. Grenier, *88 Days to Kandahar: A CIA Diary* (New York: Simon & Schuster, 2015), 175.

1   Laurie Abraham, *The Husbands and Wives Club: A Year in the Life of a Couples Therapy Group* (New York: Touchstone, 2013).

2   Kenneth Savitsky, Boaz Keysar, Nicholas Epley, Travis Carter, and Ashley Swanson, "The Closeness-Communication Bias: Increased Egocentrism Among Friends Versus Strangers," *Journal of Experimental Social Psychology* 47, no. 1 (2011): 269–273, https://doi.org/10. 1016/j.jesp.2010.09.005.

3   André Maurois, *Memoirs 1885–1967* (London: Bodley Head, 1970), 218.

4   R. I. M. Dunbar, "Neocortex Size as a Constraint on Group Size in Primates," *Journal of Human Evolution* 22, no. 6 (1992): 469–493, https://doi.org/10.1016/0047-2484(92)90081-J.

5   Kate Murphy, "Do Your Friends Actually Like You?," *New York Times,* August 6, 2016, https://www.nytimes.com/2016/08/07/opinion/sunday/do-your-friends-actually-like-you.html.

6   Mario Luis Small, *Someone To Talk To* (New York: Oxford University Press, 2017).

7   Fyodor Dostoyevsky, *Notes from the Underground* (Urbana, IL: Project Gutenberg, 1996), 35, https://www.gutenberg. rg/files/600/600-h/600-h.htm.

8   Raymond Nickerson, "Confirmation Bias: A Ubiquitous Phenomenon in Many Guises," *Review of General Psychology* 2, no. 2 (1998): 175–220, https://doi.org/10.1037/1089-2680.2.2.175.

9   María Ruz, Anna Moser, and Kristin Webster, "Social Expectations Bias Decision-Making in Uncertain Inter-Personal Situations," *PLOS One* 6, no. 2 (2011): e15762, https://doi.org/10.1371/journal.pone.0015762; Elisha Y. Babad, "Expectancy Bias in Scoring as a Function of Ability and Ethnic Labels," *Psychological Reports* 46, no. 2 (1980): 625–626, https://doi.org/10.2466/pr0.1980.46.2.625; Cindy M. Cabeleira, Shari A. Steinman, Melissa M. Burgess, Romola S. Bucks, Colin MacLeod, Wilson Melo, and Bethany A. Teachman, "Expectancy Bias in Anxious Samples,"

Emotion 14, no. 3 (2014): 588, https://doi.org/10.1037/a0035899.

10   Perry Hinton, "Implicit Stereotypes and the Predictive Brain: Cognition and Culture in 'Biased' Person Perception," *Palgrave Communications* 3, no. 17086 (2017), https://doi.org/10.1057/palcomms.2017.86.

11   David Hamilton and Tina Trolier, "Stereotypes and Stereotyping: An Overview of the Cognitive Approach," in *Prejudice, Discrimination, and Racism,* ed. J. F. Dovidio and S. L. Gaertner (San Diego: Academic Press, 1986), 127–163.

12   Brian L. Connelly, S. Trevis Certo, and R. Duane Ireland, "Signaling Theory: A Review and Assessment," *Journal of Management* 37, no. 1 (2010): 39–67, https://doi.org/10.1177/0149206310388419; Lee Cronk, "The Application of Animal Signaling Theory to Human Phenomena: Some Thoughts and Clarifications," *Social Science Information* 44, no. 4 (December 1, 2005): 603–620, https://doi.org/10.1177/0539018405058203.

13   Jonah Berger and Chip Heath, "Who Drives Divergence? Identity Signaling, Outgroup Dissimilarity, and the Abandonment of Cultural Tastes," *Journal of Personality and Social Psychology* 95, no. 3 (2008): 593–607, http://dx.doi.org/10.1037/0022-3514.95.3.593; Naomi Ellemers and S. Alexander Haslam, "Social Identity Theory," in *Handbook of Theories of Social Psychology,* vol. 2, ed. Paul Van Lange, Arie Kruglanski, and Tory Higgins (Thousand Oaks, CA: Sage, 2012), 379–398; Henri Tajfel, "Social Identity and Intergroup Behaviour," *Social Science Information* 13, no. 2 (1974): 65–93, https://doi.org/10.1177/053901847401300204.

14   Rob Nelissen and Marijn Meijers, "Social Benefits of Luxury Brands as Costly Signals of Wealth and Status," *Evolution and Human Behavior* 32, no. 5 (2011): 343–355.

15   Allen Downey, "The U.S. Is Retreating from Religion," *Observations* (blog), *Scientific American,* October 20, 2017, https://blogs.scientificamerican.com/observations/the-u-s-is-retreating-from-religion/.

16   Danah Boyd and Nicole Ellison, "Social Network Sites: Definition,

History, and Scholarship," *Journal of Computer-Mediated Communication* 13, no. 1 (2007): 210–230, https://doi.org/10.1111/j.1083-6101.2007.00393.x.

17   Cliff Lampe, Nicole Ellison, and Charles Steinfield, "A Familiar Face(book): Profile Elements as Signals in an Online Social Network," *Proceedings of the SIGCHI Conference on Human Factors in Computing Systems,* San Jose, CA (2007): 435–444, https://doi.org/10.1145/1240624.1240695.

18   Nicole Hong, "The New Dating No-No: Asking for a Last Name," *Wall Street Journal,* January 24, 2018, https://www.wsj.com/articles/the-new-dating-no-no-asking-for-a-last-name-1516810482.

5장 표정은 말보다 정확하다

1   Graham Bodie, Kaitlin Cannava, and Andrea Vickery, "Supportive Communication and the Adequate Paraphrase," *Communication Research Reports* 33, no. 2 (2016): 166–172, http://dx.doi.org/10.1080/08824096.2016.1154839.

2   Carl Ransom Rogers, *A Way of Being* (New York: Houghton Mifflin, 1980), 8.

3   Fred Shapiro, *The Yale Book of Quotations* (New Haven, CT: Yale University Press, 2006), 537.

4   *Bowling for Columbine,* directed by Michael Moore (Beverly Hills, CA: United Artists 2002).

5   James Fox and Monica DeLateur, "Mass Shootings in America: Moving Beyond Newtown," *Homicide Studies* 18, no. 1 (2014): 125–145, https://doi.org/10.1177/1088767913510297.

6   Alex Yablon, "What Do Most Mass Shooters Have in Common? It's Not Politics, Violent Video Games or Occult Beliefs," *Chicago Tribune,* September 18, 2017, https://www.chicagotribune.com/news/opinion/commentary/ct-perspec-mass-shootings-video-games-politics-0917-story.html.

7   Steve Chawkins, "Dick Bass Dies at 85; Texas Oilman Was First to Scale 'Seven Summits,'" *Los Angeles Times,* July 29, 2015, https://www. latimes.com/local/obituaries/la-me-0730-richard-bass-20150730-story.html; Roger Horchow and Sally Horchow, *The Art of Friendship* (New York: St. Martin's Press, 2005), 33.

6장 말과 생각의 차이

1   Ralph Nichols and Leonard Stevens, *Are You Listening?* (New York: McGraw Hill, 1957), 82.

2   speech-thought differential Ralph Nichols and Leonard Stevens, "Listening to People," *Harvard Business Review,* September 1957, https://hbr.org/1957/09/listening-to-people; Clella Jaffe, *Public Speaking: Concepts and Skills for a Diverse Society* (Boston: Wadsworth Publishing, 2012), 58; Teri Kwal Gamble and Michael W. Gamble, *Interpersonal Communication: Building Connections Together* (Thousand Oaks, CA: Sage, 2014), 106.

3   Frederico Azevedo, Ludmila Carvalho, Lea T. Grinberg, José Marcelo Farfel, Renata Ferretti, Renata Leite, Wilson Jacob Filho, et al., "Equal Numbers of Neuronal and Nonneuronal Cells Make the Human Brain an Isometrically Scaled-Up Primate Brain," *Journal of Comparative Neurology* 513, no. 5 (2009): 532–541, https://doi.org/10.1002/cne.21974.

4   Alexander Penney, Victoria Miedema, and Dwight Mazmanian, "Intelligence and Emotional Disorders: Is the Worrying and Ruminating Mind a More Intelligent Mind?," *Personality and Individual Differences* 74 (2015): 90–93, https://doi.org/10.1016/j.paid.2014.10.005.

5   Adam S. McHugh, "For Introverts, Listening Is an Act of Inward Hospitality," *Introvert, Dear: For Introverts and Highly Sensitive People* (blog), October 13, 2017, https://introvertdear.com/news/listen-introverts-inner-world/.

6   Nichols and Stevens, "Listening to People."

7   "Listening Legend Interview, Dr. Ralph Nichols," *Listening Post,* summer 2003, https://www.listen.org/Legend-Interview.

8   Nichols and Stevens, "Listening to People."

9   Heinz Kohut, *Self Psychology and the Humanities: Reflections on a New Psychoanalytic Approach,* ed. Charles Strozier (New York: W. W. Norton, 1980).

10 *Annie Hall,* directed by Woody Allen (Hollywood, CA: United Artists, 1977).

7장 말을 잘하기 위한 듣기

1   Jonas T. Kaplan, Sarah I. Gimbel, and Sam Harris, "Neural Correlates of Maintaining One's Political Beliefs in the Face of Counterevidence," *Scientific Reports* 6, no. 39589 (2016), https://doi.org/10.1038/srep39589.

2   "Free Speech Advocate on the State of College Campuses," Steve Inskeep interview with Greg Lukianoff, *Morning Edition,* NPR, May 29, 2017, https://www.npr.org/2017/05/29/530555442/free-speech-advocate-on-the-state-of-college-campuses; Conor Friedersdorf, "Middlebury Reckons with a Protest Gone Wrong," *Atlantic,* March 6, 2017, https://www.theatlantic.com/politics/archive/2017/03/middleburys-liberals-respond-to-an-protest-gone-wrong/518652/.

3   John Villasenor, "Views Among College Students Regarding the First Amendment: Results from a New Survey," *Fixgov* (blog) Brookings Institution, September 18, 2017, https://www.brookings.edu/blog/fixgov/2017/09/18/views-among-college-students-regarding-the-first-amendment-results-from-a-new-survey/.

4   Richard Felton, "Ted Cruz: Democratic Candidates Are a 'Dangerous Socialist...and Bernie Sanders,'" *Guardian,* September 19, 2015, https://www.theguardian.com/us-news/2015/sep/19/ted-cruz-hillary-clinton-mackinac-republican-leadership-conference.

5　Charles Gibson, "Restoring Comity to Congress," Harvard University Shorenstein Center Discussion Paper Series, January 2011, https://shorensteincenter.org/wp-content/uploads/2012/03/d60 gibson.pdf.

6　Olivia Newman, *Liberalism in Practice: The Psychology and Pedagogy of Public Reason* (Cambridge, MA: MIT Press, 2015), 98.

7　Martin Tolchin, "Social Security: Compromise at Long Last," *New York Times,* January 20, 1983, https://www.nytimes.com/1983/01/20/us/social-security-compromise-at-long-last.html.

8　John McCain, "It's Time Congress Returns to Regular Order," *Washington Post,* August 31, 2017, https://www.washingtonpost.com/opinions/john-mccain-its-time-congress-returns-to-regular-order/2017/08/31/f62a3e0c-8cfb-11e7-8df5-c2e5cf46c1e2 story.html.

9　Avery Anapol, "Senator Using 'Talking Stick' Breaks Collins' Glass Elephant During Shutdown Talks," *The Hill,* January 22, 2018, https://thehill.com/homenews/senate/370163-unnamed-senator-throws-talking-stick-breaks-collins-glass-elephant-during.

10　"Conway: Press Secretary Gave 'Alternative Facts,'" *Meet the Press,* NBC video, 3:39, January 22, 2017, https://www.nbcnews.com/meet-the-press/video/conway-press-secretary-gave-alternative-facts-860142147643.

11　"Donald Trump: 'My Primary Consultant Is Myself,'" YouTube video, 3:11, posted by MSNBC, March 16, 2016, https://www.youtube.com/watch?v=W7CBp8lQ6ro.

12　"Partisanship and Political Animosity in 2016," Pew Research Center, June 22, 2016, http://assets.pewresearch.org/wp-content/uploads/sites/5/2016/06/06-22-16-Partisanship-and-animosity-release.pdf.

13　Jeremy Peters, "In a Divided Era, One Thing Seems to Unite: Political Anger," *New York Times,* August 17, 2018, https://www.nytimes.com/2018/08/17/us/politics/political-fights.html.

14　Oshin Vartanian and David R. Mandel, eds., *Neuroscience of Decision Making* (New York: Psychology Press, 2011), 89–93.

15　Joseph LeDoux, *The Emotional Brain: The Mysterious Underpinnings of Emotional Life* (New York: Touchstone, 1998); Daniel Goleman, *Emotional Intelligence: Why It Can Matter More Than IQ* (New York: Bantam Books, 1995), 13–33.

16   Matthew Scult, Annchen Knodt, Spenser Radtke, Bartholomew Brigidi, and Ahmad R. Hariri, "Prefrontal Executive Control Rescues Risk for Anxiety Associated with High Threat and Low Reward Brain Function," *Cerebral Cortex* 29, no. 1 (2017): 70–76, https://doi.org/10.1093/cercor/bhx304.

17   M. Justin Kim, Matthew Scult, Annchen Knodt, Spenser Radtke, Tracy d' Arbeloff, Bartholomew Brigidi, and Ahmad R. Hariri, "A Link Between Childhood Adversity and Trait Anger Reflects Relative Activity of the Amygdala and Dorsolateral Prefrontal Cortex," *Biological Psychiatry: Cognitive Neuroscience and Neuroimaging* 3, no. 7 (2018): 644–649, https://doi.org/10.1016/j.bpsc.2018.03.006.

18   Thomas A. Avino, Nicole Barger, Martha V. Vargas, Erin L. Carlson, David G. Amaral, Melissa D. Bauman, and Cynthia M. Schumann, "Neuron Numbers Increase in the Human Amygdala from Birth to Adulthood, but Not in Autism," *Proceedings of the National Academy of Sciences* 115, no. 14 (2018): 3710–3715, https://doi.org/10.1073/pnas.1801912115.

19   Austin Prickett, "Police: Fight Over Star Wars and Star Trek Led to Assault," KOKH Fox25, July 6, 2017, https://okcfox.com/news/local/police-fight-over-star-wars-and-star-trek-led-to-assault.

20   Carl Rogers, *On Becoming a Person: A Therapist's View of Psychotherapy* (Boston: Houghton Mifflin, 1961), 25.

21   John Keats, *Selected Letters of John Keats,* ed. Grant F. Scott (Cambridge, MA: Harvard University Press, 2002), 60.

22   cognitive complexity Jesse G. Delia, Ruth Anne Clark, and David E. Switzer, "Cognitive Complexity and Impression Formation in Informal Social Interaction," *Speech Monographs,* 41, no. 4 (1974): 299–308, https://doi.org/10.1080/03637757409375854; Claudia L. Hale and Jesse G. Delia, "Cognitive Complexity and Social Perspective-taking,"

Communication Monographs, 43, no. 3 (1976): 195–203, https://doi.org/10.1080/03637757609375932; Michael J. Beatty and Steven K. Payne, "Listening Comprehension as a Function of Cognitive Complexity: A Research Note," *Communication Monographs,* 51, no. 1 (1984): 85–89, https://doi.org/10.1080/03637758409390186.

23   B. R. Burleson and J. J. Rack, "Constructivism: Explaining Individual Differences in Communication Skill," in *Engaging Theories in Interpersonal Communication,* ed. L. A. Baxter and D. O. Braithwaite (Thousand Oaks, CA: Sage, 2008), 51–63; P. M. Spengler and D. C. Strohmer, "Clinical Judgmental Biases: The Moderating Roles of Counselor Cognitive Complexity and Counselor Client Preferences," *Journal of Counseling Psychology,* 41, no. 1 (1994), 8–17, http://dx.doi.org/10.1037/0022-0167.41.1.8.

24   Walter Isaacson, *Steve Jobs* (New York: Simon & Schuster, 2011), 317.

25   Kim Scott, *Radical Candor* (New York: St. Martin's Press, 2017), 80.

8장 빅데이터 시대의 듣기

1   Robert K. Merton, "The Focused Interview and Focus Groups: Continuities and Discontinuities," *Public Opinion Quarterly* 51 (1987): 550–566, http://citeseerx.ist.psu.edu/viewdoc/download?doi=10.1.1.890.112&rep=rep1&type=pdf.

2   Peter Simonson, "Merton's Sociology of Rhetoric," in *Robert K. Merton: Sociology of Science and Sociology as Science,* ed. Craig Calhoun (New York: Columbia University Press, 2017), 214–252.

3   Liza Featherstone, *Divining Desire: Focus Groups and the Culture of Consultation* (New York: OR Books, 2017), 15–16.

4   Ernest Dichter, *The Strategy of Desire* (New York: Routledge, 2017); Dinitia Smith, "When Flour Power Invaded the Kitchen," *New York Times,* April 14, 2004, https://www.nytimes.com/2004/04/14/dining/when-flour-power-invaded-the-kitchen.html.

5   Will Leitch, "Group Thinker," *New York Magazine,* June 21, 2004, https://nymag.com/nymetro/shopping/features/9299/.

6   Jon Berry, "Marketers Reach Out to Blacks," *Chicago Tribune,* May 12, 1991, https://www.chicagotribune.com/news/ct-xpm-1991-05-12-9102110986-story.html.

7   "Army's First Black Helicopter Pilot Honored at George Washington University," *GW Today,* November 4, 2014, https://gwtoday.gwu.edu/army%E2%80%99s-first-black-helicopter-pilot-honored-george-washington-university; "Joining a Segregated Army," Joseph Henry Hairston interview, Digital Collections of the National WWII Museum, 2015, https://www.ww2online.org/view/joseph-hairston.

8   "P&G's Billion-Dollar Brands: Trusted, Valued, Recognized," Procter & Gamble, https://www.pg.com/en US/downloads/media/Fact Sheets BB FA.pdf; John Colapinto, "Famous Names: Does It Matter What a Product Is Called?," *New Yorker,* October 3, 2011, https://www.newyorker.com/magazine/2011/10/03/famous-names.

9   Matthew Salganik, *Bit by Bit: Social Research in the Digital Age* (Princeton, NJ: Princeton University Press, 2017).

10   "Darwin Correspondence Project," University of Cambridge, https://www.darwinproject.ac.uk/people/about-darwin/what-darwin-read/darwin-s-reading-notebooks.

11   Greg Linden, Brent Smith, and Jeremy York, "Amazon.com Recommendations Item-to-Item Collaborative Filtering," *IEEE Internet Computing,* January–February 2003, https://www.cs.umd.edu/~samir/498/Amazon-Recommendations.pdf.

9장 직장에서의 듣기

1   Charles Duhigg, "What Google Learned from Its Quest to Build the Perfect Team," *New York Times,* February 25, 2016, https://www.nytimes.com/2016/02/28/magazine/what-google-learned-from-its-

quest-to-build-the-perfect-team.html. 104

2　"Guide: Understand Team Effectiveness," *re: Work*, https://rework. withgoogle.com/guides/understanding-team-effectiveness/steps/ introduction/.

3　David Deming, "The Growing Importance of Social Skills in the Labor Market," *Quarterly Journal of Economics* 132, no. 4 (2017): 1593– 1640, https://doi.org/10.1093/qje/qjx022.

4　Rob Cross, Reb Rebele, and Adam Grant, "Collaborative Overload," *Harvard Business Review*, January–February 2016, 74–79, https:// hbr.org/2016/01/collaborative-overload.

5　"Current and Former Clients," Business Improv, http://businessimprov. com/clientspartners/.

6　Nelle Morton, *The Journey Is Home* (Boston, MA: Beacon Press, 1985), 209.

7　T. Bradford Bitterly, Alison Brooks, and Maurice Schweitzer, "Risky Business: When Humor Increases and Decreases Status," *Journal of Personality and Social Psychology* 112, no. 3 (2017): 431–455, https:// doi.org/10.1037/pspi0000079.

8　E. De Koning and R. L. Weiss, "The Relational Humor Inventory: Functions of Humor in Close Relationships," *American Journal of Family Therapy* 30, no. 1 (2002): 1–18, https://doi. org/10.1080/019261802753455615.

9　John C. Meyer, *Understanding Humor Through Communication: Why Be Funny, Anyway* (Lanham, MD: Lexington Books, 2015), 81–87.

10　Nathan Miczo, Joshua Averbeck, and Theresa Mariani, "Affiliative and Aggressive Humor, Attachment Dimensions, and Interaction Goals," *Communication Studies* 60, no. 5 (2009): 443–459, https://doi. org/10.1080/10510970903260301; Meyer, *Understanding Humor Through Communication*, 88–89.

1   Katherine Hampsten, "How Miscommunication Happens (and How to Avoid It)," TED-Ed animation, https://ed.ted.com/lessons/how-to-avoid-miscommunication-katherine-hampsten#review.

2   John A. Daly, Anita L. Vangelisti, and Suzanne M. Daughton, "The Nature and Correlates of Conversational Sensitivity," *Human Communication Research* 14, no. 2 (1987): 167–202, https://doi.org/10.1111/j.1468-2958.1987.tb00126.x.

3   Don W. Stacks and Mary Ann Murphy, "Conversational Sensitivity: Further Validation and Extension," *Communication Reports* 6, no. 1 (1993): 18–24, https://doi.org/10.1080/08934219309367557.

4   Herbert Simon, "What Is An Explanation of Behavior?," *Psychological Science* 3, no. 3 (1992): 150–161, https://doi.org/10.1111/j.1467-9280.1992.tb00017.x.

5   Stacks and Murphy, "Conversational Sensitivity."

6   "How Many Words Are There in English?," *Merriam-Webster,* https://www.merriam-webster.com/help/faq-how-many-english-words.

7   Cyril Connolly, *The Unquiet Grave: A Word Cycle by Palinurus* (New York: Persea Books, 2005), 93.

8   Walt Whitman, *The Portable Walt Whitman,* ed. Michael Warner (New York: Penguin Books, 2004), 557.

9   Bert Vaux, Harvard Dialect Survey, 2003, http://dialect.redlog.net/.

10   Sara McClelland, "Intimate Justice: Sexual Satisfaction in Young Adults," (Ph.D. dissertation, City University of New York, 2009), https://doi.org/10.1111/j.1751-9004.2010.00293.x.

11   "The Only Surviving Recording of Virginia Woolf," BBC, March 28, 2016, http://www.bbc.com/culture/story/20160324-the-only-surviving-recording-of-virginia-woolf.

12   Konrad Koerner, "The Sapir-Whorf Hypothesis: A Preliminary History and a Bibliographical Essay," *AnthroSource,* December 1992, https://doi.org/10.1525/jlin.1992.2.2.173.

13   Emanuel Bylund and Panos Athanasopoulos, "The Whorfian Time Warp: Representing Duration Through the Language Hourglass,"*Journal of Experimental Psychology* 146, no. 7 (2017): 911–916, https://doi.org/10.1037/xge0000314.

14   Jennifer R. Salibury and Guo-Ming Chen, "An Examination of the Relationship Between Conversation Sensitivity and Listen-ing Styles," *Intercultural Communication Studies*, 16, no. 1 (2007): 251–262.; Daly et al., "The Nature and Correlates of Conversational Sensitivity"; Stacks and Murphy, "Conversational Sensitivity."

15   Daly et al., "The Nature and Correlates of Conversational Sensitivity."

16   Theodor Reik, *Listening with the Third Ear* (New York: Farrar, Straus and Giroux, 1948).

17   "Robert Caro on the Fall of New York, and Glenn Close on Complicated Characters," *New Yorker Radio Hour,* WNYC, May 4, 2018, https://www.newyorker.com/podcast/the-new-yorker-radio-hour/robert-caro-on-the-fall-of-new-york-and-glenn-close-on-complicated-characters.

18   Pamela Meyer, *Liespotting: Proven Techniques to Detect Deception* (New York: St. Martin's Press, 2010), 22.

19   Robert D. McFadden, "Mel Weinberg, 93, the F.B.I.'s Lure in the Abscam Sting, Dies," *New York Times,* June 6, 2018, https://www.nytimes.com/2018/06/06/obituaries/mel-weinberg-dead-abscam-informant.html.

20   "ABSCAM," *FBI,* https://www.fbi.gov/history/famous-cases/abscam.

21   Leslie Maitland, "At the Heart of the Abscam Debate," *New York Times Magazine,* July 25, 1982, https://www.nytimes.com/1982/07/25/magazine/at-the-heart-of-the-abscam-debate.html.

22   Sasan Baleghizadeh and Amir Hossein Rahimi, "The Relationship Among Listening Performance, Metacognitive Strategy Use and Motivation from a Self-determination Theory Perspective," *Theory and Practice in Language Studies* 1, no. 1 (2011): 61–67, https://doi.org/10.4304/tpls.1.1.61-67; Jeremy Biesanz and Lauren Human, "The Cost of Forming

More Accurate Impressions: Accuracy-Motivated Perceivers See the Personality of Others More Distinctively but Less Normatively Than Perceivers Without an Explicit Goal," *Psychological Science* 21, no. 4 (2009): 589–594, https://doi.org/10.1177/0956797610364121; James Hilton and John Darley, "The Effects of Interaction Goals on Person Perception," ed. Mark P. Zanna, *Advances in Experimental Social Psychology* 24 (1991), 235–268; Daly et al., "The Nature and Correlates of Conversational Sensitivity."

23   "Study Suggests Medical Errors Now Third Leading Cause of Death in the U.S.," Johns Hopkins Medicine, May 3, 2016, https://www.hopkinsmedicine.org/news/media/releases/study suggests medical_ errors now third leading cause of death in the us.

24   Laura Silvestri, "The Heuristic Value of Misunderstanding," *Civilisations* 65, no. 1 (2016), 107–126, https://www.cairn.info/revue-civilisations-2016-1-page-107.htm; Amy Lee, Rhiannon D. Williams, Marta A. Shaw, and Yiyun Jie, "First-Year Students' Perspectives on Intercultural Learning," *Teaching in Higher Education* 19, no. 5 (2014): 543–554; Lipari, *Listening, Thinking, Being,* 8.

25   Paul Maher Jr. and Michael Dorr, eds., *Miles on Miles: Interviews and Encounters with Miles Davis* (Chicago: Lawrence Hill Books, 2009), 70.

11장 생각 정리하기

1   Jane Lidstone, Elizabeth Meins, and Charles Fernyhough, "Individual Differences in Children's Private Speech: Consistency Across Tasks, Timepoints, and Contexts," *Cognitive Development* 26, no. 3 (2011): 203–213, https://doi.org/10.1016/j.cogdev.2011.02.002.

2   Ben Alderson-Day, Susanne Weis, Simon McCarthy-Jones, Peter Moseley, David Smailes, and Charles Fernyhough, "The Brain's Conversation with Itself: Neural Substrates of Dialogic Inner Speech," *Social Cognitive and Affective Neuroscience* 11, no. 1 (2015):

110-120, https://doi.org/10.1093/scan/nsv094; Alain Morin and Breanne Hamper, "Self-Reflection and the Inner Voice: Activation of the Left Inferior Frontal Gyrus During Perceptual and Conceptual Self-Referential Thinking," *Open Neuroimaging Journal* 6 (2012): 78–89, https://doi.org/10.2174/1874440001206010078.

3   Charles Fernyhough, *The Voices Within* (New York: Basic Books, 2016), 74.

4   Tuija Aro, Anna-Maija Poikkeus, Marja-Leena Laakso, Asko Tolvanen, and Timo Ahonen, "Associations Between Private Speech, Behavioral Self-Regulation, and Cognitive Abilities," *International Journal of Behavioral Development* 39, no. 6 (2014): 508–518, https://doi.org/10.1177/0165025414556094; Ben Alderson-Day and Charles Fernyhough, "Inner Speech: Development, Cognitive Functions, Phenomenology, and Neurobiology," *Psychological Bulletin* 141, no. 5 (2015): 931–965, http://dx.doi.org/10.1037/bul0000021.

5   Douglas Behrend, Karl Rosengren, and Marion Perlmutter, "The Relation Between Private Speech and Parental Interactive Style," in *Private Speech: From Social Interaction to Self-Regulation,* ed. Rafael Diaz and Laura Berk (Hillsdale, NJ: Lawrence Erlbaum Associates, 1992), 85–100.

6   Laura Berk and Ruth Garvin, "Development of Private Speech Among Low-Income Appalachian Children," *Developmental Psychology* 20, no. 2 (1984): 271–286, http://dx.doi.org/10.1037/0012-1649.20.2.271.

7   Laura Berk, "Development of Private Speech Among Preschool Children," *Early Child Development and Care* 24, no. 1–2 (1986): 113–136, https://doi.org/10.1080/0300443860240107.

8   Xing Tian, Nai Ding, Xiangbin Teng, Fan Bai, and David Poeppel, "Imagined Speech Influences Perceived Loudness of Sound," *Nature Human Behavior* 2, no. 3 (2018): 225–234, https://doi.org/10.1038/s41562-018-0305-8.

9   Marianne Abramson and Stephen D. Goldinger, "What the Reader's Eye Tells the Mind's Ear: Silent Reading Activates Inner Speech," *Perception & Psychophysics* 59, no. 7 (1997): 1059–1068, https://doi.org/10.3758/

BF03205520.

10   Jessica Alexander and Lynne Nygaard, "Reading Voices and Hearing Text: Talker-Specific Auditory Imagery in Reading," *Journal of Experimental Psychology: Human Perception and Performance* 34, no. 2 (2008): 446–459, http://dx.doi.org/10.1037/0096-1523.34.2.446.

11   Bo Yao, Pascal Belin, and Christophe Scheepers, "Silent Reading of Direct versus Indirect Speech Activates Voiceselective Areas in the Auditory Cortex," *Journal of Cognitive Neuroscience* 23, no. 10 (October 2011): 3146–3152, https://doi.org/10.1162/jocn a 00022.

12   Ben Alderson-Day, Marco Bernini, and Charles Fernyhough, "Uncharted Features and Dynamics of Reading: Voices, Characters, and Crossing of Experiences," *Consciousness and Cognition* 49 (2017): 98–109, https://doi.org/10.1016/j.concog.2017.01.003.

13   Rob Couteau, "The Romance of Places: An Interview with Ray Bradbury," in *Conversations with Ray Bradbury,* ed. Steven L. Aggelis (Jackson: University Press of Mississippi, 2004), 122.

14   Timothy Wilson, David Reinhard, Erin C. Westgate, Daniel T. Gilbert, Nicole Ellerbeck, Cheryl Hahn, and Casey L. Brown, "Just Think: The Challenges of the Disengaged Mind," *Science* 345, no. 6 (2014): 75–77, https://doi.org/10.1126/science.1250830.

15   James Gleik, *Genius: The Life and Science of Richard Feynman* (New York: Pantheon, 1992), 230.

16   Richard Feynman, *The Pleasure of Finding Things Out,* ed. Jeffrey Robbins (Cambridge, MA: Perseus Books, 1999), 110.

12장 유대를 이끄는 듣기

1   Dick Leonard, *The Great Rivalry: Gladstone and Disraeli* (London: I. B. Tauris, 2013), 202–203; "Stanley Weintraub: Disraeli: A Biography," *C-SPAN video, 58:56,* February 6, 1994, https://www.c-span.org/video/?54339-1/disraeli-biography.

2   "Angels in the Marble?," *Economist,* September 6, 2001, https://www. economist.com/united-states/2001/09/06/angels-in-the-marble.

3   Charles Derber, *The Pursuit of Attention* (New York: Oxford University Press, 2000).

4   Howard Becker, *Outsiders: Studies in the Sociology of Deviance* (New York: Free Press, 2018).

5   Adam Gopnik, "The Outside Game," *New Yorker,* January 5, 2015, https://www.newyorker.com/magazine/2015/01/12/outside-game.

6   Leonardo Christov-Moore, Elizabeth Simpson, Gino Coudé, Kristina Grigaityte, Marco Iacobonia, and Pier Ferrari, "Empathy: Gender Effects in Brain and Behavior," *Neuroscience & Biobehavioral Reviews* 46, no. 4 (2014): 604–627, https://doi.org/10.1016/j.neubiorev.2014.09.001.

7   David Geary, "Sexual Selection and Human Vulnerability," in *Evolution of Vulnerability* (San Diego: Academic Press, 2015), 11–39, https://doi. org/10.1016/B978-0-12-801562-9.09996-8; Debra Worthington and Margaret Fitch-Hauser, *Listening: Processes, Functions and Competency* (New York: Routledge, 2016), 32–34; Deborah Tannen, *You Just Don't Understand: Women and Men in Conversation* (New York: HarperCollins, 1990), 74–95.

8   Tara Chaplin and Amelia Aldao, "Gender Differences in Emotion Expression in Children: A Meta-Analytic Review," *Psychological Bulletin* 139, no. 4 (2013): 735–765, https://doi.org/10.1037/a0030737.

9   Megan R. Gunnar and Margaret Donahue, "Sex Differences in Social Responsiveness Between Six Months and Twelve Months," *Child Development* (1980): 262–265, http://dx.doi.org/10.2307/1129619; Gerianne M. Alexander and Teresa Wilcox, "Sex Differences in Early Infancy," *Child Development Perspectives* 6, no. 4 (2012): 400–406, https://doi.org/10.1111/j.1750-8606.2012.00247.x; Agneta Fischer, *Gender and Emotion: Social Psychological Perspectives* (Cambridge: Cambridge University Press, 2000).

10   Simon Baron-Cohen, Sarah Cassidy, Bonnie Auyeung, Carrie Allison, Maryam Achoukhi, Sarah Robertson, Alexa Pohl, et al., "Attenuation of

Typical Sex Differences in 800 Adults with Autism vs. 3,900 Controls," *PLOS One* 9, no. 7 (2014), https://doi.org/10.1371/journal.pone.0102251.

11   Mélanie Aeschlimann, Jean-François Knebel, Micah M. Murray, and Stephanie Clarke, "Emotional Pre-Eminence of Human Vocalizations," *Brain Topography* 20, no. 4 (2008): 239–248, https://doi.org/10.1007/s10548-008-0051-8.

12   Andrew G. Miner, Theresa M. Glomb, and Charles Hulin, "Experience Sampling Mood and Its Correlates at Work," *Journal of Occupational and Organizational Psychology* 78 (2005): 171–193, https://doi.org/10.1348/096317905X40105.

13   Kyle Benson, "The Magic Relationship Ratio, According to Science," Gottman Institute, October 4, 2017, https://www.gottman.com/blog/the-magic-relationship-ratio-according-science/.

14   Kelsey Crowe and Emily McDowell, *There Is No Good Card for This: What To Do and Say When Life is Scary, Awful and Unfair to People You Love* (New York: HarperOne, 2017).

15   "Clearness Committees—What They Are and What They Do," Friends General Conference, https://www.fgcquaker.org/resources/clearness-committees-what-they-are-and-what-they-do.

16   Bethany Rittle-Johnson, Megan Saylor, and Kathryn E. Swygert, "Learning from Explaining: Does It Matter If Mom Is Listening?," *Journal of Experimental Child Psychology* 100, no. 3 (2008): 215–224, https://doi.org/10.1016/j.jecp.2007.10.002.

17   Robert M. Krauss, "The Role of the Listener: Addressee Influences on Message Formulation," *Journal of Language and Social Psychology* 6, no. 2 (1987): 81–98, https://doi.org/10.1177/0261927X8700600201; Kate Loewenthal, "The Development of Codes in Public and Private Language," *Psychonomic Science* 8, no. 10 (1967): 449–450, https://doi.org/10.3758/BF03332285.

18   "About Us," Great Conversations, https://www.great conversations.com/about-us/.

19   Arthur Aron, Edward Melinat, Elaine Aron, Robert Vallone, and Reness

Bator, "The Experiental Generation of Interpersonal Closeness: A Procedure and Some Preliminary Findings," *Personality and Social Psychology Bulletin* 23, no. 4 (1997): 363–377, https://doi.org/10.1177/0146167297234003.

20 Mandy Len Catron, "To Fall in Love with Anyone, Do This," *New York Times,* January 9, 2015, https://www.nytimes.com/2015/01/11/fashion/modern-love-to-fall-in-love-with-anyone-do-this.html.

21 Michael Lewis, "How Tom Wolfe Became . . .Tom Wolfe," *Vanity Fair,* October 8, 2015, https://www.vanityfair.com/culture/2015/10/how-tom-wolfe-became-tom-wolfe; John McPhee, "Omission," *New Yorker*, September 7, 2015, https://www.newyorker.com/magazine/2015/09/14/omission; Neely Tucker, "How Richard Price Does It: New York Dialogue, Only Better," *Washington Post,* March 1, 2015, https://www.washingtonpost.com/lifestyle/style/how-richard-price-does-it-new-york-dialogue-only-better/2015/03/01/11ad2f04-bdec-11e4-bdfa-b8e8f594e6ee_story.html.

22 Elizabeth Strout, *The Burgess Boys* (New York: Random House, 2014), 160.

23 "Elizabeth Strout, 'Anything Is Possible,'" YouTube video, 55:04, posted by Politics and Prose, May 9, 2017, https://www.youtube.com/watch?v=YgDv12z4nQ&feature=youtu.be.

13장 듣기와 몸

1 "Elephants Can Hear the Sound of Approaching Clouds," BBC, December 11, 2015, http://www.bbc.com/earth/story/20151115-elephants-can-hear-the-sound-of-approaching-clouds; Michael Garstang, David R. Fitzjarrald, Kurt Fristrup, and Conrad Brain, "The Daily Cycle of Low-Frequency Elephant Calls and Near-Surface Atmospheric Conditions," *Earth Interactions* 9, no. 14 (2005): 1–21, https://doi.org/10.1175/EI147.1.

2 Lizabeth M. Romanski and Joseph E. LeDoux, "Bilateral Destruction

of Neocortical and Perirhinal Projection Targets of the Acoustic Thalamus Does Not Disrupt Auditory Fear Conditioning,"*Neuroscience Letters* 142, no. 2 (1992): 228–232, https://doi.org/10.1016/0304-3940(92)90379-L; "The Auditory Cortex" in *Neuroscience 2nd Edition,* eds. D. Purves, G. J. Augustine, D. Fitzpatrick, et al (Sunderland, MA: Sinauer Associates, 2001), https://www.ncbi.nlm.nih.gov/books/NBK10900/; Gary L. Wenk, *The Brain: What Every one Needs To Know* (New York: Oxford University Press, 2017), 143–144.

3   Judy Duchan, "Carl Wernicke 1848–1905," History of Speech-Language Pathology, University at Buffalo–SUNY, http://www.acsu.buffalo. edu/~duchan/new history/hist19c/subpages/wernicke.html; Gertrude H. Eggert, Wernicke's *Works on Aphasia: A Sourcebook and Review: Early Sources in Aphasia and Related Disorders, vol. 1* (The Hague: Mouton Publishers, 1977).

4   C. Tang, L. S. Hamilton, and E. F. Chang, "Intonational Speech Prosody Encoding in the Human Auditory Cortex," *Science* 357, no. 6353 (2017): 797–801, https://doi.org/10.1126/science.aam8577.

5   Dana Strait, Nina Kraus, Erika Skoe, and Richard Ashley, "Musical Experience and Neural Efficiency-Effects of Training on Subcortical Processing of Vocal Expressions of Emotion," *European Journal of Neuroscience* 29 (2009): 661–668, https://doi.org/10.1111/j.1460-9568.2009.06617x.

6   Chao-Yang Lee and Tsun-Hui Hung, "Identification of Mandarin Tones by English-Speaking Musicians and Nonmusicians," *The Journal of the Acoustical Society of America* 124, no. 3235 (2008), https://doi. org/10.1121/1.2990713; Céline Marie, Franco Delogu, Giulia Lampis, Marta Olivetti Belardinelli, and Mireille Besson, "Influence of Musical Expertise on Segmental and Tonal Processing in Mandarin Chinese," *Journal of Cognitive Neuroscience* 23, no. 10 (2011): 2701–2715.

7   Yaara Yeshurun, Stephen Swanson, Erez Simony, Janice Chen, Christina Lazaridi, Christopher J. Honey, and Uri Hasson, "Same Story, Different Story: The Neural Representation of Interpretive Frameworks,"

Psychological Science 28, no. 3 (2017): 307–319, https://doi.org/10.1177/0956797616682029.

8   J. D. Salinger, "Pretty Mouth and Green My Eyes," *New Yorker,* July 6, 1951, https://www.newyorker.com/magazine/1951/07/14/pretty-mouth-and-green-my-eyes.

9   M. P. Bryden, "An Overview of the Dichotic Listening Procedure and Its Relation to Cerebral Organization," in *Handbook of Dichotic Listening: Theory, Methods and Research,* ed. K. Hugdahl (Oxford, UK: John Wiley & Sons, 1988), 1–43; Gina Geffen, "The Development of the Right Ear Advantage in Dichotic Listening with Focused Attention," *Cortex* 14, no. 2 (1978): 169–177, https://doi.org/10.1016/S0010-9452(78)80042-2.

10   Abdulrahman D. Alzahrani and Marwan A. Almuhammadi, "Left Ear Advantages in Detecting Emotional Tones Using Dichotic Listening Task in an Arabic Sample," *Laterality: Asymmetries of Body, Brain and Cognition* 18, no. 6 (2013): 730–747, https://doi.org/10.1080/1357650X.2012.762373; Teow-Chong Sim and Carolyn Martinez, "Emotion words are remembered better in the left ear." *Laterality: Asymmetries of Body, Brain and Cognition* 10, no. 2 (2005): 149– 159, https://doi.org/10.1080/13576500342000365.

11   Diana Deutsch, "Dichotic Listening to Melodic Patterns and Its Relationship to Hemispheric Specialization of Function," *Music Perception: An Interdisciplinary Journal* 3, no. 2 (1985): 127–154, https://doi.org/10.2307/40285329.

12   Anne L. Foundas, David M. Corey, Megan M. Hurley, and Kenneth M. Heilman, "Verbal Dichotic Listening in Right and Left-Handed Adults: Laterality Effects of Directed Attention," *Cortex* 42, no. 1 (2006): 79–86, https://doi.org/10.1016/S0010-9452(08)70324-1; Kenneth Hugdahl and Britta Andersson, "Dichotic Listening in 126 Left-Handed Children: Ear Advantages, Familial Sinistrality and Sex Differences," *Neuropsychologia* 27, no. 7 (1989): 999–1006, https://doi.org/10.1016/0028-3932(89)90075-4.

13   James Jerger, "The Remarkable History of Right-Ear Advantage,"

Hearing Review 25, no. 1 (2018): 12–16, http://www.hearingreview.com/2017/12/remarkable-history-right-ear-advantage/.

14 Daniele Marzoli and Luca Tommasi, "Side Biases in Humans (Homo sapiens): Three Ecological Studies on Hemispheric Asymmetries," Naturwissenschaften 96, no. 9 (2009): 1099–1106, https://doi.org/10.1007/s00114-009-0571-4.

15 Seth Horowitz, The Universal Sense: How Hearing Shapes the Mind (New York: Bloomsbury, 2012), 14.

16 John Carey and Nivee Arnin, "Evolutionary Changes in the Cochlea and Labyrinth: Solving the Problem of Sound Transmission to the Balance Organs of the Inner Ear," Anatomical Record Part A: Discoveries in Molecular, Cellular, and Evolutionary Biology 288A, no. 4 (2006), https://doi.org/10.1002/ar.a.20306.

17 Horowitz, Universal Sense, 75.

18 Cassie Shortsleeve, "Why It Feels So Damn Good to Stick a Q-tip in Your Ear," Men's Health, March 7, 2017, https://www.menshealth.com/health/a19542654/why-sticking-qtips-in-ear-feels-so-good/.

19 "Having an EARGASM by Cleaning Your Ears with a Q-tip," Facebook page, https://www.facebook.com/Having-an-EARGASM-by-cleaning-your-ears-with-a-Q-tip-270935093839/.

20 Chonnettia Jones and Ping Chen, "Chapter Eight Primary Cilia in Planar Cell Polarity Regulation of the Inner Ear," Current Topics in Developmental Biology 85 (2008): 197–224, https://doi.org/10.1016/S0070-2153(08)00808-9; William Yost, Fundamentals of Hearing, 5th ed. (Burlington, MA: Academic Press, 2001): 73–95.

21 Trevor Mcgill and Harold F. Schuknecht, "Human Cochlear Changes in Noise Induced Hearing Loss," Laryngoscope 86, no. 9 (1976), https://doi.org/10.1288/00005537-197609000-00001.

22 "Decibel Exposure Time Guidelines," Dangerous Decibels, http://dangerousdecibels.org/education/information-center/decibel-exposure-time-guidelines /; "Occupational Noise Exposure Revised Criteria 1998," Centers for Disease Control and Prevention, National

Institute for Occupational Safety and Health, https://www.cdc.gov/niosh/docs/98-126/pdfs/98-126.pdf?id=10.26616/NIOSHPUB98126.

23   "1.1 Billion People at Risk of Hearing Loss," February 27, 2015, World Health Organization, https://www.who.int/mediacentre/news/releases/2015/ear-care/en/.

24   "One in Five Americans Has Hearing Loss: New nationally representative estimate shows wide scope of prob lem," Johns Hopkins Medicine News and Publications, November 14, 2011, https://www.hopkinsmedicine.org/news/media/releases/one in five americans has_hearing loss; "Statistics and Facts About Hearing Loss," Center for Hearing and Communication, http://chchearing.org/facts-about-hearing-loss/.

25   "12 Myths About Hearing Loss," AARP, https://www.aarp.org/health/conditions-treatments/info-2016/hearing-loss-myths-information-kb.html.

26   "Worker Hearing Loss," Centers for Disease Control and Prevention, https://www.cdc.gov/features/worker-hearing-loss/index.html.

27   A. R. Powers, C. Mathys, and P. R. Corlett, "Pavlovian Conditioning-Induced Hallucinations Result from Overweighting of Perceptual Priors," *Science* 357, no. 6351 (2017): 596–600, https://doi.org/10.1126/science.aan3458; C. E. Seashore, "Measurements of Illusions and Hallucinations in Normal Life," *Studies from the Yale Psychological Laboratory* 3 (1895); D. G. Ellson, "Hallucinations Produced by Sensory Conditioning," *Journal of Experimental Psychology* 28, no. 1 (1941): 1–20, http://dx.doi.org/10.1037/h0054167; H. V. Helmholz, *Treatise on Physiological Optics, vol. 3* (New York: Dover, 1962).

28   Oliver Sacks, "Mishearings," *New York Times,* June 5, 2015, https://www.nytimes.com/2015/06/07/opinion/oliver-sacks-mishearings.html.

29   Sylvia Wright, "The Death of Lady Mondegreen," in *Get Away from Me with Those Christmas Gifts* (New York: Mc-Graw Hill, 1957).

30   Kaisa Tippana, "What Is the McGurk Effect?," *Frontiers in Psychology* 5, no. 725 (2014), https://doi.org/10.3389/fpsyg.2014.00725. See also: "Try this bizarre audio illusion!" YouTube video, 3:25, posted

by BBC, November 10, 2010, https://www.youtube.com/watch?v=G-lN8vWm3m0.

31   Andrea Ciorba, Chiara Bianchini, Stefano Pelucchi, and Antonio Pastore, "The Impact of Hearing Loss on the Quality of Life of Elderly Adults," *Clinical Interventions in Aging* 7 (2017): 159–163, https://doi.org/10.2147/CIA.S26059; "Hearing Loss Impact," Cleveland Clinic, https://my.clevelandclinic.org/health/diseases/17052-hearing-loss-impact; Mary Kaland and Kate Salvatore, "The Psychology of Hearing Loss," *ASHA Leader,* March 1, 2002, https://doi.org/10.1044/leader.FTR1.07052002.4.

32   "Make Listening Safe," World Health Organization, https://www.who.int/pbd/deafness/activities/1706 PBD leaftlet_A4 English lowres for web170215.pdf.

33   Daniel F. McCarter, Angela Courtney, Susan M Pollart, "Cerumen Impaction,"*American Family Physician* 75, no. 10 (2007): 1523–1528.

34   Ruth Campbell, "The Processing of Audio-Visual Speech: Empirical and Neural Bases,"*Philosophical Transactions of the Royal Society B* 363, no. 1493 (2008): 1001–1010, https://doi.org/10.1098/rstb.2007.2155.

35   Paul Johns, *Clinical Neuroscience* (London: Churchill Livingston, 2014), 27–47.

36   Horst M. Müller, "Neurobiological Aspects of Meaning Constitution During Language Processing," in *Situated Communication,* eds. Gert Rickheit and Ipke Wachsmuth (New York: Mouton de Gruyter, 2006), 243; David Owen, "High-Tech Hope for the Hard of Hearing," *New Yorker,* March 27, 2017, https://www.newyorker.com/magazine/2017/04/03/high-tech-hope-for-the-hard-of-hearing.

37   Albert Mehrabian, *Silent Messages: Implicit Communication of Emotions and Attitudes* (Belmont, CA: Wadsworth Publishing, 1981), 75–80; Dilip Sundaram and Cynthia Webster, "The Role of Nonverbal Communication in Service Encounters," *Journal of Services Marketing* 14, no. 5 (2000): 378–391, https://doi.org/10.1108/08876040010341008; Cynthia Barnum and Natasha

Wolniansky, "Taking Cues from Body Language," *Management Review* 78, no. 6 (1989): 59–61; Jon E. Grahe and Frank J. Bernieri, "The Importance of Nonverbal Cues in Judging Rapport," *Journal of Nonverbal Behavior* 23, no. 4 (1999): 253–269, https://doi.org/10.1023/A:1021698725361.

38   John O'Neill, *The Domestic Economy of the Soul: Freud's Five Case Studies* (Thousand Oaks, CA: Sage, 2011), 67.

39   Irenaus Eibl-Eibesfeldt, *Love and Hate: A Natural History of Behavior Patterns (Foundations of Human Behavior)*, *1st ed.* (New York: Routledge, 2017); Charles Darwin, *The Expression of the Emotions in Man and Animals* (New York: Oxford University Press, 1998).

40   C. Fabian Benitez-Quiroz, Ronnie B. Wilbur, and Aleix M. Martinez, "The Not Face: A Grammaticalization of Facial Expressions of Emotion," *Cognition* 150 (2016): 77–84, https://doi.org/10.1016/j.cognition.2016.02.004.

41   Alice Schermerhorn, "Associations of Child Emotion Recognition with Interparental Conflict and Shy Child Temperament Traits," *Journal of Social and Personal Relationships* (2018), https://doi.org/10.1177/0265407518762606.

42   Kyung-Seu Cho and Jae-Moo Lee, "Influence of Smartphone Addiction Proneness of Young Children on Problematic Behaviors and Emotional Intelligence: Mediating Self-Assessment Effects of Parents Using Smartphones," *Computers in Human Behavior* 66 (2017): 303–311, https://doi.org/10.1016/j.chb.2016.09.063; Elisabeth Engelberg and Lennart Sjöberg, "Internet Use, Social Skills, and Adjustment," *Cyberpsychology & Behavior* 7, no. 1 (2004): 41–47, https://doi.org/10.1089/109493104322820101.

43   Yalda T. Uhls, Minas Michikyan, Jordan Morris, Debra Garcia, Gary W. Small, Eleni Zgourou, and Patricia M. Greenfield, "Five Days at Outdoor Education Camp Without Screens Improves Preteen Skills with Nonverbal Emotion Cues," *Computers in Human Behavior* 39 (2014): 387–392, https://doi.org/10.1016/j.chb.2014.05.036.

44 Carlos Benitez-Quiroz, Ramprakash Srinivasan, and Aleix M. Martinez, "Facial Color Is an Efficient Mechanism to Visually Transmit Emotion," *Proceedings of the National Academy of Sciences* 115, no. 14 (2018): 3581–3586, https://doi.org/10.1073/pnas.1716084115.

45 Mehrabian, *Silent Messages,* 75–80.

46 Sascha Segan, "How to Make Your Cell Phone Calls Sound Better," *PC Magazine,* April 13, 2018, https://www.pcmag.com/article/360357/how-to-make-your-cell-phone-calls-sound-better.

14장 전자기기와 소음

1 Jon E. Grant and Samuel R. Chamberlain, "Expanding the Definition of Addiction: DSM-5 vs. ICD-11," *CNS Spectrums* 21, no. 4 (2016): 300–303, https://doi.org/10.1017/S1092852916000183.

2 Rebecca McMillan, Scott Barry Kaufman, and Jerome L. Singer, "Ode to Positive Constructive Daydreaming," *Frontiers in Psychology* 4 (2013): 626, https://doi.org/10.3389/fpsyg.2013.00626; Claire Zedelius and Jonathan Schooler, "The Richness of Inner Experience: Relating Styles of Daydreaming to Creative Processes," *Frontiers in Psychology* 6 (2016): 2063, https://doi.org/10.3389/fpsyg.2015.02063; Christopher R. Long and James R. Averill, "Solitude: An Exploration of Benefits of Being Alone," *Journal for the Theory of Social Behaviour* 33, no. 1 (2003): 21–44, https://doi.org/10.1111/1468-5914.00204; Samantha Boardman, "Why Doing Nothing Is So Scary— And So Important," *Wall Street Journal,* June 20, 2016, https://blogs.wsj.com/experts/2016/06/20/why-doing-nothing-is-so-scary-and-so-important/.

3 Ingrid Wickelgren, "Delivered in a Daydream: 7 Great Achievements That Arose from a Wandering Mind," *Scientific American,* February 17, 2011, https://www.scientificamerican.com/article/achievements-of-wandering-minds/.

4   Maria Popova, "The Art of Constructive Daydreaming," *Brainpickings*, October 9, 2013, https://www.brainpickings.org/2013/10/09/mind-wandering-and-creativity/.

5   "Microsoft Attention Spans Research Report," Scribd, https://www.scribd.com/document/265348695/Microsoft-Attention-Spans-Research-Report.

6   Simon Maybin, "Busting the Attention Span Myth," *BBC World Service*, March 10, 2017, https://www.bbc.com/news/health-38896790.

7   Shawn Lim, "'We Have to Focus on the Data': Adobe on the Industry's Short Attention Span," *The Drum*, March 8, 2019, https://www.thedrum.com/news/2019/03/08/we-have-focus-the-data-adobe-the-industrys-short-attention-span; Milana Saric, "How Brands Can Still Win Over Customers as Attention Spans Decrease on Social," *AdWeek*, November 21, 2017, https://www.adweek.com/brand-marketing/how-brands-can-still-win-over-customers-as-attention-spans-decrease-on-social/; Michelle Castillo, "Millennials Only Have a 5-SecondAttention Span for Ads, Says comScore CEO," *CNBC*, July 21, 2017, https://www.cnbc.com/2017/07/21/comscore-CEO-millennials-need-5-to-6-second-ads-to-hold-attention.html.

8   Chartbeat proprietary data.

9   Louise Ridley, "People Swap Devices 21 Times an Hour, Says OMD," *Campaign*, January 3, 2014, https://www.campaignlive.co.uk/article/people-swap-devices-21-times-hour-says-omd/1225960?src_site=brandrepublic.

10   Tim Wu, *The Attention Merchants: The Epic Scramble to Get Inside Our Heads* (New York: Alfred A. Knopf, 2016); Nir Eyal, *Hooked: How to Build Habit-Forming Products,* ed. Ryan Hoover (New York: Portfolio/Penguin, 2014); Henry Farrell, "It's No Accident Facebook Is So Addictive," *Washington Post,* August 6, 2018, https://www.washingtonpost.com/news/monkey-cage/wp/2018/08/06/its-no-accident-that-facebook-is-so-addictive /; "Why Can't We Put Down Our Smartphones?," *60 Minutes,* April 7, 2017, https://www.cbsnews.com/news/why-cant-we-

put-down-our-smartphones-60-minutes/.

11   Kate Murphy, "The Ad-Blocking Wars," *The New York Times,* February 20, 2016, https://www.nytimes.com/2016/02/21/opinion/sunday/ the-ad-blocking-wars.html; George P. Slefo, "Six Leading Exchanges Sign Transparency Pact, But Fraud Concerns Remain," *AdAge,* October 18, 2018, https://adage.com/article/digital/exchanges-sign-letter-invite-fraudsters/315308; Junqi Jin, Chengru Song, Han Li, Kun Gai, Jun Wang, and Weinan Zhang, "Real-time Bidding with Multi-agent Reinforcement Learning in Display Advertising," In *Proceedings of the 27th ACM International Conference on Information and Knowledge Management,* 2193-2201, ACM, 2018, https://www.doi. org/10.1145/3269206.3272021.

12   Debra Worthington and Margaret Fitch-Hauser, *Listening: Processes, Functions and Competency* (New York: Routledge, 2016), 4–5.

13   Megan Garber, "The Rise of 'Speed-Listening,'" *Atlantic,* June 24, 2015, https://www.theatlantic.com/technology/archive/2015/06/the-rise-of-speed-listening/396740/.

14   Judi Brownell, *Listening: Attitudes, Principles, and Skills* (New York: Routledge, 2018), 90.

15   Andrew Przybylski and Netta Weinstein, "Can You Connect with Me Now? How the Presence of Mobile Communication Technology Influences Face-to-Face Conversation Quality," *Journal of Social and Personal Relationships* 30, no. 3 (2013): 237–246, https://doi. org/10.1177/0265407512453827.

16   Amy Novotney, "Smartphone=Not-So-Smart Parenting?," *American Psychology Association* 47, no. 2 (2016), https://www.apa.org/ monitor/2016/02/smartphone; Cory A. Kildare and Wendy Middlemiss, "Impact of Parents Mobile Device Use on Parent-Child Interaction: A Literature Review," *Computers in Human Behavior* 75 (2017): 579–593.

17   "Noise Level in Restaurants," National Institute on Deafness and Other Communication Disorders, July 22, 2016, https://www.noisyplanet.

nidcd.nih.gov/have-you-heard/noise-levels-restaurants; Tiffany Hsu, "Noisy Restaurants: Taking the Din Out of Dinner," *Los Angeles Times*, June 8, 2012, https://www.latimes.com/food/la-xpm-2012-jun-08-la-fi-restaurant-noise-20120504-story.html; Jill Lightner, "Yup, Seattle's Restaurants Have Gotten Noisier: How to Reverse This Trend? We're All Ears," *Seattle Times*, February 26, 2019, https://www.seattletimes.com/life/food-drink/your-suspicions-are-right-seattle-restaurants-are-getting-noisier-how-to-reverse-this-trend-were-all-ears/; Julia Beliuz, "Why Restaurants Became So Loud— And How to Fight Back," *Vox*, July 27, 2018, https://www.vox.com/2018/4/18/17168504/restaurants-noise-levels-loud-decibels; Kate Wagner, "How Restaurants Got So Loud," *Atlantic*, November 27, 2018, https://www.theatlantic.com/technology/archive/2018/11/how-restaurants-got-so-loud/576715/; Jonathan Kauffman, "Are San Francisco Restaurants Too Loud? A New App Helps Diners Navigate the Noise," *San Francisco Chronicle*, December 21, 2018, https://www.sfchron icle.com/restaurants/article/sf-restaurants-quietest-loud-app-soundprint-which-13475928.php.

18   "Zagat Releases 2018 Dining Trends Survey," *Zagat* (blog), January 8, 2018, https://zagat.googleblog.com/2018/01/zagat-releases-2018-dining-trends-survey.html.

19   Nanette Stroebele and John M. De Castro, "Effect of Ambience on Food Intake and Food Choice," *Nutrition* 20, no. 9 (2004): 821–838, https://doi.org/10.1016/j.nut.2004.05.012; Thomas Roballey, Colleen McGreevy, Richard R. Rongo, Michelle L. Schwantes, Peter J. Steger, Marie Wininger, and Elizabeth Gardner, "The Effect of Music on Eating Behavior," *Bulletin of the Psychonomic Society* 23, no. 3 (1985): 221–222, https://doi.org/10.3758/BF03329832; Dipayan Biswas, Kaisa Lund, and Courtney Szocs, "Sounds Like a Healthy Retail Atmospheric Strategy: Effects of Ambient Music and Background Noise on Food Sales," *Journal of the Academy of Marketing Science* 47, no. 1 (2019): 37–55, https://doi.org/10.1007/s11747-018-0583-8.

20   Richard Yalch and Eric Spangenberg, "Effects of Store Music on

Shopping Behavior," *Journal of Consumer Marketing* 7, no. 2 (1990): 55–63, https://doi.org/10.1108/EUM0000000002577; Emily Anthes, "Outside In: It's So Loud, I Can't Hear My Budget!," *Psychology Today,* June 9, 2016, https://www.psychologytoday.com/us/articles/201009/ outside-in-its-so-loud-i-cant-hear-my-budget; Charlotte Kemp, "Why are High Street shops so NOISY? As M&S Bans Muzak, Our Test Shows Other Stores Are Nearly as Deafening as Nightclubs," *Daily Mail,* June 2, 2016, https://www.dailymail.co.uk/femail/article-3620719/Why-High-Street-shops-NOISY-M-S-bans-Muzak-test-shows-stores-nearly-deafening-nightclubs.html; Richard F. Yalch and Eric Spangenberg, "Using Store Music for Retail Zoning: A Field Experiment," in *NA— Advances in Consumer Research, vol. 20*, ed. Leigh McAlister and Michael L. Rothschild (Provo, UT: Association for Consumer Research: 1993), 632–636.

21   Dominique Lamy, Liad Mudrik, and Leon Y. Deouell, "Unconscious Auditory Information Can Prime Visual Word Processing: A Process-Dissociation Procedure Study," *Consciousness and Cognition* 17, no. 3 (2008): 688–698, https://doi.org/10.1016/j.concog.2007.11.001; Christine Rosen, "The Myth of Multitasking," *New Atlantis* 20 (2008): 105–110; Loukia Loukopoulos, R. Key Dismukes, and Immanuel Barshi, *The Multitasking Myth: Handling Complexity in Real-World Operations* (New London: Routledge, 2016).

22   Daniel Kahneman, *Thinking, Fast and Slow* (New York: Farrar, Straus and Giroux, 2011), 23.

23   Sharon Fruh, Jayne A. Fulkerson, Madhuri S. Mulekar, Lee Ann J. Kendrick, and Clista Clanton, "The Surprising Benefits of the Family Meal," *Journal for Nurse Practitioners* 7, no. 1 (2011): 18–22, https:// doi.org/10.1016/j.nurpra.2010.04.017; Megan Harrison, Mark L. Norris, Nicole Obeid, Maeghan Fu, Hannah Weinstangel, and Margaret Sampson, "Systematic Review of the Effects of Family Meal Frequency on Psychosocial Outcomes in Youth," *Canadian Family Physician* 61, no. 2 (2015): e96–e106; https://www.cfp.ca/content/61/2/e96; Barbara Fiese and Marlene Schwartz, "Reclaiming the Family Table: Mealtimes

and Child Health and Wellbeing," *Social Policy Report* 22, no. 4 (2008); https://doi.org/10.1002/j.2379-3988.1008.tb00057x.

24   Eudora Welty and Ronald Sharp, eds., *Norton Book of Friendship* (New York: W. W. Norton, 1991).

25   "Dallas Police Chief Holds a News Conference," CNN, July 11, 2016, http://transcripts.cnn.com/TRANSCRIPTS/1607/11/ath.02.html; "David Brown Press Conference on July 11, 2016," YouTube video, 49:16, posted by "brimi925," July 13, 2016, https://www.youtube.com/watch?v=p uYQIMpIn4.

26   "'Called to Rise': Dallas Police Chief on Overcoming Racial Division," *All Things Considered,* NPR, June 6, 2017, https://www.npr.org/2017/06/06/531787065/called-to-rise-dallas-police-chief-on-overcoming-racial-division.

15장 침묵이 대화를 이끈다

1   Stephen Levinson and Francisco Torreira, "Timing in Turn-Taking and Its Implications for Processing Models of Language," *Frontiers in Psychology* 6 (2015): 731, https://doi.org/10.3389/fpsyg.2015.00731.

2   Jan Peter De Ruiter, Holger Mitterer, and Nick J. Enfield, "Projecting the End of a Speaker's Turn: A Cognitive Cornerstone of Conversation," *Language* 82, no. 3 (2006): 515-535, https://doi.org/10.1353/lan.2006.0130; Carina Riest, Annett B. Jorschick, and Jan P. de Ruiter, "Anticipation in Turn-Taking: Mechanisms and Information Sources," *Frontiers in Psychology* 6 (2015): 89, https://doi.org/10.3389/fpsyg.2015.00089.

3   Takie Sugiyama Lebra, "The Cultural Significance of Silence in Japanese Communication," *Multilingua: Journal of Cross-Cultural and Interlanguage Communication* 6, no. 4 (1987): 343-358, https://doi.org/10.1515/mult.1987.6.4.343.

4   Haru Yamada, "Yappari, as I Thought: Listener Talk in Japanese

Communication," *Global Advances in Business Communication* 4, no. 1 (2015): 3, https://commons.emich.edu/gabc/vol4/iss1/3.

5 Sachiko Ohtaki, Toshio Ohtaki, and Michael D. Fetters, "Doctor-Patient Communication: A Comparison of the USA and Japan," *Family Practice* 20, no. 3 (2003): 276–282, https://doi.org/10.1093/fampra/cmg308.

6 Larry Samovar, Edwin R. McDaniel, Richard E. Porter, and Carolyn Sexton Roy, *Communication Between Cultures* (Ontario, Canada: Nelson Education, 2015), 334.

7 Diana Petkova, "Beyond Silence: A Cross-Cultural Comparison Between Finnish 'Quietude' and Japanese 'Tranquility,'" *Eastern Academic Journal* 4 (2015): 1–14; https://www.academia.edu/19764499/Beyond_Silence_A_Cross-Cultural_Comparison_between_Finnish_Quietude_and_Japanese_Tranquility; Donal Carbaugh, Michael Berry, and Marjatta Nurmikari-Berry, "Coding Personhood Through Cultural Terms and Practices: Silence and Quietude as a Finnish 'Natural Way of Being,'" *Journal of Language and Social Psychology* 25, no. 3 (2006): 203–220, https://doi.org/10.1177/0261927X06289422.

8 Namkje Koudenburg, Tom Postmes, and Ernestine H. Gordijn, "Conversational Flow Promotes Solidarity," *PLOS One* 8, no. 11 (2013): e78363, https://doi.org/10.1371/journal.pone.0078363.

9 Namkje Koudenburg, Tom Postmes, and Ernestine H. Gordijn, "Conversational Flow and Entitativity: The Role of Status." *British Journal of Social Psychology* 53, no. 2 (2014): 350–366, https://doi.org/10.1111/bjso.12027; Namkje Koudenburg, Tom Postmes, and Ernestine H. Gordijn. "Beyond Content of Conversation: The Role of Conversational Form in the Emergence and Regulation of Social Structure," *Personality and Social Psychology Review* 21, no. 1 (2017): 50–71, https://doi.org/10.1177/1088868315626022.

10 Felcia Roberts, Alexander L. Francis, and Melanie Morgan, "The Interaction of Inter-Turn Silence with Prosodic Cues in Listener Perceptions of 'Trouble' in Conversation," *Speech Communication* 48, no. 9 (2006): 1079–1093, https://doi.org/10.1016/

j.specom.2006.02.001.

11 Namkje Koudenburg, Tom Postmes, and Ernestine H. Gordijn, "Resounding Silences: Subtle Norm Regulation in Everyday Interactions," *Social Psychology Quarterly* 76, no. 3 (2013): 224–241, https://doi.org/10.1177/0190272513496794.

12 Kim Scott, *Radical Candor* (New York: St. Martin's Press, 2017), 83.

13 Namkje Koudenburg, Tom Postmes, and Ernestine H. Gordijn, "Disrupting the Flow: How Brief Silences in Group Conversations Affect Social Needs," *Journal of Experimental Social Psychology* 47, no. 2 (2011): 512–515, https://doi.org/10.1016/j.jesp.2010.12.006.

14 "Gustav Mahler himself in the Netherlands (1903, 1904, 1906, 1909 and 1910)," Mahler Foundation Archive, https://mahlerfoundation.info/index.php/plaatsen/241-netherlands/amsterdam/1511-gustav-mahler-himself-in-amsterdam.

15 Theodor Reik, *Listening with the Third Ear* (New York: Farrar, Straus and Giroux, 1948), 121–127.

16 R. Murray Schafer, *Ear Cleaning: Notes for an Experimental Music Course* (Toronto, Canada: Clark & Cruickshank, 1967).

16장 뒷담화 주고받기

1   Robin Dunbar, "Gossip in Evolutionary Perspective," *Review of General Psychology* 8, no. 2 (2004): 100–110, https://doi.org/10.1037/1089-2680.8.2.100; Nicholas Emler, "Gossip, Reputation, and Social Adaptation," in *Good Gossip*, ed. R. F. Goodman and A. Ben-Ze'ev (Lawrence, KS: University Press of Kansas, 1994), 117–138. Viatcheslav Wlassoff, "This Is Your Brain on Gossip," PsychCentral, July 11, 2018, https://psychcentral.com/blog/this-is-your-brain-on-gossip/; Freda-Marie Hartung, Constanze Krohn, and Marie Pirschtat, "Better Than Its Reputation? Gossip and the Reasons Why We and Individuals with 'Dark' Personalities Talk About Others," *Frontiers in Psychology* 10 (2019):

1162, https://doi.org/10.3389/fpsyg.2019.01162.

2   Eyal Eckhaus and Batia Ben-Hador, "Gossip and Gender Differences: A Content Analysis Approach," *Journal of Gender Studies* 28, no. 1 (2019): 97-108, https://doi.org/10.1080/09589236.2017.1411789.

3   Jan Engelmann, Esther Herrmann, and Michael Tomasello, "Preschoolers Affect Others' Reputations Through Prosocial Gossip," *British Journal of Developmental Psychology* 34, no. 3 (2016): 447-460, https://doi.org/10.1111/bjdp.12143.

4   Marianee Jaeger, Anne A. Skleder, Bruce Rind, and Ralph L. Rosnow, "Gossip, Gossipers, Gossipees," in *Good Gossip,* ed. R. F. Goodman and A. Ben-Ze'ev (Lawrence, KS: University Press of Kansas, 1994); Jordan Litman and Mark V. Pezzo, "Individual Differences in Attitudes Towards Gossip," *Personality and Individual Differences* 38, no. 4 (2005): 963-980, https://doi.org/10.1016/j.paid.2004.09.003; Francis McAndrew, Emily K. Bell, and Contitta Maria Garcia, "Who Do We Tell and Whom Do We Tell On? Gossip as a Strategy for Status Enhancement," *Journal of Applied Social Psychology* 37, no. 7 (2007): 1562-1577, https://doi.org/10.1111/j.1559-1816.2007.00227.x.

5   Elena Martinescu, Onne Janssen, and Bernard A. Nijstad, "Tell Me the Gossip: The Self-Evaluative Function of Receiving Gossip About Others," *Personality and Social Psychology Bulletin* 40, no. 12 (2014): 1668-1680, https://doi.org/10.1177/0146167214554916.

6   Roy Baumeister, Liqing Zhang, and Kathleen D. Vohs, "Gossip as Cultural Learning," *Review of General Psychology* 8, no. 2 (2004): 111-121, https://doi.org/10.1037/1089-2680.8.2.111.

7   Matthew Feinberg, Robb Willer, and Michael Scultz, "Gossip and Ostracism Promote Cooperation in Groups," *Psychological Science* 25, no. 3 (2014): 656-664, https://doi.org/10.1177/0956797613510184.

8   Miguel Fonseca and Kim Peters, "Will Any Gossip Do? Gossip Does Not Need to Be Perfectly Accurate to Promote Trust," *Games and Economic Behavior* 107 (2018): 253-281, https://doi.org/10.1016/j.geb.2017.09.015.

9   Baumeister et al., "Gossip as Cultural Learning."

10   Robin Dunbar, Anna Marriott, and Neil Duncan, "Human Conversational Behavior," *Human Nature* 8, no. 3 (1997): 231–246, https://doi. org/10.1007/BF02912493.

11   Robin Dunbar, *Grooming, Gossip, and the Evolution of Language* (Cambridge, MA: Harvard University Press, 1998).

12   Robin Dunbar and Daniel Nettle, "Size and Structure of Freely Forming Conversational Groups," *Human Nature* 6, no. 1 (1995): 67–78, https:// doi.org/10.1007/BF02734136.

13   Frederico Boffa and Stefano Castriota, "The Economics of Gossip and Collective Reputation," *The Oxford Handbook of Gossip and Reputation* (2019): 401, https://www.doi.org/10.1093/ oxfordhb/9780190494087.013.21; Ronald Burt and Marc Knez, "Trust and Third-Party Gossip," in *Trust in Organizations: Frontiers of Theory and Research*, eds. Roderick Kramer and Tom Tyler (Thousand Oaks, CA: Sage,1996), 68–89; Ronald Burt, "Bandwidth and Echo: Trust, Information, and Gossip in Social Networks," in *Networks and Markets: Contributions from Economics and Sociology*, eds. A. Casella and J. E. Rauch (New York: Russell Sage Foundation, 2001), 30–74; Charlotte De Backer and Michael Gurven, "Whispering Down the Lane: The Economics of Vicarious Information Transfer," *Adaptive Behavior* 14, no. 3 (2006): 249–264, https://doi.org/10.117/105971230601400303.

14   Peter Blau, *Exchange and Power in Social Life* (New York: Routledge, 2017).

15   Bettina Bergo, "Emmanuel Levinas," *Stanford Encyclopedia of Philosophy,* fall 2017, ed. Edward N. Zalta, https://plato.stanford.edu/ archives/fall2017/entries/levinas/.

16   Michael Tomasello, *A Natural History of Human Morality* (Cambridge, MA: Harvard University Press, 2016).

17   Pascal Bruckner, *The Temptation of Innocence: Living in the Age of Entitlement* (New York: Algora Publishing, 2000), 19.

18   Deborah Solomon, "The Science of Second-Guessing," *New York*

Times, December 12, 2004, https://www.nytimes.com/2004/12/12/
magazine/the-science-of-secondguessing.html.

19   Mike Morrison, Kai Epstude, and Neal J. Roese, "Life Regrets and the
Need to Belong," *Social Psychological and Personality Science* 3, no. 6
(2012): 675–681, https://doi.org/10.1177/1948550611435137.

20   Amy Summerville, "The Rush of Regret: A Longitudinal Analysis of
Naturalistic Regrets," *Social Psychological and Personality Science* 2,
no. 6 (2011): 627–634, https://doi.org/10.1177/1948550611405072.

21   Susan Shimanoff, "Commonly Named Emotions in Everyday
Conversations," *Perceptual and Motor Skills* 58, no. 2 (1984): 514,
http://dx.doi.org/10.2466/pms.1984.58.2.514; Susan Shimanoff,
"Expressing Emotions in Words: Verbal Patterns of Interaction," *Journal
of Communication* 35, no. 3 (1985), http://dx.doi.org/10.1111/j.1460-
2466.1985.tb02445.x.

17장 최고의 듣기를 위해서

1   Kate Murphy, "The Fake Laugh," *New York Times,* October 20, 2016,
https://www.nytimes.com/2016/10/23/opinion/sunday/the-science-of-
the-fake-laugh.html.

2   George Eliot, *Middlemarch* (New York: Harper & Brothers, 1873), 70.

3   H. Paul Grice, *Studies in the Way of Words* (Cambridge, MA: Harvard
University Press, 1991); H. Paul Grice, "Logic and Conversation," in *Speech
Acts,* ed. P. Cole and J. L. Morgan (New York: Academic Press, 1975), 41–58.

4   Geoffrey Leech, *Principles of Pragmatics* (New York: Routledge, 2016);
Penelope Brown and Stephen C. Levinson, *Politeness: Some Universals
in Language Usage,* vol. 4 (Cambridge, UK: Cambridge University Press,
1987).

5   Kate Murphy, "Why Tech Support Is (Purposely) Unbearable," *New York
Times,* July 3, 2016, https://www.nytimes.com/2016/07/04/technology/
why-tech-support-is-purposely-unbearable.html.

6   Ralph Waldo Emerson, *The Collected Works of Ralph Waldo Emerson: Society and Solitude* (Cambridge, MA: Belknap Press, 2007), 150.

7   Thomas Fuchs and Hanne De Jaegher, "Enactive Intersubjectivity: Participatory Sense-Making and Mutual Incorporation," *Phenomenology and the Cognitive Sciences* 8, no. 4 (2009): 465–486, https://doi.org/10.1007/s11097-009-9136-4; Alex Pentland, "Social Dynamics: Signals and Behavior," in *Proceedings of the Third International Conference on Developmental Learning (ICDL'04)*, Salk Institute, San Diego, UCSD Institute for Neural Computation (2004): 263–267.

8   Robert Zajonc, "Feeling and Thinking: Preferences Need No Inferences," *American Psychologist* 35, no. 2 (1980): 151, http://dx.doi.org/10.1037/0003-066X.35.2.151.

9   On Friendship Alexander Nehamas, *On Friendship* (New York: Basic Books, 2016).

10 Amy Bloom, *Love Invents Us* (New York: Vintage, 1998), 205.

11 Sandra Petronio and Wesley T. Durham, "Communication Privacy Management Theory Significance for Interpersonal Communication," in *Engaging Theories in Interpersonal Communication: Multiple Perspectives,* ed. Dawn Braithwaite and Paul Schrodt (Thousand Oaks, CA: Sage, 2014), 335–347; Sandra Petronio and Jennifer Reierson, "Regulating the Privacy of Confidentiality: Grasping the Complexities Through Communication Privacy Management Theory," in *Uncertainty, Information Management, and Disclosure Decisions: Theories and Applications,* ed. T. A. Afifi and W. A. Afifi (New York: Routledge, 2009), 365–383; Lindsey Susan Aloia, "The Emotional, Behavioral, and Cognitive Experience of Boundary Turbulence," *Communication Studies* 69, no. 2 (2018): 180–195, https://doi.org/10.1080/10510974.2018.1426617.

12 Tara Collins and Omri Gillath, "Attachment, Breakup Strategies, and Associated Outcomes: The Effects of Security Enhancement on the Selection of Breakup Strategies," *Journal of Research in Personality* 46, no. 2 (2012): 210–222, https://doi.org/10.1016/j.jrp.2012.01.008.

에필로그

1   Jean Piaget, *Language and Thought of the Child: Selected Works,*
    trans. Marjorie and Ruth Gabain (New York: Routledge, 2002), 1-30.
2   Henry David Thoreau, "Life Without Principle," American Studies
    Collection, University of Virginia, http://xroads.virginia.edu/~hyper2/
    thoreau/life.html.

KI신서 9291

좋은 관계는 듣기에서 시작된다

1판 1쇄 인쇄 2021년 8월 9일
1판 1쇄 발행 2021년 8월 20일

지은이 케이트 머피
옮긴이 김성환 최설민
펴낸이 김영곤
펴낸곳 ㈜북이십일 21세기북스

출판사업부문 이사 정지은
출판사업본부 본부장 이남경
책임편집 김지영 **정보개발팀** 김지영 이종배
표지디자인 김종민 **본문디자인** 박숙희 **교정** 조은화
해외기획팀 정영주
마케팅팀 배상현 한경화 김신우 이나영
영업팀 김수현 최명열
제작팀 이영민 권경민

출판등록 2000년 5월 6일 제406-2003-061호
주소 (우 10881) 경기도 파주시 회동길 201(문발동)
대표전화 031-955-2100 **팩스** 031-955-2151 **이메일** book21@book21.co.kr

(주)북이십일 경계를 허무는 콘텐츠 리더

21세기북스 채널에서 도서 정보와 다양한 영상자료, 이벤트를 만나세요!
페이스북 facebook.com/jiinpill21 포스트 post.naver.com/21c_editors
인스타그램 instagram.com/jiinpill21 홈페이지 www.book21.com
유튜브 www.youtube.com/book21pub

당신의 인생을 빛내줄 명강의! 〈유니브스타〉
유니브스타는 〈서가명강〉과 〈인생명강〉이 함께합니다.
유튜브, 네이버, 팟빵, 팟캐스트에서 '유니브스타'를 검색해보세요!

ISBN 978-89-509-8976-7 03320